KB140115

신문사 사옥 터를 찾아 II

일/제/강/점/기

경성을 누비다

신문사 사옥 터를 찾아 II

일/제/강/점/기

경성을 누비다

/

오인환 지음

이 책은 방일영문화재단의 지원을 받아
저술·출판 되었습니다.

| 서 문 |

'구한말 독립신문사가 어디에 있었지?'

정년퇴임을 앞둔 마지막 학기인 2000년 가을학기도 거의 끝나가던 어느 날 연구실 조교를 포함한 대학원생 몇 명과 커피를 함께하면서 한담을 나누고 있을 때였던 것으로 기억된다.

문득 던졌던 이 물음이 정년퇴임 후 어쩌면 무료하게 시간을 보내고 있었을 수도 있는 나를 정신적, 심리적인 면에서나마 계속 '현역'으로 머물러 있게 해주었다.

한말(韓末)에 한성(漢城)에서 발행되었던 우리 신문들, 그 신문사의 사옥들이 있었던 곳이 어디인지, 관련 자료들을 찾아 나섰다.

국립중앙도서관에 자주 들렀고 연세대, 서울대, 고려대, 이화여대 등 주요 대학도서관들을 찾아다녔다. 우리나라 언론의 역사를 다룬 주요 책들과 자료집들을 꼼꼼히 뜯어 읽었고, 우리 언론사(史)를 포함한 근현대사(近現代史) 전문가들을 찾아가 가르침을 받았다. 한말과 일제 강점기 초기 지도(地圖)와 지적도들을 대비 검토해 보기도 했고, 서울시 중구와 종로구 구청에 들러 옛 토지대장, 건물대장 등을 열람해 보기도 했다. 신문사가 있었던 것이 확실한 곳, 확실치는 않지만 추정이 되는 곳들을 찾아가 사진을 찍고, 100여 년 전의 지형(地形)과 주변 모습을 상상해 보곤 했었다.

마감일자가 정해져 있는 것이 아니었기 때문인지 좀처럼 끝매듭이 지어질 것 같지가 않았다. 좀 허술하고 짜임새가 안 맞는 부분이 있더라도 일단은 끝을 맺기로 했다. 그렇게 해서 『100년 전 한성을 누비다 - 신문사 사옥 터를 찾아』가 출판사 <한국학술정보(주)>에서 출간이 되게 되었다. 작업에 착수한 지 7년이 지난 2008년 봄이었다.

『한성(漢城)을 누비다』를 쓸 때 그 초반까지만 해도 이것을 마지막으로 글쓰기는 이제 끝이 되겠지 했었다. 그런데 중반을 넘어서면서 그간 접하거나 수집한 자료에 일제(日帝) 강점하(强占下)에 있던 시절의 신문사 자료들이 제법 모이게 되자 생각이 바뀌기 시작했다. 관련 자료들을 조금만 더 찾아보면 『한성(漢城)을 누비다』의 속편 『경성(京城)을 누비다』도 가능하지 않을까 하는 '욕심'이 나기 시작했다.

이 욕심의 결과가 다시 10년 만에 책의 형태로 모습을 드러내게 되었다. 여기에 선을 보이고 있는 『일제 강점기 경성을 누비다: 신문사 사옥 터를 찾아 II』가 바로 그 책이다.

이번 책 『경성(京城)을 누비다』도 크게 미흡한 것임을 잘 알면서도, 우선 이 정도로나마 정리를 해서 일단 내 놓으면, 부족하고 잘못된 부분은 후속 타자가 채워주고 바로잡아 줄 수도 있지 않겠나 하는 기대와 함께 ……

앞서 책을 쓸 때와 다른 점이 한 가지 있었다. 위치를 찾는 데 기본이 되는 주소(住所)체계가 그것이다. 한말(韓末) 때 주소체계가 일제에 의한 식민지배 초기에 바뀌었는데, 이 두 주소체계 간에는 차이가 너무 커서, 한말 때의 주소지를 일제 때의 지적도 상에서 찾는다는 것이 거의 불가능하게 되었다. 그러나 일제가 바꾸어 놓은 주소체계는 해방 후 지금까지 거의 그대로 유지되고 있어서 (2015년 가로(街路)를 기준으로 한 주소체계가 시행되었지만, 기존의 지번(地番)체제도 유지되고 있음), 일제 때 신문사들의 위치를 찾기란 그리 어렵지가 않다. 다만 그때 신문사들 가운데는 자기 발행소(사옥)의 주소를 몇 번지까지만 적고 몇 호인지는 적지 않고 있는 경우가 있어서, 이런 신문사들의 경우는 발행소의 정확한 위치를 찾는 데 추가적인 작업이 필요했다.

『한성(漢城)을 누비다』의 속편인 『경성(京城)을 누비다』가 이렇게 마무리 지어졌다.

****

그런데 또 '욕심'이 머리를 쳐들기 시작했다. 속편의 속편인 『서울을 누비다』를 위한 자료가 제법 많이 수집이 되었기 때문이다.

그럼 또 7년 후? 10년 후? 80대 중반에 접어 든 나이가 그 욕심을 크게 줄일 수밖에 없게 했다. 1945년 8·15 해방 이후부터 2018년 현재까지의 70여 년 동안이 아니라, 1948년 8월 15일 우리의 대한민국(大韓民國) 정부수립(政府樹立)까지의 미군정(美軍政) 과도기(過渡期) 3년간의 것으로 그 기간을 확 줄여 잡았다.

이 정도면 해낼 수 있을 것도 같다. 『해방 공간 서울을 누비다: 신문사 사옥 터를 찾아 Ⅲ』도 낼 수 있을까? 내가 나를 지켜보기로 했다.

그러나 앞으로의 일은 알 수가 없어서, 우선 이 책 끝 부분에 '부록'의 일부로 '신문사들의 사옥 위치주소 자료를 표시하는 정도의 요약'만이라도 내놓기로 했다.

****

이번 책을 준비하는 데도 많은 사람들로부터 가르침과 도움을 받았다.

국내 주요 도서관들, 특히 연세대 중앙도서관과 국립중앙도서관 그리고 중구청과 종로구청 지적과 관계자분들의 전문적인 지원에 힘입은 바 컸다.

이 책을 쓰는 과정에서도 우리나라 언론사(史) 연구의 대가인 정진석 외대 명예교수의 지원이 매우 컸다. 심심한 감사의 인사를 드린다.

****

이 책 『경성을 누비다』도 **방일영문화재단**의 출판지원(2017)에 힘입어 햇빛을 볼 수 있게 되었다. **방일영문화재단**은 우리나라에서 오랜 전통과 권위를 자랑하는 문화재단인 만큼 이 재단의 재정지원으로 책을 출판하게 되는 것은 대단한 영광이 아닐 수 없다.

크게 감사를 드린다.

****

이 책의 출판을 맡아준 출판사 **한국학술정보(주)**의 채종준 대표이사께 감사를 드린다. 이 책의 출판과정에서 전문성을 발휘해 하나의 작품을 만들어낸 여러분께, 특히 출판사업부의 양동훈 님, 편집부의 손영일 님께 무척 고맙다는 인사를 드린다.

****

이번 책 **『일제 강점기 경성을 누비다 - 신문사 사옥 터를 찾아 Ⅱ』**도 전번 책과 마찬가지로 미국 캘리포니아 산타 클라라(Santa Clara)에 살고 있는 아들네 집에 우리 노부부가 함께 오가면서 시간이 나는 대로 틈틈이 쓰느라 여러 해가 걸려 이제야 마무리를 짓게 되었다.

먼저 책을 쓸 때는 어린 손자가 지켜보았었는데, 이번 책을 쓸 때는 손녀가 새로 가담해, 좀 자란 손자와 아직 어린 손녀가 아빠 그리고 엄마와 함께 할아버지의 '책 쓰는 작업'을 지켜봐 주었다.

　이번 책도 먼저 책의 경우와 마찬가지로 삶의 반려자인 공정자 명예교수(인하대)가 감수를 맡아주었다. 책의 구성, 문장의 구성, 철자에 이르기까지 공정자 교수의 아이디어와 제안과 교정이 크게 도움이 되었다. 고맙기 그지없다.

****

　이 책이 크게 부족한 것이기는 하지만 일제 강점기 그들의 가혹한 탄압 속에서 우리의 국권회복을 위해 온몸으로 부닥치며 투쟁한 우리의 대선배 언론인들께 바치고자 한다.

2018년 1월
서울 방배동 서재에서
오인환

| 목 차 |

제 Ⅲ 장 조선인(朝鮮人) 발행 신문(新聞)들의 사옥 위치

부록

제 I 장

일제(日帝)의 우리나라 침탈과정(侵奪過程)과 당시 한성(漢城)에서의 신문발행 개관

들어가는 말

들어가는 말

백여 년 전인 1910년 8월의 우리나라 상황을 돌이켜 생각해 본다.

제국(帝國)을 선포한 국가가 그렇게 무력할 수가 있었던 것일까? 정부 내각(內閣)의 대신과 고위 공직자들 모두 그렇게 무정견, 무기력할 수가 있었던 것일까? 정치 지도자들, 개인적으로는 모두 대단한 능력을 갖춘 인물들이었을 터인데 집단적으로 그렇게 지리멸렬할 수가 있었던 것일까? 사회 질서와 기강의 중요 버팀목의 하나가 되어주었어야 할 양반층과 신흥세력층 인사들이 자기네 앞가림에 급급한 나머지 나랏일에 관한 한 그렇게 허깨비일 수가 있었던 것일까?

국민은 현명하다고 하는데 하필이면 나라의 운명을 좌우하는 중대한 그 시기에 국민들이 혼미한 상태에 빠져있었던 것일까? 국민의 현명한 안목과 행동은 현명한 지도층과 어울릴 때에만 위대한 역량이 발휘될 수 있는 것일까? 지도자는 현명하고 결단력 있고 추진력이 있는데 국민이 이를 못 알아보고 따라주지 못하는 경우도 있을 수 있는 것일까? 한 나라의 지도세력이 국민의 현명한 안목과 판단을 읽어내지 못하고 공동체 전체를 수렁에 빠뜨려 허우적거리게 만드는 경우도 있는 것일까?

백 년 후인 2118년 8월의 우리나라 상황을 미루어 상상해 본다.

그때 우리의 후손들은 100년 전인 2010년대의 우리 국민과 지도층의 나라경영에 관해 어떤 질문들을 던지게 될까?

정치를 직업으로 하고 있는 지도자들에게서 '역사의 평가에 맡기겠다.'

는 말을 종종 듣는다. 이들 지도층에게는 '역사에 책임을 지겠다.'는 결연한 결의가 못지않게 필요한 것이 아닐까?

지도층 인사들 사이에서, 국민들 사이에서, 지도층과 국민들 사이에서 서로 상대방에게만 책임을 물으려는 안이한 타성에 우리는 빠져있는 것은 아닐까? 우리 모두가 '후손에게 책임을 지겠다.'는 엄숙한 다짐을 함께할 때 우리 모두의 혜안(慧眼)이 트여, 길이 보이고, 함께 힘을 모아 앞으로 나아가게 될 수 있는 것은 아닐까?

이 책의 주제는 언론기관 사옥 터의 위치를 찾는 지극히 비정치적인 것이다. 그런데도 다루고 있는 시기가 구한말, 일제 식민통치 기간이어서 그런지 우리의 국력(國力) 배양과 국민역량의 결집 등에 관해 본 연구자에게 많은 생각을 갖게 한다.

인간사(人間事)는 모두 그 정도의 차이는 있을지 모르나, 정치와 직간접으로 관련이 되지 않을 수 없기 때문일까?

제1절 일제(日帝)의 대한제국(大韓帝國) 침탈과정

일제 강점기(日帝强占期) 일본인들이 경성(京城)이라고 부른 우리의 **서울**에서 일본인들이 발행하던 신문(新聞)들의 발행소(사옥) 위치를 알아보는 작업에 들어가기에 앞서, 우선 일제(日帝)에 의한 우리나라 침탈과정을 일지(日誌)식으로 짚고 넘어가 보고자 한다.

1910년 8월 29일, 일제(日帝)가 일주일 전인 8월 22일에 강압적으로 체결한 '한일병합조약'이 공포되었다. 이날로 일제의 총독부(總督府)가 들어서고 우리나라에 대한 일제(日帝)의 식민통치(植民統治)가 시작되었다.

우리나라 조선(朝鮮)에 대한 일제의 침탈 야욕은 이보다 훨씬 이전부터 발동되었었다.

일제(日帝)는:

(1) 1875년 군함 운양호(雲揚號)를 앞세운 군함외교로 우리나라를 압박해 1876년 병자수호조약(丙子修護條約 일명 江華島條約)을 체결하고 기존의 부산항 이외에 원산(1880)과 인천(1883)을 개항케 함으로써 우리나라에 진출을 본격화하기 시작했다.

(1875년 운양호 침공, 1876년 강화도조약)

(2) 1882 임오(壬午)년 6월 서울지역의 우리나라 구식군대가 처우 등에 불만을 품고 폭동을 일으키면서 일본공관도 습격을 했었는데 일제가 자기네 거류민 보호를 구실로 군대를 파견해 제물포조약을 맺고 우리나라로부터 배상금을 받아갔다.

(1882년 임오군란과 제물포조약)

(3) 1884 갑신(甲申)년 우리나라 개화파(김옥균 등)가 일본세력을 등에 업고 갑신정변을 일으켜 정권을 잡았는데, 당시 서울에 주둔하고 있던 청국(淸國)의 군대가 이를 진압해 이 갑신정변은 '3일천하'로 실패로 끝나게 되었다. 이를 해결하는 과정에서 일본(日本)이 청국(淸國)과 텐진조약(天津條約: 1885년 4월)을 맺었는데, 이 조약의 내용은 ① 청국과 일본 두 나라 모두 조선에서 군대를 철수하고 ② 앞으로 조선에 군대를 파병할 경우 사전에 서로에게 알린다는 것이었다.

(1884년 갑신정변, 1885년 청·일 텐진조약)

(4) 1894 갑오(甲午)년 초 전라도 고부(古阜)에서 전봉준이 중심이 된 농민들의 봉기가 확산되어 농민군(農民軍)이 전라도를 사실상 장악하게 되자, 우리 정부가 청국(淸國)에 출병을 요청하였다. 청국군이 아산만을 통해 조선에 진주하자 일본은 우리 정부의 요청이 없는데도 텐진조약을 구실로 그리고 자국민의 보호를 이유로 파병을 해 인천을 통해 서울로 진주, 궁궐을 장악하고, 갑오경장(甲午更張: 제1차 개혁, 갑오개혁) 조치를 밀어붙였다.

(1894 동학농민군 봉기, 청국이 우리 정부의 요청으로 파병,
일본은 우리 정부 요청이 없는데도 텐진조약을 구실로
일방적으로 파병해 서울을 점령, 갑오경장 조치를 밀어붙임)

(5) 1894년 7월 일본군이 아산만에서 청국군을 선제공격함으로써 청일전쟁 발발. 일본군이 청일전쟁에서 승리함으로써 조선에 대한 청국의 영향력을 배제시키고 일제(日帝)가 조선에 대한 지배력을 장악.

(1894년 청일전쟁 발발, 일본군의 승리, 일제가 조선에 대한 지배력 장악)

(6) 1895 을미(乙未)년 10월 8일 일제가 우리의 국모 명성황후(明成皇后)를 시해.

(1895 을미사변=명성황후 시해)

(7) 1896년 2월 11일 국왕 고종(高宗)은 정동에 있는 러시아 공관(公館)으로 피신.

(1896년 아관파천(俄館播遷))

(8) 1897년 2월 20일 고종(高宗)은 러시아 공관(公館)에서 나와 경운궁(慶運宮=현 덕수궁)으로 환궁. 연호를 광무(光武)로(8월 16일), 국호를 대한제국(大韓帝國)으로 선포하고 황제(皇帝)로 등극(10월 12일).

(1897년 고종 환궁, 대한제국 선포, 황제 등극)

일제의 우리나라 국권침탈 마지막 과정이 <표 I-1-1>에 협약(協約)과 조약(條約) 중심으로 제시되어 있다.

일제(日帝)는:

(9) 1904년 2월 8일 일본군이 만주의 여순항(旅順港)과 우리나라의 인천항에 있던 러시아 함선들에 대해 선제공격을 가함으로써 러일전쟁(露日戰爭)을 일으킴. 일제(日帝)는 러일전쟁이 일어나자 서울을 점령하고 강압적으로 한일의정서(韓日議定書)를 체결(2월 23일), 러시아와의 전쟁에서 전방기지 및 보급로의 확보와 함께, 우리 조선 내정에 간섭할 수 있는 일본 나름의 근거를 만듦. 이어 제1차 한일협약(외국인용빙협정: 傭聘協定)을 강제로 체결(8월 22일), 우리 정부에 일본이 추천한 일본인 재정고문과 미국인 외교고문을 두게 하면서 이른바 고문(顧問)정치를 통해 우리나라의 내정에 간섭하기 시작.

(1904년 러일전쟁 발발, 한일의정서와 제1차 한일협약 강제로 체결, 우리나라 내정에 간섭 시작)

(10) 1905 을사(乙巳)년 9월 5일 러시아와 일본 사이에 강화조약이 체결되고, 일본의 승리로 러일전쟁이 끝남. 일제(日帝)는 이로써 청국과 러시아를 물리치고 우리나라에 대한 독점적 지배권을 쟁취하고 만주로의 진출을 위한 발판을 마련하게 됨. 일제는 이어 11월 17일 제2차 한일협약(韓日協商條約=乙巳勒約)을 강제로 체결해 우리나라의 외교권을 박탈하고 통감부(統監府)를 설치하고 초대 통감에 이토 히로부미(伊藤博文)를 내보내 우리나라를 사실상 통치하기 시작함.

(1905년 러일전쟁 일본의 승리로 끝남. 일제의 강압 밑에서 을사늑약 체결. 일제의 통감부 설치. 초대통감에 이토 히로부미. 일제의 우리나라 사실상의 통치 시작)

(11) 1907년 고종의 헤이그 만국평화회의 밀사 파견을 트집 잡아, 고종황제(高宗 皇帝)를 강제로 퇴위시키고 순종(純宗)을 그 자리에 앉힘(7월 19일). 우리 대한제국의 법령 제정, 중요 행정처분, 고위관리의 임명에 일본인 통감(統監)의 사전승인을 받아야 하도록 하고, 우리 정부 각 부(各部)의 차관(次官) 자리에 일본인 관리들을 임명해 이른바 차관정치로 내

정(內政)을 장악함(7월 24일). 신문지법을 시행해 우리의 언론을 봉쇄하고, 우리의 군대, 이미 명목적인 것에 지나지 않는 상태의 군대였지만, 이를 해산시킴(8월 1일).

(1907년 고종 퇴위, 순종 즉위. 한일신협약 체결,

차관정치. 신문지법 시행, 군대 해산)

(12) **1910년 8월 22일** 일제가 그간에 강요해온 일련의 조직적인 침탈조치들로 인해 이름뿐인 존재가 되어 있던 대한제국에 일제는 마지막으로 한일병합조약을 강요해 우리 한국을 일제의 식민지(植民地)로 강탈해버렸음.

(1910년 8월 22일 한일병합조약 강압 체결)

(13) **1910년 8월 29일** 한일병합조약이 공포되고, 이제까지의 통감부를 대신해 총독부가 설치되면서 일제의 식민통치가 시작됨.

(1910년 8월 29일 일제의 식민통치 시작)

〈표 Ⅰ-1-1〉 대한제국(大韓帝國) 말년 일제(日帝)의 우리 국권 침탈 일지

	제1차 한일협약(외국인 용빙傭聘협정): 고문(顧問)정치 시작
1904년 8월 22일	* 이 '협약'에 따라 재정고문에 메가타 다네타로[目賀田種大郎], 외교고문에 미국인 스티븐스(Stevens: 須知分)가 취임. 다음 해 군사고문, 경무(警務)고문, 학부참여관(學部參與官)이 취임. * 스티븐스는 1908년 미국 샌프란시스코에서 장인환(張仁煥) 의사가 저격 척결함. * 일제가 파견한 고문(顧問)들이 우리나라의 내정을 좌지우지하게 됨.
	제2차 한일협약(한일협상조약): 외교권 박탈당함 일명 을사5조약, 을사조약, 을사보호조약, 을사늑약(乙巳勒約) **일제의 통감부(統監府) 설치. 초대 통감 이토 히로부미(伊藤博文)**
1905년 11월 17일	第一條 日本國政府는 在東京 外務省을 由하야 今後에 韓國이 外國에 對하는 關係及事務를 監理指揮함이 可하고 日本國의 外交代表者及領事는 外國에 在하는 韓國의 臣民及利益을 保함이 可함 * 이 '협약'에 따라 우리 대한제국 외교권(外交權)이 일제에 강탈당함. * 일본인 통감(統監)이 임명되어 통감정치가 시작됨
1907년 6월	**고종(高宗) 황제가 헤이그 만국평화회의에 밀사 파견** * 을사조약의 무효를 주장키 위해. 일본의 방해로 뜻을 이루지 못함.

1907년 7월 19일	**고종 강제 퇴위, 순종 즉위**
	* 외교권을 일제에 양도한 제2차 한일협약(을사5조약)을 '어기고' 헤이그에 밀사를 파견했다는 것을 구실로 고종 황제를 퇴위시키고, 순종을 즉위시킴.
1907년 7월 24일	**정미7조약(한일신협약): 차관정치(次官政治) 시작**
	* 우리 대한제국의 법령 제정, 중요 행정처분, 고위관리의 임명에 일본인 통감(統監)의 사전승인을 받아야 하게 됨. * 우리 정부 각 부(各部)의 차관(次官) 자리에 일본인 관리들이 임명됨.
	신문지법
	* 일본의 시책에 비판적인 우리 민족진영의 언론활동을 억압 봉쇄함.
1907년 7월 27일	**보안법**
	* 우리 국민들의 국권수호 운동과 투쟁을 사찰 통제함.
1907년 8월 1일	**대한제국 군대(軍隊)의 해산**
	* 당시 우리 군대는 8,800여명. 일부 부대 반발 봉기. 일부는 의병에 가세.
1909년 10월 26일	**안중근이 이토 히로부미(伊藤博文)를 저격 사살**
	* 안중근 의사가 하얼빈 역에서 이토(伊藤博文)를 권총으로 저격 사살함.
1910년 8월 22일	**한일병합조약**
	第一 韓國皇帝陛下는 韓國全部에 關한 一切의 統治權을 完全하고도 永久히 日本國皇帝陛下에게 讓與함. 第二 日本國皇帝陛下는 前條에 揭載한 讓與를 受諾하고 또 全然 韓國을 日本國에 倂合함을 承諾함.
1910년 8월 29일	**한일병합조약 공포** **일제의 총독부(總督府) 설치. 초대 총독** 테라우치(寺內正毅).
	* 일제의 **식민통치(植民統治)**가 시작됨

　이제 이 책의 주제(主題)인 신문(新聞)에 관한 이야기로 들어가 보자. 우선 우리의 대한제국(大韓帝國)이 일제의 강점으로 끝나던 그날 당시 우리의 서울인 한성(漢城)에서 우리 한국인과 일본인들이 발행하고 있던 신문들에 관해 간단히 살펴보기로 하자.

제2절 1910년 8월 29일 국치일(國恥日) 당시
한성(漢城)에서 발행되던 신문들

1910년 8월 29일 일제의 식민통치가 시작된 국치일(國恥日) 당시 우리의 서울인 경성(京城)에는 구한말부터 일본인들이 발행해오던 신문 경성일보(京城日報)와 서울프레스(The Seoul Press) 그리고 경성신보(京城新報)가 있었다.

이들 신문을 포함해 일제 통치기간 중에 경성(서울)에서 일본인들이 발행했었던 일간(日刊) 신문들이 <그림 Ⅰ-2-1>에 제시되어 있다.

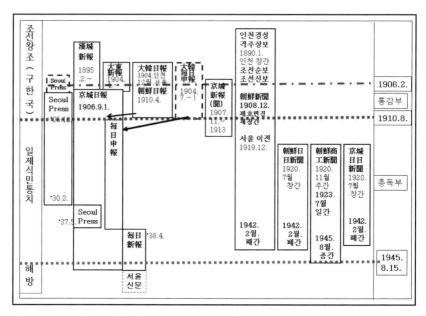

〈그림 Ⅰ-2-1〉 일제(日帝) 식민통치하 경성(京城: 서울)에서 발행되었던
일본인들의 일간(日刊) 신문들

경성일보(京城日報)는 하루 전까지는 일제 통감부(統監府)의 기관지(機關紙)였으나, 일제(日帝)의 대한제국(大韓帝國) 강제 합병일인 1910년 8월 29일, 이날부터는 식민통치 기관이 된 총독부(總督府)의 기관지가 되었다.

경성일보는 원래 일제가 이보다 5년 전인 1905년 11월 17일 무력을 앞세워 체결한 '제2차 한일협약(우리나라의 외교권을 박탈한 을사늑약)'에 따라 통감부를 설치했을 때 자신들의 침략야욕을 정당화하고 선전하기 위한 기관지의 필요성을 절감해, 당시 한성(漢城, 서울)에서 일본인들이 발행해오던 두 신문 한성신보(漢城新報)와 대동신보(大東新報)를 흡수 통합해 1906년 9월 1일에 통감부 기관지로 발간을 시작했던 신문이다.

영자지(英字紙)인 서울프레스(Seoul Press)는 원래 영국인 허지(J.W. Hodge)가 1905년 6월 3일 발간한 주간신문이었는데, 일제 통감부가 매수해 1906년 12월 6일부터 일간으로 간행하기 시작한 통감부의 영문 기관지였다. 서울프레스(Seoul Press)도 통감부가 총독부로 대체되면서 총독부의 기관지가 되었다.

서울에서 발행되던 일본인 신문 조선일보(朝鮮日報)도 일제의 총독부가 들어서면서 총독부 기관지 경성일보에 흡수 통합되었다. 이 신문은 원래 대한일보(大韓日報)라는 제호로 1904년 3월 10일 인천(仁川)에서 창간되었는데, 9개월 후 발행소를 서울로 옮겼고, 일제의 식민통치가 시작되기 4개월여 전에 신문의 제호를 조선일보(朝鮮日報)로 바꾸어 발행하고 있었다.(정진석, 『언론조선총독부』, 커뮤니케이션북스, 1998, pp. 65-66.)

이 밖에 국치일인 1910년 8월 29일 직전까지 표면상으로는 우리나라 사람이 발행하는 것으로 되어있었으나 실제로는 일제의 통감부가 매수해 놓고 있었던 신문으로 대한매일신보(大韓每日申報)가 있었다. 이 신문은 '한일병합'이 공포된 다음 날인 8월 30일자부터 제호에서 '大韓'을 삭제하고 '매일신보(每日申報)'로 발행하면서 총독부의 한국어판 기관지가 되었다.

대한매일신보(大韓每日申報)는 원래 1904년 7월 18일 서울에서 영국인 특파원 배설(裴說: E.T. Bethell)이 양기탁(梁起鐸)과 손을 잡고 창간한 신문이다. 이 신문은 우리나라와 우리국민의 대변지로서 일제의 침탈 야욕에 맞서 항일 필봉을 휘둘러온 신문이었는데, 일제의 탄압으로 창간 발행인 배설(Bethell)이 물러나고, 1908년 5월에 발행권이 영국인 만함(萬咸: A.W. Marnham)으로 넘어갔다. 이 신문은 1910년 6월 발행권이 다시 이장훈(李章薰)으로 넘어가는 과정에서 일제 통감부에게 매수된 것으로 알려져 있다.

구한말(舊韓末) 일제 통감부가 설치된 뒤 일본인이 서울에서 창간한 신문으로서 통감부 기관지가 아닌 신문이 하나 있었는데 경성신보(京城新報)가 바로 그 신문이다. 경성신보(京城新報)는 일제의 통감부 치하인 1907년 11월 3일 서울에서 창간되었는데, 일본인 신문임에도 통감부 정책에 다소 비판적이었던 신문으로서, 1908년 7월에 경성신문(京城新聞)으로 제호를 바꾸었다가, 1909년 1월 원래의 이름인 경성신보(京城新報)로 제호를 다시 바꾸어 발행하고 있었다.

일제의 식민통치가 시작되고 9년이 지난 1919년에 본사를 인천(仁川)에서 경성(서울)으로 옮긴 조선신문(朝鮮新聞)은 원래 일제의 한국진출 초기인 1890년 초에 개항장 인천에서 일본인이 인천경성격주상보(仁川京城隔週商報)로 창간한 신문이다.

이 신문은 제호가 조선순보, 조선신보로 바뀌었다가, 통감부(1905년 을사늑약)가 설치된 뒤인 1908년 12월 1일 제호가 다시 조선신문(朝鮮新聞)으로 바뀌었고, 총독부(1910년 한일병합조약)가 초기의 '무단통치'에서 이른바 '문화통치'로 전술을 바꾸는 시점인 1919년에 본사를 서울로 이전한 신문이다.

위의 신문들은 일제의 식민통치가 시작되기 이전에 창간되어 식민통치가 시작된 뒤에도 경성(京城, 서울)에서 계속 발행되었던 일본인들의 일간(日刊) 신문들이다.

이들 신문과는 달리 일제의 식민통치 기간 중에 총독부에 의하여 경성(京城, 서울)에서 발행이 허가된 일본인 신문 셋이 있다. 조선일일신문 (朝鮮日日新聞)과 조선상공신문(朝鮮商工新聞) 그리고 경성일일신문(京城 日日新聞)이 바로 그 신문들이다.

이들 3개 일본인 일간 신문은 모두 1920년에 창간이 되었다. 일제의 조선총독부는 1919년 우리 조선민중의 거족적 봉기인 3·1 독립운동의 격랑을 겪고 나서 그때까지의 '무단통치' 방식을 이른바 '문화통치' 방식 으로 바꾸는 과정에서 그 하나의 조치로 1920년 우리나라 민간인에게 우 리말 신문 3개 즉 조선일보(朝鮮日報), 동아일보(東亞日報), 시사신문(時事 新聞)의 발행을 허가하면서 일본인들에게도 위의 3개 민간신문의 발행을 허가해준 것이다.

일제의 식민통치 기간 중에 경성(서울)에서는 일본인들의 통신사(通信 社) 여럿이 취재활동을 벌이고 있었다. 일제 식민통치 말년인 1944년 발 행 『조선연감』에 나와 있는 것을 보면 이들 여러 통신사들이 거의 정리 되고 일본 동경(東京)에 본사를 둔 동맹통신(同盟通信)의 지사(경성, 부산, 평양, 청진)와 일간토건경제(日刊土建經濟), 상업통신(商業通信), 선만경제 통신(鮮滿經濟通信)만이 남아 있었다.

한일합방늑약 공포일인 1910년 8월 29일 당시 우리의 서울 한성(漢 城)에서 발행되고 있던 일간 신문들, **한국인 발행 신문**과 **일본인 발행 신문**들이 <표 I-2-1>에 제시되어 있다.

우선 한국인 발행 신문들을 먼저 보고, 다음으로 일본인 발행 신문들 에 관해 보기로 하자.

국치일(國恥日)인 1910년 8월 29일 당시 우리 한국인 발행 신문들은 그 성격상 민족진영계(民族陣營系)와 친일계(親日系)로 나누어진다.

민족진영 신문으로는 **황성신문(皇城新聞)**이 있었는데 합방늑약이 공포

〈표 Ⅰ-2-1〉 한일합방늑약(韓日合邦勒約: 庚戌國恥) 공포일(1910년 8월 29일)
당시 한성(漢城: 서울)에서 발행되고 있던 일간 신문들

발행자			신문사 이름	제호 변경 여부	폐간·종간 시기	비 고
한 국 인	민 족 진 영		황성신문 (皇城新聞)	1910.8.30. 漢城新聞으로 改題	1910.9.14. 마지막 호 발행 후 폐간	일제 총독부가 신문 제호를 매수 후 폐간 조치 취함.
			대한민보 (大韓民報)	1910.8.30. 民報로 改題	1910.8.31. 마지막 호 발행 후 폐간	대한협회 발행
	친 일		대한신문 (大韓新聞)	1910.8.30. 漢陽新聞으로 改題	1910.8.31. 마지막 호 발행 후 폐간	이완용 친일 내각 기관지
			국민신보 (國民新報)		1910.8.30. 직후 每日申報에 흡수되어 폐간	친일 일진회 기관지
			대한매일신보 (大韓每日申報)	1910.8.30. 每日申報로 改題	총독부 기관지로 발행 계속	
일 본 인			경성일보 (京城日報)	제호(題號) 병경 없이 발행 계속	총독부 기관지로 발행 계속	
			서울프레스 (Seoul Press)	제호 병경 없이 발행 계속	총독부 기관지로 발행 계속	
			경성신보(문) <京城新報(聞)>	제호 변경 없이 발행 계속	1913년(추정)	

* 제국신문(帝國新聞) 1910년 8월 초 폐업(경술국치 직전).
  만세보(萬歲報: 천도교) 1907.6.29. 폐간.
* 경향신문(京鄕新聞 週刊: 가톨릭) 1910.12.30. 마지막 호 발행 후 폐간.(오인환)
* 일본인 발행 신문인 대한일보(大韓日報), 조선일일신문(朝鮮日日新聞), 동양일보(東洋日報) 등은 1910
  년 6월~8월 상순 사이에 일제 통감부에 매수되어 폐간.(김민환) / 일본인 발행 대한일보(大韓日報)는
  1910년 4월 조선일보(朝鮮日報)로 제호를 바꾸어 발행 하다가 경성일보에 통합됨.(정진석)

자료출처: 정진석, 『언론조선총독부』, 서울: 커뮤니케이션북스, 2005, pp. 63-6.
 김민환, 『한국언론사』, 서울: 사회비평사, 1996, pp. 201-2
 오인환, 『100년 전 한성을 누비다』, 서울: 한국학술정보, 2008.

된 다음 날인 1910년 8월 30일자부터 신문의 제호가 **한성신문(漢城新聞)**으로 바뀌었고, 2주 후인 9월 14일에 마지막 호를 발행하고 폐간되었다. 일제 총독부가 이 신문의 제호를 매수한 뒤 폐간조치를 취한 것이다.

대한자강회의 후신인 대한협회(大韓協會: 한때 친일 일진회(一進會)와 제휴하기도 했으나 마지막에는 손을 끊음) 계열의 신문인 **대한민보(大韓民報)**는 8월 30일자 신문에서 제호에서 '대한'을 뺀 **민보(民報)**로 발행을 했고 다음 날인 31일에 마지막 호를 발행하고 폐간되었다.

황성신문(皇城新聞)과 더불어 오랫동안 우리 민족진영의 대표 신문이었던 **제국신문(帝國新聞)**은 재정사정의 악화로 한일합방조약이 공포되기 직전인 8월 초에 폐간이 되었다.

천도교 계열의 **만세보(萬歲報)**는 경영난으로 1907년 6월 30일에 문을 닫았다. 만세보의 판권은 친일 이완용 계파에게 넘어가 제호가 대한신문(大韓新聞)으로 바뀌게 되었다.

친일계열의 신문 **대한신문(大韓新聞)**은 이완용 친일 내각의 기관지였는데, 8월 30일 제호에서 우리나라 국호인 '대한'을 빼고 **한양신문(漢陽新聞)**이란 제호로 발행을 했는데, 이 신문도 다음 날인 31일에 마지막 호를 발행한 후 폐간되었다.

친일 일진회 기관지 **국민신보(國民新報:** 1906년 1월 6일 창간)는 한일합병조약 공표 직후인 1910년 8월 30일 매일신보(每日申報)에 흡수되어 폐간되었다.

<표 I-2-1>에 대한매일신보(大韓每日申報)가 우리나라 사람이 발행하는 친일 신문으로 분류되어 있다. 이 신문은 원래 영국인 소유로서 친한·반일(親韓·反日) 논조를 펼쳐왔었으나 한일합병 2개월여 전인 1910년 5월 말에서 6월 초경에 일제 통감부가 우리나라 사람을 앞세워 매수를 했기 때문에 한일합병 공포 당시에는 한국인 발행의 친일지로 분류가 된 것이다.

대한매일신보는 한일합병늑약이 공포가 된 다음 날인 8월 30일부터 일제 총독부의 일본어 기관지 경성일보(京城日報)에 통합 흡수되어, 제호에서 우리나라의 국호인 '대한'을 뺀 **매일신보(每日申報)**라는 제호하에 총독부의 한국어판(版) 기관지로서 발행을 계속했다.

일제의 식민통치가 공포된 1910년 8월 29일 당시 일본인들이 우리 서울에서 발행하고 있던 일간 신문은 셋이 있었다.

경성일보(京城日報)는 일제 통감부의 일본어 기관지로 발행되어 오다가 총독부의 기관지로 제호의 변동 없이 그대로 발행을 계속하여 나갔다.

서울프레스(Seoul Press)는 일제 통감부 시절부터 통감부의 기관지 경성일보의 자매지로 발행되어오던 영어 신문인데 일제의 총독부가 들어선 뒤에도 총독부 기관지 경성일보의 자매지로 제호의 변동 없이 발행이 계속 되었다.

경성신보(京城新報)는 일본인 민간인이 1907년 11월 3일에 창간해서 발행해온 일본어 신문인데, 1908년 7월에 경성신문(京城新聞)으로 제호를 바꾸었다가, 1909년 1월에 다시 원래의 경성신보로 제호를 바꾸어 발행해오고 있었다. 이 신문도 제호의 변동 없이 발행이 계속되었다.

이상 제 I 장에서는 19세기 말에서 20세기 초에 걸친 일제(日帝)의 우리 한국 침탈 과정과, 당시 서울에서 발행되고 있던 일간 신문들에 관해 대략적인 검토를 해 보았다.

시대적 배경과 언론 상황에 대해서는 비록 피상적인 것이기는 하지만 이 정도로 마무리를 짓고, 다음 제 II 장과 제 III 장에서는 이 책의 주제인 '일제 강점기(日帝强占期) 경성(京城)에서 발행되던 신문사들의 사옥이 있던 위치를 찾아' 경성(京城)을 누벼보기로 하자.

제 II 장의 경우 제1절에서는 구한말부터 발행되기 시작해서 일제의 식민통치하에서도 계속 발행되었던 일본인(日本人) 신문들의 사옥 위치를 알아보고, 이어서 제2절에서는 식민통치가 시작된 이후에 창간된 일본인 신문들의 사옥 위치를, 그리고 제3절에서는 일제의 식민통치 기간 중에 경성에서 발행되었던 통신(通信)들의 사옥 위치를 알아보고자 한다.

제Ⅲ장에서는 일제 식민통치 기간 중에 경성에서 발행되었던 우리 조선인 발행 신문사들의 사옥 위치를 알아보고자 한다. 제1절에서는 조선일보(朝鮮日報)와 동아일보(東亞日報) 사옥의 위치를 알아보고, 제2절에서는 시대일보(時代日報), 중외일보(中外日報), 중앙일보(中央日報), 조선중앙일보(朝鮮中央日報) 사옥의 위치를, 그리고 제3절에서는 친일(親日)신문인 시사신문(時事新聞), 민중신문(民衆新聞) 사옥의 위치를 알아보고자 한다.

이어 제Ⅳ장에서는 경성(京城)에 와 있던 외지(外地) 신문(新聞)과 통신(通信)들의 지국 지사(支局 支社) 위치를 간단히 알아보고자 한다.

제 II 장

일본인(日本人) 발행 신문(新聞)과
통신(通信)들의 사옥 위치

제1절 한말(韓末)부터 발행되기 시작한
일본인 일간(日刊) 신문들의 사옥 위치

〈표 Ⅱ-1-1〉 구한말(舊韓末) 때 창간되어
　　　　식민통치 중 경성(京城,서울)에서 발행되던 일본인 日刊 신문들

신문사 이름	발행 기간	사옥(발행소)	비 고
경성일보 (京城日報)	1906.9.1. ~1945.8.15.직후까지	필동 1가 44(43 ?) -> 태평로 1가 31-1 -> 태평로 1가 31-2	구한말 한성신보와 대동신보를 통합 흡수해 경성일보를 창간, 통감부 기관지로 발행하다가, 한국 병탐 후 총독부 기관지로 발행
매일신보 <每日申報(新報)>	(申報)1910.8.30.~ (新報)1938.4.1.~'45.11.10. *'45.8.15. 해방 후에도 한국인 직원들이 당분간 발행 계속	필동 1가 44(43 ?) -> 태평로 1가 31-1 -> 태평로 1가 31-2 (분리 후) 태평로 1가 31-3	大韓每日申報(1904.7.18. 창간)를 일제 통감부가 매수(1910.5.) 발행하다가 한국 강제 병탐 후 제호에서 大韓을 삭제 총독부 기관지로 발행 1938.4. 경성일보에서 분리, 제호를 申報에서 新報로 바꿈
서울프레스 (Seoul Press)	1905.6.3.(주간)-> 1906.12.5.(일간) ~1937.5.30.	필동 1가 44(43 ?) -> 태평로 1가 31-1 -> 태평로 1가 31-2	1906.12.5.(통감부기관지) ->1930.2.(경성일보에 통합)
경성신보(신문) <京城新報(新聞)>	1907.7.11. ~1913.?	서소문로	영인본이 1913년까지 나와 있음
조선신문 (朝鮮新聞)	1890.1.28.(인천) ->1919.12.18.(서울 이전) ~1942.2.28.	인천-> 서울 을지로 1가-> 태평로 2가 115-> 태평로 2가 123	仁川京城隔週商報로 창간(1890.1.28.) -> 조선순보 -> 조선신보 -> 朝鮮新聞 창간(1908.12.)

자료 출처:
『新聞總攬』, 日本電報通信社 편, 1917~43.(결본 있음)
　김민환, 『한국언론사』, 서울: 사회비평사, 1996.
　鄭晉錫, 『한국언론사』, 서울: 나남출판, 1990.
　＿＿＿, '조선신문 年譜', 『朝鮮新報』(영인본), 제1권, 한국교회사문헌연구원, 2008.

36

구한말 때 창간되어 일제의 식민통치가 시작된 뒤에도 계속 발행되었던 일본인 신문사들과 그 신문사들의 사옥(발행소) 위치에 관한 사항이 <표 Ⅱ-1-1>에 제시되어 있다.

1) 경성일보(京城日報), 서울프레스(Seoul Press), 매일신보(每日申(新)報)

경성일보(京城日報)는 일제가 통감부(統監府)를 설치하면서(1906년 2월) 기관지가 필요해 당시에 일본인 신문 한성신보(漢城新報)와 대동신보(大東新報)를 인수 통합해서 1906년 9월 1일 제호를 경성일보(京城日報)로 바꾸어 창간한 신문이다.

경성일보의 창간사옥이 어디에 있었는지에 관해서는 연구자가 직접적인 자료를 찾지 못한 상태에서 간접적인 자료를 근거로 추정을 해본 바가 있다.(오인환, 2008, pp. 404-414)

경성일보 창간 당시의 신문을 접하지 못하고 있을 뿐 아니라 최근에 나온 경성일보 영인판(한국교회사문헌연구원, 2003)에도 경성일보가 현재의 서울시청 자리에 사옥을 신축해서 이전하고 난 뒤인 1915년 이후의 신문들부터 수록되어 있어서, 경성일보 자체로부터는 첫 사옥의 위치를 확인해 볼 수 없는 상황이다.

그러나 경성일보 사옥에 함께 들어 있던 경성일보의 영문 자매지 서울프레스(The Seoul Press)의 1907년 3월 5일자 제호(題號) 난에 발행소 위치가 'Yamato-cho(Chu Dong), Seoul, Korea'로 나와 있고

1945. 5.16   1910. 9.2.   1945.4.29

The Seoul Press

1915.10.24   1908.12.22.   1910.12.25.
* 일제 식민치하 때에도 제호 동일

(Yamato-cho=大和町; 추동=주동=鑄洞=鑄字洞),

『경성부사(京城府史)』제2권, 1936, p. 773에 '경성일보라는 제호로 …
現(일제하) 大和町一丁目(44番地)에서 9월 1일 그 첫 호를 발행했다.'고
나와 있다.

경성일보 창간사옥의 위치는 1911년에 발행된『경성부 시가도(京城府
市街圖)』에도 표시되어 있는데,

이 지도를 기준으로 할 경우 경성일보 창간사옥이 있던 터의 주소는
『경성부사(京城府史)』에 나와 있는 44번지보다는 43번지 쪽이 맞을 것
같은 느낌이 든다. <지도와 자료 Ⅱ-1-1>

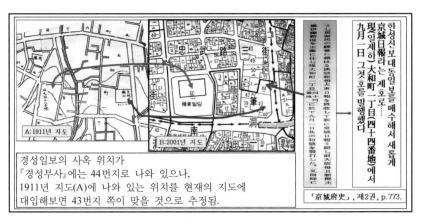

〈지도와 자료 Ⅱ-1-1〉京城日報 초기 사옥 위치 추정 작업

경성일보가 일제 때의 대화정(大和町,Yamato-cho)을 떠나 현재의 서울
시청 자리로 이전을 하고 난 지 얼마 지나지 않은 1917년 발행의『경성
부관내지적목록(京城府管內地籍目錄)』에서 보면 '대화정(大和町,Yamato-cho)
의 43-1번지 대지 872평 소유 조선은행, 43-2번지 대지 62평 소유 조선
은행으로 되어 있고, 대화정(大和町,Yamato-cho)의 44-1번지 대지 226평
소유 개인, 44-2번지 대지 68평 소유 개인'으로 나와 있는데, 우선 43번

38

지 쪽이 44번지 쪽보다 3배나 넓고, 또한 경성일보가 사옥을 옮기면서
그 터와 건물의 소유권을 개인보다는 같은 총독부 관할 기관인 조선은
행에 이전했을 가능성이 훨씬 컸을 것 같은 생각이 든다.

경성일보(京城日報)가 1906년에 창간되어 1914년에 오늘날의 서울시
청 자리로 사옥을 이전할 때까지 있었던 터가 일제 때의 주소로 대화정
1정목 43번지, 현재의 주소로는 **필동(筆洞) 1가 43번지**였다는 추정을 해
보았다. 크게 보면 44번지나 43번지가 바로 붙어있기 때문에 대체적인
위치를 아는 데는 큰 지장이 없을 것 같다.

경성일보 초기 필동 사옥 사진과 그곳의 오늘날의 모습이 담긴 사진
이 <사진 Ⅱ-1-1>에 제시되어 있다. 경성일보 필동 사옥 사진은 1912년
이나 1913년에 찍은 것으로, 그 당시 이 사옥에는 총독부의 일본어 기
관지인 경성일보에 흡수 통합되어 있던 한국어 기관지 **매일신보(每日申
報)**와 영어판 신문으로 경성일보의 자매지였던 **서울프레스(Seoul Press)**
가 함께 들어 있었다.[1]

매일신보(每日新報: 제호의 한자(漢字)가 申에서 新으로 바뀜)는 1938
년 4월 경성일보(京城日報)에서 분사(分社)해 별도의 사옥에 들 때까지,
서울프레스(Seoul Press)는 1937년 5월 폐간될 때까지 경성일보사 사옥
에 함께 들어 있었다.

---

[1] 매일신보가 필동 1가의 경성일보 사옥으로 들어간 것은 1911년 1월 1일부터
임. 매일신보는 1910년 8월 29일 한일병합 공포일에 '포전병문 이궁가 이층
양옥'에 그대로 있었고, 10월 19일에 '정동 대한문 앞', 10월 20일에 '태평로
2가 35번호(番戶)'로 옮겼다가 다음 해인 1911년 1월 1일부터 경성일보 사옥
에 들어갔음. '정동 대한문 앞'과 '태평로 2가 35번호'는 동일 번지로 추정됨.
하루 사이에 사옥을 옮겼을 것 같지가 않음.

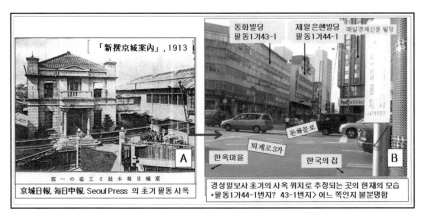

〈사진 Ⅱ-1-1〉京城日報 초기 필동 사옥 사진과 그 곳의 현재의 모습

경성일보는 1914년 오늘날의 서울시청 터에 목조로 새 사옥을 크게 지어, 매일신보 및 서울프레스와 함께 본사를 옮겼다. 이로써 일제 총독부 기관지들의 태평로 시대가 시작되었다.

<지도와 사진 Ⅱ-1-1>에 경성일보 태평로 시대의 사옥 위치가 지도로, 사옥 건물의 모습이 사진으로 제시되어 있다.

지도는 1959년도 발행 '지번구획입(地番區劃入) 대서울정도(大서울精圖)'의 일부로서 태평로 1가 일대를 보여주는 것이다. 이 지도는 한편으로는 일제 식민치하 때의 그 일대 도로와 건물 상황을 대체로 반영해주고 있으면서도 다른 한편으로는 오늘날의 서울시민 중 성인층에서는 그간에 이 지역에서 일어난 크고 작은 변화에도 불구하고 옛날을 기억에 떠올릴 수 있게 하는 단초를 제공해 줄 것으로 판단이 되는 지도이다.

<지도와 사진 Ⅱ-1-1>의 지도에 서울시청과 대한공론사 그리고 서울신문의 위치와 건물의 형태(위에서 내려다 본 평면 형태)가 나와 있다.

서울시청 터는 경성일보가 초기 필동 사옥에서 옮겨온 곳으로서 당시 지번(地番)으로는 태평통 1정목(太平通 1丁目) 31번지였다. 현재 우리의 지번으로는 태평로 1가 31번지이다.

경성일보(京城日報)가 이 터를 경성부청(현재의 서울시청)에게 넘겨주고 뒤로 옮겨가면서 지번이 분할되어, 서울시청 터는 31-1, 경성일보가 새로 옮겨간 곳의 지번은 31-2가 되었고, 매일신보가 분사되어 사옥을 새로 지은 곳은 31-3이 되었다. <자료 II-1-1>

2010년 현재의 지번은 서울시청 부지가 태평로 1가 31번지, 옛 경성일보 사옥과 매일신보 사옥을 헐고 그 자리에 새로 지은 언론재단(프레스센터=Press Center) 부지의 지번은 태평로 1가 25번지로 되어 있다.

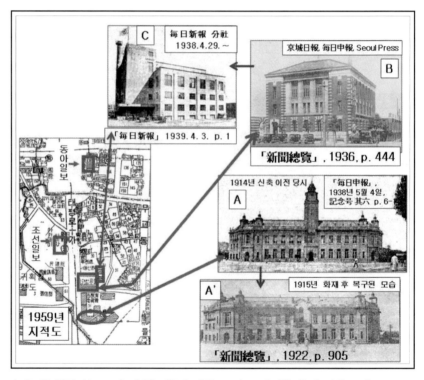

〈지도와 사진 II-1-1〉京城日報가 태평로1가로 이전한 후의 사옥 모습
　(A)는 1914년 현재의 서울시청 자리로 신축 이전 했을 때의 모습 (목조 건물).
　(A')는 1915년 큰 화재가 있은 후 복원한 모습. 중앙의 첨탑이 없어졌음.
　(B)는 A 사옥 터를 1923년 京城府廳 청사 부지로 양도하고 그 뒤 터에 새로 지은 사옥 모습.
　(C)는 경성일보로부터 1938년 별도의 회사로 분사(分社)해 바로 옆에 신축한 每日新報 사옥 모습.

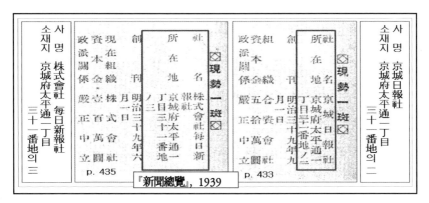

〈자료 Ⅱ-1-1〉京城日報 3번째 사옥 주소와
　　　　　　　　매일신보 분사 이후 사옥의 주소

　일제 총독부의 일본어 기관지 경성일보(京城日報), 한국어 기관지 매
일신보(每日新報), 영어 기관지 서울프레스(Seoul Press)의 3개 신문은 위
에서 보아온 바와 같이 일제의 식민통치 말기에 매일신보가 분사해 별
도의 사옥을 갖게 될 때까지 경성일보 사옥에 함께 들어 있었다.

2) 경성신보(京城新報(聞)), 조선신문(朝鮮新聞)

　　　　　　구한말 일제 통감부시기에 일본인이 한성(서울)에서 창
간한 민간신문의 하나로서 1910년 8월 29일 일제의 식민
통치가 시작된 뒤에도 몇 년간 계속 발행되었던 일간신문
에 경성신보(京城新報)가 있다.

　　　　　　경성신보(京城新報)는 1907년 11월 3일에 창간되었으
며, 1908년 7월에 경성신문(京城新聞)으로 제호를 바꾸었
다. 그리고 1909년 1월 제호를 원래의 경성신보(京城新
報)로 다시 바꾸어 발행을 계속하다가, 1912(?)년에 폐간
되었다. 폐간 시기가 확실치 않으나, '한국통계서적'에서

42

2003년에 발행한 『경성신보(京城新報)』 영인본(影印本)에 1912년(명치 45년) 2월 29일자 신문까지 수록되어 있는 것으로 미루어 보아, 1912년 중에 폐간되었을 것으로 추정된다.

조선신문(朝鮮新聞)은 그 전신(前身)이던 신문의 창간시기가 일제의 한국침탈 야욕이 노골화되기 훨씬 이전인 1890년 초까지 거슬러 올라가는 신문이었다. 이 신문은 당초에 인천에서 1890년 1월 28일 인천경성격주상보(仁川京城隔週商報)라는 제호로 창간되었는데, 제호를 조선순보, 조선신보로 바꾸었다가, 1908년 12월 1일 제호를 조선신문(朝鮮新聞)으로 바꾸어 창간 형식으로 속간을 했으며, 일제 식민통치가 시작된 지 9년이 지난 1919년 초에 경성(京城,서울)으로 본사를 이전해 발행을 계속해온 신문이었다. 조선신문은 총독부의 일도일지(一道一紙) 언론정책에 따라 1942년 2월 28일 폐간이 되었다.

우선 **경성신보(京城新報)**의 발행소 위치를 알아보기로 하자.
경성신보(京城新報)는 제호 밑에 자기 신문사의 위치를 '서소문통(西小門通)'이라고만 적고 있다. 이 신문은 발행기간 내내 제호 밑이나 사고(社告)에서 자사의 위치가 '서소문통' 어디인지를 알 수 있게 하는 번지(番地)까지는 적지 않고 있다.

경성신보 발행소의 정확한 위치를 꾸준히 관심을 갖고 찾고 있던 중 『신문총람(新聞總覽)』1911년판에서 이 신문사 사옥 터의 지번(地番)이 '서소문통 13番戶'이었음을 알게 되었다.

일제(日帝) 때 경성(京城,서울)에서 발행되었던 신문들의 사옥 위치와 사옥 사진 등을 다루고 있는 이곳 제Ⅱ장에서는 일본 동경의 일본전보통신사(日本電報通信社)가 연속간행물로 발행한 『신문총람(新聞總覽)』에서 많은 자료를 찾아 사용하고 있다.[2]

---

2) 『신문총람(新聞總覽)』에 관한 정보는 정진석 교수에게서 도움을 받았음.

『신문총람』에는 일본 국내발행 신문들을 중심으로 당시 일본 점령하
에 있었던 조선, 대만, 만주 그리고 중국본토 일부에서 발행되던 신문들
에 관한 자료가 신문사 자체홍보 형식으로 실려 있다.

이 『신문총람』 여러 해 본(本)이 국립중앙도서관에 소장되어 있는데 결
본이 있어 찾고 싶은 것들을 다 찾지는 못했다.(1917, 1925, 1926, 1929,
1932, 1933, 1936, 1937, 1940, 1941, 1942. 1943년판이 보존되어 있
음) 뒤늦게 『신문총람(新聞總覽)』이 서울대학교 중앙도서관에도 보존되어
있다는 것을 알게 되어 찾아가 보았다. 서울대 중앙도서관에 보존되어 있
는 1911년판에서 경성신보 발행소의 지번을 찾을 수 있었다.(1911, 1915,
1920, 1924, 1926, 1929, 1935, 1943년판이 보존되어 있음)

<자료와 지형명세도 Ⅱ-1-1>의 A에 『신문총람(新聞總覽)』 1911년판에
나와 있는 경성신보(京城新報) 연혁(沿革)의 일부가 제시되어 있다. 경성
신보 발행소 주소가 '경성 서소문통 13번호'로 나와 있다.

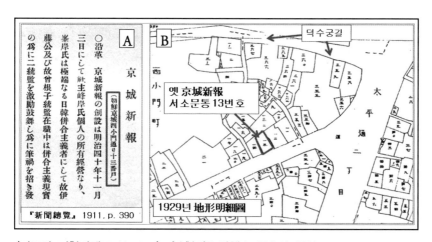

〈자료와 지형명세도 Ⅱ-1-1〉京城新報 발행소 주소와 위치

B에는 1929년 발행된 『경성부 일필매 지형명세도』(『京城府 壹筆每 地
形明細圖』) 중에서 서소문통 입구 부분 지적도가 제시되어 있다. 이 지

적도에 경성신보 사옥 터인 '서소문통 13번지'가 나와 있다.(실선 직사
각형으로 표시)

B에 13번지로 나와 있는 터가 현재 어디쯤인지를 추정해 보기 위한
작업이 <지도와 사진 Ⅱ-1-2>에 제시되어 있다.

<지도와 사진 Ⅱ-1-2>의 A에는 2010년 현재의 서울시 GIS 지도 '서
소문로 입구' 부분 지번도가 제시되어 있다.

이 A지적도에는 '11-1도' '12-1대' '14-2대'는 나와 있는데 '13번지'
는 나와 있지 않다.('대'는 지목이 '대지'이고 '도'는 지목이 '도로'임)
(1959년 지적도에는 13번지가 나와 있음)

A지적도에서 11번지, 12번지, 14번지는 실선 타원으로 표시를 해 놓았
고, 이를 기준으로 13번지 터를 추정해 점선 직사각형으로 표시를 해 보
았다. 추정 결과 '지하철 시청역 12번 출구'를 포함한 서북(西北)쪽 터가
'옛 서소문통 13번지'로 구한말(舊韓末)부터 일제(日帝) 초기까지 일본인
신문 경성신보(京城新報)가 발행되었던 곳임을 짐작할 수 있게 되었다.

<지도와 사진 Ⅱ-1-2>의 B에는 2010년 9월에 찍은 '지하철 시청역

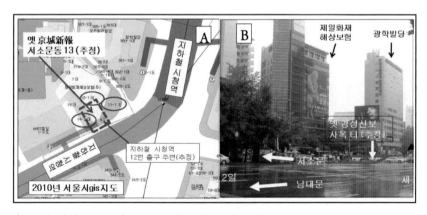

〈지도와 사진 Ⅱ-1-2〉 2010년 현재의 지적도 상에서
옛 京城新報 사옥 터를 추정해보는 작업과(A)
그 지점과 주변의 현재의 모습을 보여주는 사진(B)

12번 출구' 주변 사진, 즉 옛 경성신보 사옥 터로 추정되는 곳의 사진이 제시되어 있다.

경성신보(京城新報) 사옥 터의 위치에 관해서는 본 연구자가 2008년에 낸 『100년 전 한성을 누비다: 신문사 사옥 터를 찾아』(한국학술정보) 416-419쪽에서 이미 다루어진 바가 있었다. 다만 그때에는 경성신보 발행소 위치에 관한 직접적인 자료를 찾지 못한 상태에서 경성신보와 대한매일신보에 실린 '대한문 부근 태창양행에 난 큰 불'에 관한 기사를 근거로 추정을 시도했었다. 그 결과 경성신보 발행소 위치가 '지하철 시청역 1번 출구 근처의 인도(人道) 위가 아니었을까'라는 다소 빗나간 추정을 내렸었다.

다음은 **조선신문(朝鮮新聞)**의 발행소 위치와 사옥 사진 찾기로 넘어가보자.

조선신문(朝鮮新聞)은 앞에서 간략히 밝힌 바 있지만 <자료 Ⅱ-1-3-A>에 이를 다시 제시해 보면, 이 신문은 구한말에 인천에서 인천경성격주상보(仁川京城隔週商報)라는 제호로 창간한 뒤, 제호를 조선순보(朝鮮旬報), 조선신보(朝鮮新報)로 바꾸어가며 발행을 해오다가, 1908년 12월에 제호를 다시 조선신문(朝鮮新聞)으로 바꾸면서 창간 형식으로 속간을 한 신문이다.

조선신문은 일제의 식민통치가 시작되고 9년이 지난 1919년 12월 중순 본사를 인천에서 당시의 경성(京城)으로 이전해, 총독부 기관지 경성일보(京城日報)에 이은 유력지로서 발행을 계속해 왔었다.(정진석, '조선신문연보'3))

<자료 Ⅱ-1-3>의 B에는 조선신문이 경성으로 이전한 직후인 1919년

3) 정진석, '조선신문연보', 『朝鮮新報』, 제1권 (영인본), 한국교회사문헌연구원, 2008, p. 7.
  * 조선신보는 조선신문의 전신(前身)

46

12월 27일자 신문의 제호(題號)가 제시되어 있는데 제호 밑에 발행소의 주
소가 '황금정 1정목 181번지'로 나와 있고, C에는 『신문총람(新聞總覽)』
1933년판에 실려 있는 조선신문 자료가 제시되어 있는데 발행소의 주소
가 '태평통 2정목 115번지'로 나와 있고, D에는 『신문총람(新聞總覽)』
1936년판에 실려 있는 조선신문 자료가 제시되어 있는데 발행소의 주소
가 '태평통 2정목 123번지'로 나와 있다.

　일제 때의 '황금정 1정목'과 '태평통 2정목'은 현재의 주소로 '을지로
1가'와 '태평로 2가'가 된다.

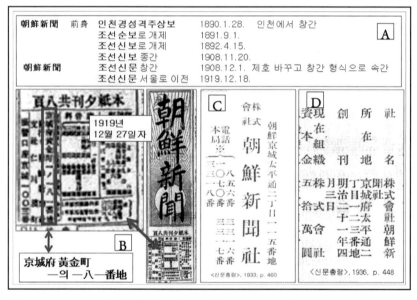

〈자료 Ⅱ-1-3〉 조선신문(朝鮮新聞)이 발행되기까지의 연보와
조선신문이 인천에서 경성으로 이전한 뒤의 발행소 주소
* A의 출처: 정진석, "조선신문 연보", 『조선신보』, 영인본 제1권, 2008, pp. ～ .

　조선신문(朝鮮新聞)이 서울로 이전한 것이 1919년이었는데 그 2년 전
인 1917년에 발행된 지적목록과 1년 전인 1918년에 발행된 지적도, 이
전하고 10년이 지난 1929년에 발행된 지형명세도, 해방직후인 1947년에

발행된 지적도가 **<지적목록과 지도 Ⅱ-1-1>**에 제시되어 있다.

A의 경성부관내지적목록(1917년)에 의하면 '황금정 1정목 181번지'는 1호와 2호의 두 필지로 나뉘어져 있었는데, 소유주는 179번지 터의 소유주인 이용문(李容汶)으로 나와 있다.

B의 경성관내지도(1918년)에서 보면 '181번지' 터에 '봉명학교'와 '봉래생명보험회사'가 있었던 것으로 나와 있다. 조선신문(朝鮮新聞)의 발행

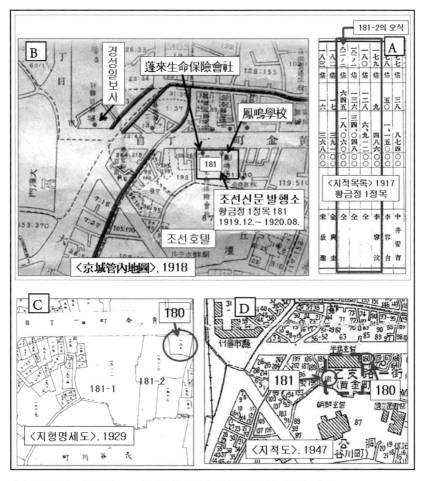

<지적목록과 지도 Ⅱ-1-1> 朝鮮新聞이 경성으로 이전했을 때의
첫 번째 사옥 주소 "황금정 1정목 181번지"와 그 위치

48

소가 '181번지' 터 안 어디에 있었는지를 정확히 알 수 있는 자료를 아직 찾지 못하고 있는 상황에서 확실하게 말할 수는 없겠지만 조선신문이 **'봉래생명보험회사'** 건물 내 방을 몇 빌려서 임시로 들어있었지 않았을까 추정을 해 본다.

C의 경성부관내 일필매 지형명세도(1929년)에 '181번지'의 1호와 2호의 지형이 나타나 있다. '180번지'를 표시해 놓은 것은 D의 지적도(1947년)에서 나타나 있듯이 '181번지' 터에 1938년에 반도호텔이 들어서고, 1970년대 후반에 그 반도호텔 터에 주변 터를 합쳐 롯데호텔이 들어서게 되는데, 그 롯데호텔 터의 지번이 '180번지'로 되어 있어서, 그간의 변천상황을 짐작하는데 도움을 주기 위해서이다.

조선신문은 인천에서 경성으로 본사를 옮긴 지 8개월 후인 1920년 8월 24일에 '태평통 2정목 115번지'에 준공된 새 사옥으로 이전을 했다. 그리고 13년 후인 1933년에 그 옆 '123번지' 터에 사옥을 보다 크게 짓고 다시 이전을 했다.

조선신문(朝鮮新聞)은 경성에서의 세 번째 사옥인 이곳 '123번지' 터에서 신문발행을 계속해오다가 총독부의 '일도일지(一道一紙)' 언론시책에 따라 1942년 2월 28일 폐간이 되었다.

<지도 II-1-2>에 조선신문(朝鮮新聞)의 두 번째와 세 번째 발행소가 있었던 일제 때 주소지의 현재 위치를 알아보는 작업이 제시되어 있다.

<지도 II-1-2-A>는 1959년 지적도인데 여기에 조선신문이 오랫동안 있었던 태평로 2가 115번지와 종간 당시 사옥이 있었던 태평로 2가 123번지가 나와 있다.

서울 4대문 안의 지번(地番)은 일제(日帝)가 식민통치 초기에 자기네 식으로 대폭 바꾸어 정해 놓은 뒤 현재까지 거의 변동 없이(도로가 새로 나거나 확장되거나 대형건물이 들어서면서 지번이 통합 분리되거나 하는 경우를 제외하고) 지속되어 오고 있다. 때문에, <지도 II-1-2>의 A

가 해방 후 10여 년 뒤의 것이기는 하지만 여기의 지번은 일제 때의 지
번과 같다.

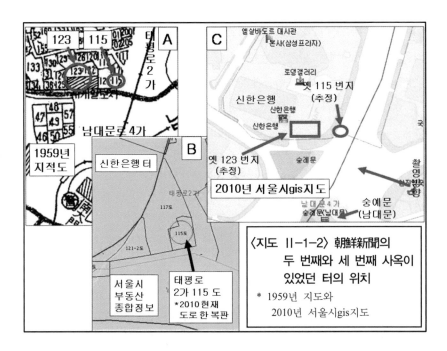

〈지도 Ⅱ-1-2〉 朝鮮新聞의
두 번째와 세 번째 사옥이
있었던 터의 위치
* 1959년 지도와
  2010년 서울시gis지도

A에서 보면 태평로 2가는 숭례문(남대문) 앞에서 남대문로 4가와 만
나는데, 태평로 2가 115번지는 태평로 2가 끝 도로변에 자리 잡고 있음
을 볼 수 있다. 115번지 바로 옆에 123번지가 보이는데 그곳에는 1959
년 당시 **세계일보사**가 있었던 것으로 나와 있다.

B는 인터넷에서 '서울시 부동산종합정보'[4]에 들어가, 태평로 2가 115
번지의 현재 위치를 알아본 것이다.

B에서 보면 옛 115번지가 '115도'로 나와 있어 현재는 도로(道路)로
되어있음을 알 수 있다. 옛 123번지는 '서울시 부동산종합정보'에서 찾
아지지 않았다. 옛 123번지 터는 현재 신한은행 부지에 포함되어 있어

---

4) http://klis.seoul.go.kr/sis/info/baseInfo/baseInfo.do?service=init&landcode=1114000000

그 지번은 사라졌고, 옛 123번지 터를 포함한 현 신한은행 부지는 '120 대'로, 지번은 '120'이고 지목(地目)은 '대지'로 나와 있다.

<지도 Ⅱ-1-2>의 C는 현재의 서울시 GIS 지도 위에, 조선신문 사옥이 있었던 두 곳인 태평로 2가 115번지와 123번지의 위치를, A와 B를 참고로 해서 추정해 나타내 본 것이다.

<지도 Ⅱ-1-2>에서의 추정작업을 통해, 조선신문사의 사옥이 있었던 두 곳 중 하나인 115번지는 숭례문(남대문)의 북쪽, 현재 신한은행 본점 동쪽 도로(道路) 안(內)에 들어 있고, 다른 하나인 123번지는 신한은행 본점 건물 빌딩 동남쪽 정원의 일부가 되어있다.

<사진 Ⅱ-1-3>에는 조선신문 두 번째 사옥 사진(A)과 세 번째 사옥 사진(B) 그리고 1971년 항공사진 위에 두 사옥 터를 표시한 사진(C)이 제시되어 있다.

〈사진 Ⅱ-1-3〉 朝鮮新聞의 두 번째와 세 번째 사옥 사진
그리고 1971년에 찍은 항공사진에 나타난 두 터의 모습

* 1971년 항공사진에 일제 때 조선신문 3번째 사옥이 그대로 남아 있음을 볼 수 있다.

C 사진에서 옛 조선신문 세 번째 사옥 터 자리를 보면 그 사옥 건물
(B에 나와 있는)이 1971년까지는 그대로 남아 있었음을 알 수 있다.

A의 건물사진의 경우, 일제 때 찍은 남대문 주변 사진 속에 그 건물
모습이 들어있는 것들이 더러 있어서 옛 사진에 관심이 있는 사람들에
게는 눈에 띄기 쉬운 사진이다.

<사진 Ⅱ-1-4>에는 옛 조선신문의 두 번째와 세 번째 사옥이 있었던
곳과 그 주변의 2010년 현재의 사진이 제시되어 있다.

조선신문의 두 번째 사옥이 있었던 터인 '태평로 2가 115번지'는 신
한은행 본점 앞 대로에 포함되어 있고, 세 번째 사옥이 있었던 터인 '태
평로 2가 123번지'는 신한은행 본점 부지 안에 있는데 본점 빌딩 앞 정
원으로 되어 있다.

<사진 Ⅱ-1-4> 옛 朝鮮新聞 2번째와
3번째 사옥 터의
2010년 현재 모습

　이상에서 구한말에 창간된 일본인 신문으로서 일제 식민지 치하에서
도 경성(京城, 서울)에서 발행을 계속했었던 일제 총독부 기관지 3개(京城
日報: 일본어, 每日新報: 한국어, Seoul Press: 영어)와 일본 민간인 발행
일본어 신문 2개(京城新報, 朝鮮新聞), 이렇게 모두 5개 신문의 발행소
위치를 알아보았다.

　다음에서는 일제 식민통치하 총독부(總督府)의 발행인가를 받아 경성
(京城)에서 발행되었던 일본인 민간신문 3개(朝鮮日日新聞, 朝鮮商工新聞,
京城日日新聞)의 발행소 소재지를 알아보고자 한다.

제2절 식민통치 중 발행되기 시작한 일본인 일간 신문(日刊 新聞)들의 사옥 위치

일제(日帝)의 조선총독부(朝鮮總督府)는 1910년 8월 29일 식민통치를 시작하면서 무단통치(武斷統治)로 밀어붙였다. 나라를 강탈당한 조선 민중들의 분노와 저항이 1919년 3월 1일의 독립만세운동으로 촉발되어 독립을 요구하는 대대적인 시위가 전국적으로 확산되어 나가게 되었다.

이에 조선총독부는 종래의 '무단통치' 방식을 이른바 '문화통치' 방식으로 바꾸면서 그 가시적인 조치의 하나로 1920년에 우리나라 민간인에게 우리말 신문 3개 즉 조선일보(朝鮮日報), 동아일보(東亞日報), 시사신문(時事新聞)의 발행을 허가해 주었다.

총독부는 1920년 우리 조선인에게 위의 3개 조선어 신문을 인가해주면서 일본인들에게도 경성에서 3개 민간신문을 발행토록 허가를 해주었다. 조선일일신문(朝鮮日日新聞)과 조선상공신문(朝鮮商工新聞) 그리고 경성일일신문(京城日日新聞)이 바로 그 신문들이다.

<표 Ⅱ-2-1>에 일제의 식민통치 중 경성에서 창간되어 발행되던 일본인 민간 일간신문 3개에 관한 기본적인 자료가 제시되어 있다.

조선일일신문(朝鮮日日新聞)은 1920년 7월에 일간지로 창간이 되었는데 경영에 큰 어려움을 겪으면서 조선상공신문(朝鮮商工新聞) 사주가 그 경영권을 인수해서 발행을 계속한 신문이었다.

조선상공신문(朝鮮商工新聞)은 1920년 11월에 일본어와 조선어 겸용의 주간(週刊)으로 인가를 받았다가 1923년 7월에 일간(日刊)으로 발행이 인가된 신문이었다. 사장 사이토(齊藤五吉)가 경영을 잘해, 재정과 경

54

영이 어려운 조선일일신문을 매수해서 자매지로 분리 발행을 해 나갔었다.(<자료 II-2-1> 참조)

조선상공신문과 조선일일신문은 위와 같은 이유 말고도 발행소 주소가 다 같이 '황금정 2정목 199번지'로 같게 나와 있기 때문에 본 연구에서는 묶어서 다루고자 한다.

경성일일신문(京城日日新聞)은 1920년 7월에 발행이 인가된 신문인데, 종간에 관한 자료를 연구자가 아직 찾지를 못하고 있다.

〈표 II-2-1〉 식민통치(植民統治) 중 경성(京城, 서울)에서 창간되어 발행되던 일본인(日本人) 민간 일간(日刊) 신문들

신문사 이름	발행 기간	사옥(발행소)	비 고
조선일일신문 (朝鮮日日新聞)	1920.7.~1942.2.28.	을지로 2가 199	1942년 초 총독부의 一道一紙 정책에 따라 폐간되어, 조선상공신문에 흡수됨.
조선상공신문 (朝鮮商工新聞)	1920.11.~1945.8.15.	을지로 2가 199	週刊으로 창간, 1923.7. 日刊. 상공분야 신문이라는 이유로 一道一紙 정책의 예외로 인정되어, 해방 때까지 발행 계속.
경성일일신문 (京城日日新聞)	1920.7.~?.	저동 2가 72	1937년판 『新聞總攬』에 이 신문이 안 나와 있는 것으로 보아 그 이전에 폐간된 듯.

자료 출처:
『新聞總攬』, 日本電報通信社 편, 1917~43.(결본 있음)
김민환, 『한국언론사』, 서울: 사회비평사, 1996.
鄭晋錫, 『한국언론사』, 서울: 나남출판, 1990.

우선 조선상공신문(朝鮮商工新聞)과 조선일일신문(朝鮮日日新聞)의 발행소 위치를 알아보고, 당시 사옥의 모습과 그 사옥 터의 현재의 모습을 보기로 하겠다.

조선상공신문 사옥의 위치는 해방직후 이 신문사 사옥에서 중앙신문(中央新聞)을 비롯해 여러 신문과 통신들이 발행되었기 때문에, 그 위치를 확인하는 것은 매우 중요한 작업일 수 있다.

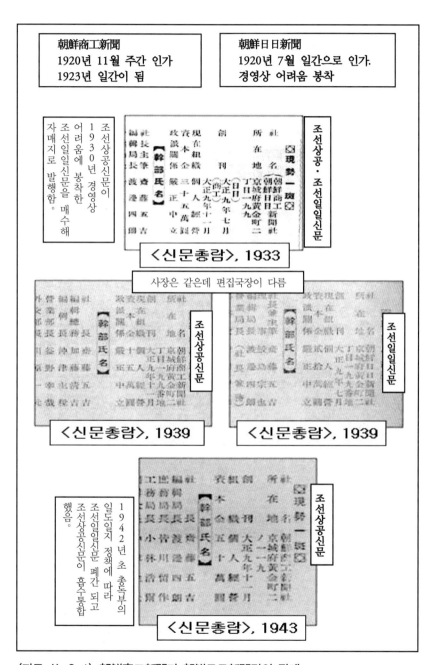

〈자료 Ⅱ-2-1〉朝鮮商工新聞과 朝鮮日日新聞간의 관계:
　　　각기 창간 뒤 "商工"이 "日日"을 흡수 자매지로 발행

1) 조선상공신문(朝鮮商工新聞), 조선일일신문(朝鮮日日新聞)

조선상공신문과 조선일일신문은 앞의 <표 II-2-1>과 <자료 II-2-1>에 제시되어 있듯이 발행소의 주소가 다 같이 '황금정 2정목 199번지'(을지로 2가 199번지)로 되어 있다.

<사진과 자료 II-2-1>은 일제 식민치하였던 1937년에 발간된 『대경성사진첩(大京城寫眞帖)』에서 주소가 '황금정 2정목 199번지'로 되어 있는 회사와 상점들 가운데 큰 것들을 뽑아, 일부는 건물 사진에 간단한 안내까지를, 다른 일부는 간단한 안내만을 예시해 본 것이다.

이들 각기 다른 건물들이 그 주소가 모두 199번지로만 나와 있다.

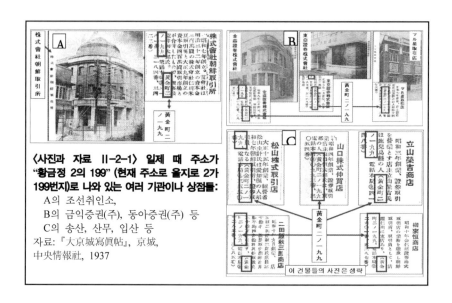

〈사진과 자료 II-2-1〉 일제 때 주소가 "황금정 2의 199" (현재 주소로 을지로 2가 199번지)로 나와 있는 여러 기관이나 상점들:
   A의 조선취인소,
   B의 금익증권(주), 동아증권(주) 등
   C의 송산, 산무, 입산 등
자료: 『大京城寫眞帖』, 京城, 中央情報社, 1937

'을지로 2가 199번지'는 <지도 II-2-1>에서 보듯이 매우 넓기 때문에 '199번지의 몇 호'인지를 모르고서는 그 위치를 알 수가 없다.

　번지의 호수를 적지 않는 관행은 1945년 8월 15일 해방이 된 직후에
도 당분간 이어졌었다. 그 예가 <자료 Ⅱ-2-1>에 제시되어 있다.

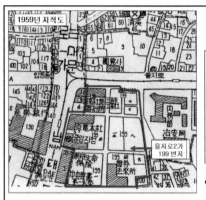

오영식 편저, 「해방기 간행도서 총목록: 1945~1950」, 2009

同心社,	을지로2가 199 (청목빌딩)
서울음악출판사,	을지로2가 199
신문화연구소 출판부,	을지로2가 199
朝鮮社,	을지로2가 199
조선에스페란토학회,	을지로2가 199-17
문교도서주식회사,	을지로2가 199-46
태백출판사,	을지로2가 199-53

〈지도 Ⅱ-2-1〉 을지로 2가 199번지:
지역이 넓어 '번지 아래 호수'를
모르고는 정확한 위치를 알 수 없음.

〈자료 Ⅱ-2-1〉 해방 후에도 회사나
　건물의 번지를 "을지로
　2가 199"로만 적은 예가
　여럿 있었음

　조선일일신문(朝鮮日日新聞)은 앞에서 이미 언급이 되었듯이 1942년
초에 조선총독부의 일도일지(一道一紙) 언론정책에 따라 폐간이 되었다.
조선상공신문(朝鮮商工新聞)은 상공분야 신문이라는 특수성이 인정되어
존속이 인정되었는데, 이 조선상공신문이 폐간된 조선일일신문의 시설과
인원을 흡수 통합해 신문을 발행하다가 1945년 8월 15일 일제의 패망
과 더불어 폐간이 되었다.
　조선상공신문사의 건물과 시설은 8·15 해방직후 김형수(金亨洙)가 이
를 인수해 중앙신문(中央新聞)을 발행하게 된다.(<자료 Ⅱ-2-2> 참조)
　해방에서 정부수립까지의 기간 중에 조선상공신문 발행소 주소지 '을
지로 2가 199번지'를 주소로 한 신문과 통신이 10여 개가 넘게 나왔다.
이들 신문과 통신들이 모두 조선상공신문사 사옥 건물 안에 본사를 두
고 발행을 했었을 것 같지는 않으나,
　최소한 몇몇 신문과 통신들이 일제치하 조선상공신문사 사옥이었던

58

이 건물 안에 발행소를 두었던 것으로 추정된다.

---

(2) 《중앙신문》

귀속재산인 《조선상공신문》의 사옥과 시설을 김형수(金亨洙) 등이
50만 원에 매수하여 1945년 11월 1일 서울 황금정에서 타블로이드 배
판으로 창간했다.　　　　　(김민환, 『한국언론사』, 1996, p. 330.)

〈자료 II-2-2〉 해방직후에 나온 중앙신문의 발행소는
일제 때 일본인 신문 조선상공신문의 사옥이었음

일제치하(日帝治下) 조선상공신문사(朝鮮商工新聞社) 사옥의 정확한 위
치를 찾지 못하고 있던 중, 『신문평론(新聞評論)』 1975년 7월호에 실린
당시 언론계 원로 3명의 대담 '한국(韓國)의 신문가(新聞街): 해방 후(解
放後)'에서 그 실마리를 찾을 수 있었다.

　　고흥상(高興祥)　'… 중앙신문(**中央新聞**)**은 지금의 을지로 2가 홍사단
　　　　　　　　　본부 자리**, 대한독립신문(大韓獨立新聞) 역시 을지로 2
　　　　　　　　　가에서 나왔지요. …' (강조 연구자)
　　　　　　　　　('한국(韓國)의 신문가(新聞街): 해방 후(解放後)', 『신문
　　　　　　　　　평론(新聞評論)』, 1975년 7월호, p. 46.)

일제치하 조선상공신문(朝鮮商工新聞) 사옥 건물이 해방 후 중앙신문
(中央新聞) 발행소가 되었다가 뒤에 홍사단(興士團) 본부 건물이 되어있
다는 이야기였다. 홍사단 관련 자료에서 조선상공신문사 사옥의 정확한
위치를 찾을 수 있을 것 같아 홍사단 쪽을 알아보기 시작했다.

인터넷에서 홍사단 관련 문건들의 제목을 찾아가지고 연세대학교 중
앙도서관에 들러보았더니 마침 홍사단의 단보(團報)인 '기러기'와 『홍사
단운동70년사』가 있었다.

단보 '기러기'에서 홍사단 본부의 주소가 '을지로 2가 199의 34'였음
을 비로소 알게 되었다.(<자료 II-2-3>)

발행소인 흥사단 본부의 주소가 1966년 5월 1일 제22호까지 "을지로2가 199"로만 나와 있음. 1966년 6월 1일 제23호부터 "을지로2가 199 의 34"로 나옴.

〈자료 Ⅱ-2-3〉 흥사단 단보 "기러기"에 흥사단 본부의 정확한 주소가
나와 있음: "199의 34"

그러다가 1949년에 비로소 을지로 2가 199번지 34호에 대지 181평의
건물을 인수하였다. 이 건물은 당시 정부 귀속 재산이었던 것을 단우 문
봉제(文鳳濟)를 관리인으로 하여 권리금을 그에게 주고 정부에 낼 돈을
지불함으로써 흥사단의 소유가 되었다. (이용설의 증언, 「기러기」, 1975년 7·8
월호)

새로 구입한 건물로 본부가 이사한 것은 1950년 6월 25일, 동족 상잔의
비극이 일어나던 그 날이었다. 그에 앞서 5월부터 기관지인 「동광(東光)」을
발행할 동광사가 먼저 입주하여 창간호를 인쇄하던 중이었다. 본부 건물을
처음에는 한국 공인사 현관으로 사용하였으나, 그 후 대성(大成) 문화사 대
성 빌딩으로 이름을 고쳤다. 당시 이 건물에는 도산 기념 사업회, 대성 문
화사, 새벽사 등이 함께 있었다. 1977년 9월 24일 오늘의 동숭동 건물
로 옮겨 오기까지 흥사단 운동의 명실 상부한 활동의 근거지가 되었다.

본부 건물은 구입 당시에도 낡은 건물이었고 6·25의 전화도 있었으므
로, 1958년 10월에 181평의 대지 위에 별관을 증축하고 본관을 개축하여
신평 385평의 3층 건물로 새로운 면모를 갖추었다. 10월 5일에는 신축
강당에서 월례회를 가졌고, 대중 집회 장소가 드물던 당시에는 다른 정
당과 사회 단체의 대중 집회 장소로도 크게 기여하였을 뿐만 아니라, 전

p.
2
3
7.

p.
2
3
8.

〈자료 Ⅱ-2-4〉 흥사단 본부 주소와 대지의 크기 및 건물 구조

출처: 『흥사단운동70년사』, 1986, pp. 237-8.

『흥사단운동70년사』에는 흥사단 본부의 주소 이외에도 건물 구조에 관한 것 등 좀 더 자세한 자료가 들어있었다. 『흥사단운동70년사』에서 ① 흥사단 본부의 주소가 '을지로 2가 199의 34'라는 것과 함께 ② 그 대지의 면적이 '181평'이라는 것, ③ 그 본부 건물이 두 채의 건물 즉 본관과 별관으로 이루어져 있다는 것, ④ 그 본부 건물의 이름을 '대성 (大成)문화사 대성 빌딩'으로 바꾸었다는 것, ⑤ 1977년 9월 24일 흥사단 본부가 을지로 2가에서 동순동으로 이전을 했다는 것 등을 알게 되었다.(<자료 II-2-4>)

서울시 중구청에 가서 '을지로 2가 199번지 34호'의 '폐쇄(閉鎖)토지대장'(오래 전 문건이라 보존고에 보관 중인 토지대장)을 신청해 보았다. 옛 토지대장 가운데는 6·25 전란 등으로 사라진 것들이 있는데 '199번지 34호' 것은 마침 있었다.

<자료 II-2-5>에 ① 중구청에서 발행한 일제(日帝)치하 때부터의 '을지로 2가 199번지 34호' 토지대장과 ② 일제 때 발행되었던 『신문총람』(1933년) 속에서 조선상공신문 연혁 부분이 제시되어 있다.(1933년에는 조선상공신문이 조선일일신문을 매수해서 조선일일신문을 자매지로 별도 발행하고 있었을 때임)

우선 토지대장을 보면 ① '황금정 2가 199-34'가 지목은 대지이고 넓이는 181평이며, ② '소화15년(1940) 3월 28일에 199-1에서 199-34로 분할'되었고, ③ 같은 해(1940) 6월 6일에 소유권이 일본인 사이토(齊藤五吉)로 등록이 되어 있고, ④ 소화20년(1945) 8월 25일(8·15 해방 10일 뒤)에 김해형수(金海亨洙)에게로 소유권이 이전 등기되어 있다.

<자료 II-2-5>의 조선상공신문 연혁에 이 신문의 사장이 사이토(齊藤五吉)로 나와 있고, 토지대장에 해방직후 이 신문사의 토지와 건물을 인수한 사람이 김해형수(金海亨洙)로 나와 있는데, 김해형수(金海亨洙)라는 이름은 본관이 김해(金海)인 김형수(金亨洙)가 '일제 때 일본식 이름으로의 개명조치에 따라 바꾸었던' 이름임이 틀림없다.

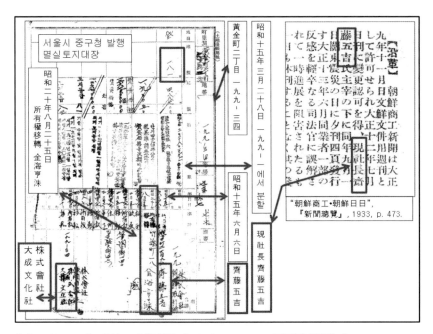

〈자료 Ⅱ-2-5〉 멸실토지대장(을지로2가 199-34: 중구청 발행)과
朝鮮商工新聞 연혁에 관한 자료

일제 때의 일본인 부동산은 해방과 더불어 이른바 적산(敵産)으로 그 권리가 우리 국가에 귀속되게 되어 있었다. 따라서 해방직후 김형수(金亨洙)가 일본인 사이토(齊藤五吉)와 한 부동산 매매행위는 무효가 되어, <자료 Ⅱ-2-5> 토지대장에서 볼 수 있듯이 김형수(金亨洙)의 소유권이 국가로 넘어가게 되었다. 그 뒤에 이 귀속재산이 불하되어 소유권이 민간인에게 넘어가면서 몇 단계를 거쳐, 단기 4290년(서기 1957년) 8월 20일 '주식회사 대성문화사'로 넘어갔음을 알 수가 있다. 앞 <자료 Ⅱ-2-4> 『흥사단운동70년사』에 나와 있듯이 '대성문화사'는 '흥사단 본부' 소속 기관이었다.

<자료 Ⅱ-2-6>에는 을지로 2가 199번지 34호의 건물대장이 제시되어 있다. 이 건물대장은 흥사단 본부가 이곳을 매입한 1950년대 중반 당시 이 터에는 용도가 사무실인 두 건물이 있었음을 보여주고 있다.

62

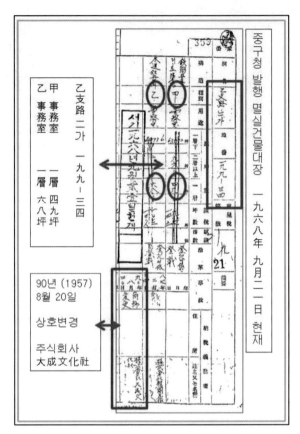

〈자료 II-2-6〉 건물대장 (을지로2가 199-34)
* 중구청 발행

　지금까지의 작업은 일제 때의 조선상공신문(朝鮮商工新聞)과 조선일일
신문(朝鮮日日新聞)이 있었던 정확한 위치를 알아보기 위한 것이었다. 그
번지가 '황금정 2정목 199번지'로만 나와 있고 '199번지의 몇 호'인지가
나와 있지 않아, 이들 두 신문이 있었던 곳의 정확한 위치를 알 수가
없었기에, 관련이 있는 조각 자료들을 이리저리 찾아 맞추어 보았다.

　그 결과 조선상공신문과 조선일일신문의 발행소가 있었던 곳이 '을지
로 2가 199번지의 34호'였음을 알 수 있게 되었다.

<지도 II-2-2>는 2013년 현재의 '을지로 2가' 지역 지적도(서울시 GIS 지도)인데, 일제 때는 조선상공신문이 있었고, 해방직후에는 중앙신문이 있었고, 1950-77년 사이에는 흥사단 본부가 들어 있었던 곳인 '을지로 2가 199번지 34호'가 나와 있다.

한전건물 남쪽의 SK네트웍스 빌딩과 국민은행 본점 북쪽의 국민은행 Gold& Wise 발행 건물 사이에 난 골목길을 들어서면 국민은행 주차 빌딩이 나오는데, 이 주차 빌딩의 지번이 바로 '을지로 2가 199번지 34호'이다.

<사진 II-2-1>은 2013년 7월에 찍은 것인데, 일제 땐 조선상공신문이, 해방직후엔 중앙신문이, 그 뒤엔 흥사단 본부가 있었던 터에 들어서 있는 국민은행 주차 빌딩과 그 주변 모습을 보여주고 있다.

〈지도 II-2-2〉 일제 때 조선상공신문(朝鮮商工新聞) 사옥이 있었던
'을지로 2가 199-34' 터의 2013년 현재 위치

64

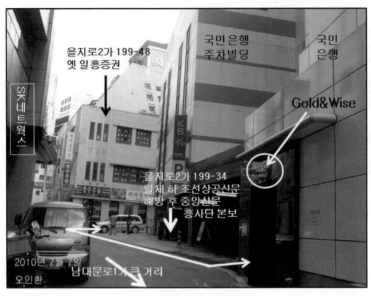

〈사진 II-2-1〉 일제 땐 조선상공신문이, 해방직후엔 중앙신문이,
그 뒤엔 흥사단 본부가 있었던 터에 2013년 7월 현재
국민은행 주차 빌딩이 들어서 있음

〈사진 II-2-2〉 1971년 당시
항공사진에 찍힌 흥사단
본부 건물의 오감도
* 흥사단 본부가 이 건물을 매입하고
별관 증축, 본관 개축한 뒤의 모습

<사진 Ⅱ-2-2>에는 서울시 건축과에서 1971년에 찍은 항공사진이 제시되어 있는데, 그 당시 을지로 2가 199-34에 있었던 흥사단 본부 건물의 모습, 하늘에서 촬영한 그 건물의 모습이 보인다.(흥사단 본부는 1977년에 동순동으로 이전)

1945년 8월 15일 해방 당시 조선상공신문(朝鮮商工新聞) 사옥의 모습은 어떠했을까?

『신문총람(新聞總覽)』 1939년판에는 '조선일일신문(朝鮮日日新聞) 사옥'으로 나와 있고, 1943년판에는 '조선상공신문(朝鮮商工新聞) 사옥'으로 나와 있는 사진이 <사진 Ⅱ-2-3>에 제시되어 있다.

이 사진에 첨부된 자료 A, B, C는 『신문총람(新聞總覽)』여러 연도 판에 나와 있는 이들 두 신문의 연혁과 사진들을 참고해 사옥 건물의 역사를 짐작할 수 있도록 연구자가 붙여놓은 것이다.

<사진 Ⅱ-2-3>에서 보면 A건물과 B건물이 있는데, A건물은 1942년까지 조선상공신문 사옥이었고, B건물은 1930년에 조선상공신문에 매수가

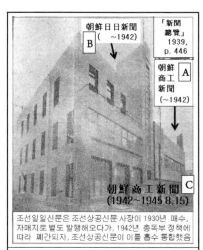

조선일일신문은 조선상공신문 사장이 1930년 매수, 자매지로 별도 발행해오다가, 1942년 총독부 정책에 따라 폐간되자, 조선상공신문이 이를 흡수 통합했음

〈사진 Ⅱ-2-3〉 1945년 8월 15일 해방 당시의 朝鮮商工新聞 사옥 사진
* ( ) 안의 연도는 사옥에 관한 것임

〈사진 Ⅱ-2-4〉 옛 조선상공신문 사옥 터의 2010년 현재 모습
* 앞 <사진 Ⅱ-2-1>에 나온 국민은행 주차빌딩 전면을 옆 <사진 Ⅱ-2-3>의 조선상공신문 사옥 사진의 촬영방향과 같게 해서 찍은 사진

되었으나 1942년까지 자매지로 발행이 계속되었던 조선일일신문 사옥이 었던 건물이다. 앞에서도 몇 차례 이야기가 된 바 있지만 1942년 조선총독부가 '일도일지(一道一紙)' 방침을 시행하면서, 조선상공신문은 상공분야 신문의 특수성을 인정해 존속을 시키고 조선일일신문은 폐간시켰는데, 조선상공신문이 폐간된 자매지 조선일일신문 사옥 건물 B까지를 인수해 1942년부터 1945년 8월 15일 해방이 될 때까지 A와 B 두 건물 모두를 사옥으로 사용했었다.

　국내에 보존되어 있는 『신문총람(新聞總覽)』에 결호가 있어, 조선상공신문과 조선일일신문 두 신문의 창간 당시 사옥 사진은 찾지를 못했다.

　조선총독부 치하였던 1920년에 발간이 인가된 일본인 민간신문 조선상공신문(朝鮮商工新聞)과 조선일일신문(朝鮮日日新聞)의 사옥 위치와 사옥 건물에 관해서는 이 정도로 마치고, 다음은 같은 시기에 발간이 인가된 세 번째 일본인 민간신문 경성일일신문(京城日日新聞)으로 넘어가 보겠다.

2) 경성일일신문(京城日日新聞)

경성일일신문(京城日日新聞)은 1920년에 창간된 일본인 민간신문 3개 중의 하나였다.

　다른 두 신문인 조선상공신문(朝鮮商工新聞)과 조선일일신문(朝鮮日日新聞)과는 달리 『신문총람(新聞總覽)』에 자주 오르지 않고 있었던 것으로 미루어 보

<資料 II-2-7> 京城日日新聞 題號와 자료

아 그 세가 그다지 크지 않았던 것이 아닐까 생각된다.

　이 신문의 종간 내지는 폐간 연대도 연구자로서는 확인을 못하고 있다.

　경성일일신문(京城日日新聞)의 발행소는 일제 때의 주소로 '영낙정 2

정목 72번지(永樂町 2丁目 72番地)', 현재 우리 주소로 '저동(苧洞) 2가 72번지'에 있었다.

<지도 Ⅱ-2-3-1>에 제시되어 있는 지형명세도는 경성일일신문이 창간된 지 9년밖에 지나지 않아 당시의 상황이 반영되어 있을 1929년 발행의 것이다. 이 '지형명세도'를 보면 '72번지'가 2개의 필지, 즉 '72번지 2호(A)'와 '72번지 4호(B)'로 분할되어 있다.

〈지도 Ⅱ-2-3-1〉 경성일일신문 사옥이 '영낙정 2정목 72-2,
72-4 중 어느 쪽에 있었을까?

경성일일신문(京城日日新聞) 발행소 소재지가 '72번지'라고만 나와 있고, '72번지의 몇 호'였는지를 모르는 상황에서, 이 신문사 사옥의 정확한 위치를 확실하게 짚을 수가 없다.

경성일일신문 사옥이 A쪽 대지 위에 있었는지, B쪽 대지 위에 있었는지, 그것도 아니면 A와 B를 아우른 넓은 터 위에 있었는지 알 수가 없다.

다만, 경성일일신문 사옥이 A나 B 중 어느 한 곳에 있었다면, 신문사의 입지조건이 도로에 접하는 쪽이 유리하리라는 생각에서 A쪽 터에 있었을 것이라 생각된다.

<지도 II-2-3-2>는 1959년 지적도인데, 일제 때 경성일일신문(京城日日新聞) 발행소가 있었던 곳인 '저동 2가 72번지'가 제시되어 있다. 바로 앞에서 본 1929년 지적도의 경우와 거의 변동이 없음을 알 수 있다.

오른쪽의 <사진 II-2-4>는 2013년 5월 말에 찍은 사진으로서, 경성일일신문이 있었던 '저동 2가 72번지' 일대의 모습을 보여주고 있다. 이 사진의 촬영 방향은 왼쪽 지적도에 표시가 되어 있다.

1930년대 이곳 사진이 어디엔가는 있을 것 같은데, 그런 사진이 찾아진다면 경성일일신문(京城日日新聞) 사옥의 모습을 접할 수가 있을 것인데 하는 생각이 든다.

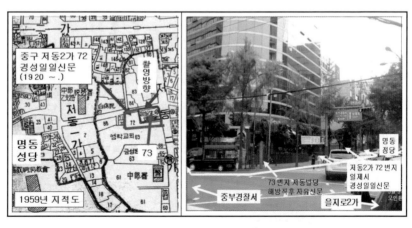

〈지도 II-2-3-2〉 1959년 지적도 상에서의 '저동 2가 72번지'

〈사진 II-2-4〉 일제하 경성일일신문 사옥이 있었던 '저동 2가 72번지'의 2010년 현재 모습

이것으로 일제(日帝) 총독부(總督府) 치하에서 창간된 일본인 발행 3개 민간신문(朝鮮商工新聞, 朝鮮日日新聞, 京城日日新聞)의 사옥 위치를 추적해 보고 사옥 사진을 찾아보고 또 그들 사옥이 있던 곳의 현재의 모습을 확인해 보는 작업은 마치고,

다음은 일제(日帝) 때 경성(京城)에서 발행되었던 일본인 일간 통신(日刊 通信, news agency, press agency)들의 소재지 위치에 관해 간단히 알아보겠다.

제3절 일제(日帝) 때 발행되었던
일본인 일간 통신(通信)들의 사옥 위치

　일제 식민통치 기간에 경성(京城)에서 일본인들이 발행하던 통신(通信)들에 관한 국내 자료들을 찾아 발행소 지역을 기준으로 정리해 본 것이 <표 Ⅱ-3>에 제시되어 있다.

　이들 통신사 가운데 동맹통신(同盟通信), 전통(電通), 제국통신(帝國通信), 상업통신(商業通信), 대륙통신(大陸通信)의 5개 통신사의 경우는 본사가 일본 동경(東京)에 있었고 경성에 있었던 것은 지사(支社) 또는 지국(支局)이었다.

　다른 통신사(通信社)들 가운데 경성통신(京城通信), 조선통신(朝鮮通信), 조선경제일보(朝鮮經濟日報(통신))는 지사(支社)가 아니고 본사(本社)가 경성(京城)에 있었던 국내(國內) 통신사들이다. 대륙통신(大陸通信)도 본사가 경성에 있었다.

〈표 Ⅱ-3〉 일제(日帝)하 경성(京城,서울)에서 발행되던 일본인(日本人)
　　　　　 일간(日刊) 통신(通信)들

통신사 이름	발행 기간	사옥(발행소)	비 고
京城通信 (본사?)	1908.11.16.인가 1922년 발행 중	태평로 1가 29	『新聞總覽』,1922, p. 933.
朝鮮通信 (본사)	1929.11.인가 1933년 발행 중	태평로 1가 29	계훈모 편*, 1979, p. 1126-7. 朝鮮思想通信(1926.4.　창간) 改題
商業通信 (경성지사)	1922.11.8.인가 ~1945.8.15.해방	태평로 1가 31-2 #	『朝鮮年鑑』, 1944, p. 510 계훈모 편*, 1979, p. 1206.

통신사 이름	발행 기간	사옥(발행소)	비 고
同盟通信 (경성지사)	1935.12.31.인가 ~1945.8.15.해방	태평로 1가 31-2** 소공동 '테일러빌딩'***	『朝鮮年鑑』, 1944, p. 510 계훈모 편*, 1979, p. 1206.
東亞電報通信 (본사)	1906.4.3.인가 ~1943년	태평로 2가 115 $	계훈모 편*, 1979, p. 1126-7.
聯合通信 (경성지사)	1933년 인가 1933년 발행 중	남대문로 1가 90	계훈모 편*, 1979, p. 1126-7.
帝國通信 (경성지사)	1923.4.24.인가 ~1943년	남대문로 2가 132	계훈모 편*, 1979, p. 1126-7.
大陸通信 (본사?)	1920.9.3.인가 ~1943년	을지로 2가 169	『新聞總覽』,1922, p. 933.
電通 (경성지사)	1922.6.19.인가 1933년 발행 중	명동 1가 64	계훈모 편*, 1979, p. 1126-7.
朝鮮經濟日報 (본사)(通信)	1920.3.10.인가 1933년 발행 중	소공동 84 @	계훈모 편*, 1979, p. 1126-7.
日刊土建經濟 (본사?)	1941.10.21.인가 ~1945.8.15.해방	소공동 101	『朝鮮年鑑』, 1944, p. 510 계훈모 편*, 1979, p. 1206.
鮮滿經濟通信 (경성지사?)	1941.10.25.인가 ~1945.8.15.해방	소공동 101	『朝鮮年鑑』, 1944, p. 510 계훈모 편*, 1979, p. 1206.

* 桂勳模 편, 『韓國言論年表(1881-1945)』, 관훈클럽영신연구기금, 1979.
  (인용原典: 조선총독부경무국 발행, '조선내발행신문지일람표', 1932년 4월 1일 현재)
** 『朝鮮年鑑』, 경성일보사, 1944, p. 509.
*** 문제안, '이제부터 한국말로 방송 한다', 문제안 외, 「8·15의 기억」, 한길사, 2005, p. 18.
# 계훈모 편*, 1979, p. 1126-7에는 商業通信의 발행소가 1933년 당시 소공동 116 경성빌딩 으로 나와 있음.
$ 『신문총람』, 1940에는 東亞電報通信의 주소지가 태평통 2-316으로 나와 있음.
@ 『신문총람』, 1936에는 朝鮮經濟日報의 주소지가 소공동 101로 나와 있음.

金圭煥, 『日帝의 對韓 言論, 宣傳政策』, 서울: 二友出版社 1978, pp.
彭元順, '韓國通信社의 構造的特性에 관한 硏究', 박사학위논문, 서울대학교 대학원, 1982, pp. 176-184.
洪一海, 『韓國通信社史』, 서울: 일지사, 1982, pp. 16-21.

<표 Ⅱ-3> 안의 전통(電通)과 동맹통신(同盟通信)에 관해서는 약간의 부연설명이 필요할 것 같다.

전통(電通)하면 일본의 유명 광고대행사로만 알고 있는 사람들이 많다. 하지만 전통(電通)은 처음에 광고대행사로 시작했다가, 1907년에 뉴스통

신사인 '일본전보통신사'와 합병을 해서, 광고부와 통신부를 함께 운영하게 되었고, 1936년 일본정부의 방침에 따라 뉴스통신부를 그때 새로 창설된 동맹통신사(同盟通信社)에 양도하고, 광고대행만을 전업으로 하는 광고대행사(廣告代行社)가 된 회사이다.[5]

동맹통신(同盟通信)은 1936년에 일본정부의 방침에 따라 새로 설립된 통신사로서, 1945년 일본의 패전과 더불어 폐간되었다. 1936년까지 일본에는 일본전보통신사(電通)의 통신부(通信部)와 신문연합사(新聞聯合社=聯合)란 두 개의 큰 통신사가 있었는데, 일본정부의 방침에 따라 1936년 이 두 통신사가 합병을 해 동맹통신(同盟通信)이 설립되기에 이른다.[6]

<표 II-3>에서 동맹통신의 경성지국(후에 支社) 인가가 1935년 12월 31일로 나와 있는데,[7] 이는 동맹통신 동경본사의 발족(1936년) 이전에 경성지국을 인가한 것이 되어, 다소의 혼선이 보인다.

<표 II-3> '발행기간' 난을 보면 각 통신들의 '인가일자'가 나와 있다. '종간일자'는 안 나와 있고 대신 '1922년 발행 중' '1933년 발행 중'이라고 나와 있는 것들이 있는데, 이는 그 년도 발행 자료에 그 통신사가 발행 중인 것으로 나와 있었기에 그렇게 표현을 한 것이다. 홍일해(1982, p. 20)에 의하면 동아전보통신, 대륙통신, 제국통신의 경우 1943년에 명멸(明滅)되었다고 했는데, 종간 또는 폐간을 '명멸'이라 표현한 것 같다. 동맹통신, 상업통신, 일간토건경제, 선만경제통신의 경우는 경성일보가 발행한 『조선연감(朝鮮年鑑)』 1944년도 판에 그 이름이 올라 있어서, 이들 4개 통신사의 경우는 그 다음 해인 1945년 8월 15일 일본 패전 때까지 발행을 계속하다가 폐쇄되었을 것으로 추정이 되어, 폐간시기를 8·15 해방일로 적어 넣었다. 다만 동맹통신(同盟通信) 경성지국의 경우는 1945년 8월 15일 일본의 패전 직후 한국인 직원들이 이

---

5) 電通 wikipedia. http://ja.wikipedia.org/wiki/%E9%9B%BB%E9%80%9A

6) 同盟通信 wikipedia. http://ja.wikipedia.org/wiki/%E5%90%8C%E7%9B%9F%E9%80%9A%E4% BF%A1%E7%A4%BE

7) 『朝鮮年鑑』, 京城日報社, 1944, p. 510; 계훈모 편*, 1979, p. 1206.

통신사를 접수해 17일자로 '해방통신'을 발행하기 시작했다.[8]

통신사(通信社)의 경우는 신문사(新聞社)와는 달리 그 규모가 크지 않았기 때문에 단독으로 사옥을 보유하고 있었기보다는 큰 건물의 일부 공간을 빌려 통신을 발행했었을 것으로 추정된다.

우선 태평로 1가와 2가에 있었던 통신사(通信社)들의 경우를 알아보고, 이어서 남대문로, 을지로, 명동, 소공동에 있었던 통신사들의 경우를 알아보고자 한다.

1) 동맹통신(同盟通信, 경성지사), 상업통신(商業通信), 경성통신(京城通信), 조선통신(朝鮮通信), 동아전보통신(東亞電報通信)
– 태평로 1, 2가 –

일제(日帝)는 1932년 중국의 만주(滿洲)를 차지하고 중국본토에 대한 진격을 준비하는 과정에서 언론통제의 필요성을 강하게 느껴 그 조치의 하나로 1936년 동경(東京)에서 당시의 양대 통신 전통(電通)과 연합(聯合)을 통합해 동맹통신(同盟通信)을 발족시킴과 동시에 식민지 조선의 경성(京城)에 지사를 설치했다. 동맹통신은 곧이어 부산(1936), 청진(1940), 평양(1941)에 지사를 두었다.

동맹통신(同盟通信)의 경성지사(京城支社)는 처음 몇 년간은 태평로 1가 31번지의 2호 경성일보(京城日報) 건물에 들어 있었는데(『朝鮮年鑑』, 1944, p. 510) 일본이 패망한 1945년 8월 15일 직전에는 소공동 '테일러빌딩'에 들어 있었다.(문제안 외, 『8·15의 기억』, p. 18; 홍일해, 『韓國通信社史』, p. 23; <자료 Ⅱ-3-1>)

---

8) 洪一海, 『韓國通信社史』, 서울: 一志社, 1982, p. 24.

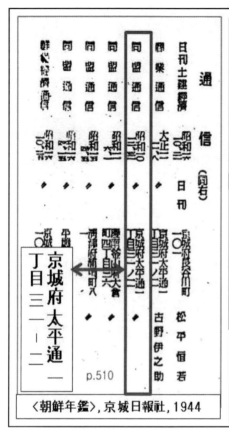

동맹통신
소공동 테일러빌딩

"... 14일 오후 늦게 동맹통신에서 '내일 있을 일본 천황의 항복방송 내용이 곧 들어온다'는 전화가 왔어요. 조선호텔 건너 테일러빌딩 3층에 있는 동맹통신 편집실로 달려 갔어요...."

문제안, "이제부터 한국말로 방송한다", 문제안 외, 『8·15의 기억』, 한길사, 2005, p. 18.

〈자료 II-3-1〉
동맹통신 (同盟通信)
위치 자료

〈朝鮮年鑑〉, 京城日報社, 1944

태평로에 있었던 일본인 통신사들의 소재지와 그 통신사들이 들어 있던 건물들에 관한 사진이 <지도와 사진 II-3-1-1>과 <지도와 사진 II-3-1-2>에 제시되어 있다.

<지도와 사진 II-3-1-1>의 A에는 일제 때의 지적도와 거의 같은 1959년 지적도상에 옛 동맹통신(同盟通信)과 옛 상업통신(商業通信)이 들어 있던 건물 '대한공론사'가 실선 사각형으로 표시되어 있고, 옛 경성통신(京城通信)과 옛 조선통신(朝鮮通信)이 들어 있던 건물 지번(地番)자리가 역시 실선 사각형으로 표시되어 있다.

1959년 당시 대한공론사(大韓公論社)가 들어 있던 이 건물은 앞에서

경성일보(京城日報)와 매일신보(每日新報)의 경우를 다룰 때 이미 보았듯이(<지도와 사진 Ⅱ-1-1>) 일제 때 총독부의 일본어 기관지 경성일보(京城日報) 사옥이었던 건물이다. 주소는 태평로 1가 31번지의 2호였다.

상업통신(商業通信)은 1944년 당시에는 경성일보 사옥에 있었으나(『朝鮮年鑑』, 1944, p. 510) 그보다 10여 년 전인 1933년에는 소공동 116번지에 있었다.(계훈모 편*, 『한국언론연표: 1881-1945』,1979, p. 1126-7)

〈지도와 사진 Ⅱ-3-1-1〉 일제(日帝) 때 태평로 1가에 있었던 일본인
통신사(通信社)들의 위치와 그곳의 2010년 현재의 모습:
— 同盟通信(경성지국), 商業通信, 京城通信, 朝鮮通信 —

　<지도와 사진 Ⅱ-3-1-1>의 B는 2010년 현재의 서울시 GIS 지도로서, 옛 경성일보 사옥 즉 동맹통신과 상업통신이 그곳에 들어 있던 건물 터(태평로 1가 31-2)가 실선 사각형으로 표시되어 있고, 경성통신과 조선통신이 들어 있던 건물 터(태평로 1가 29)가 실선 다각형으로 표시되어 있다. 이 지구(地區)는 옛 경성일보(후에 대한공론사 그 후에 영자지 Korea Herald)와 서울신문(한때 대한매일) 두 신문사의 사옥을 헐고 그 자리에 고층 '프레스센터'가 세워짐으로써 그 지형이 전혀 다르게 변형되어 있다.

　C의 사진은 2010년 9월에 찍은 것으로서, 동맹통신과 상업통신이 들어 있던 경성일보 사옥이 있던 자리의 변화된 모습을 보여주고 있다. 일제 때 경성일보 사옥의 사진은 앞에서 경성일보를 다룰 때 제시된 바 있다.

　D의 사진도 2010년 여름에 찍은 것인데, 옛 경성통신(京城通信)과 조선통신(朝鮮通信)이 들어 있던 건물 터(태평로 1가 29)에는 '뉴 서울호텔'이 들어서 있다. 경성통신과 조선통신 둘이 들어 있었을 때의 건물 사진은 아직 찾지를 못하고 있다.

　다음은 동아전보통신(東亞電報通信) 발행소가 있었던 곳의 위치를 알아보고, 이 통신사가 들어 있던 건물의 당시의 모습과 그 건물 자리의 현재의 모습을 알아보겠다.

　동아전보통신은, 조선총독부경무국(朝鮮總督府警務局)이 발행한 1933년 3월 1일 당시의 '조선내발행신문지일람표'에 의하면, 1906년에 발행인가가 난 통신으로서, 1933년 당시 발행소 주소는 '태평로 2가 115번지'로 나와 있다.(계훈모 편, 1979, p. 1126) 이 통신의 창간 당시 발행소 주소가 어디였는지에 관한 자료는 아직 찾지를 못하고 있다.

　<지도와 사진 Ⅱ-3-1-2>에 동아전보통신사의 1933년 당시 발행소의 위치를 알아보고 그곳의 2010년 현재 위치를 지도를 통해 알아보는 작업과 함께, 이 통신사가 들어 있던 건물의 사진과 그 건물 터의 2010년 현재의 모습을 보여주는 사진이 제시되어 있다.

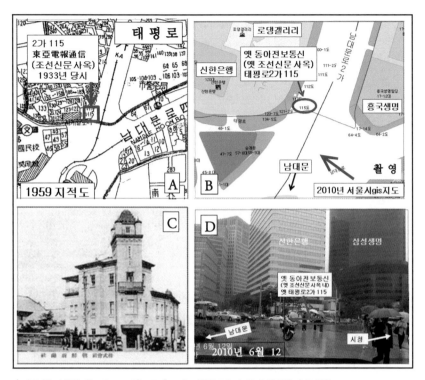

〈지도와 사진 Ⅱ-3-1-2〉 日帝 때 태평로2가에 있었던 일본인
通信社의 위치와 그 곳의 2010년 현재의 모습:
- 東亞電報通信 -

동아전보통신사(東亞電報通信社)의 소재지 '태평로 2가 115번지'는 앞
에서 조선신문(朝鮮新聞)에 관한 사항을 다루면서 이미 알게 되었듯이
조선신문사(朝鮮新聞社)의 서울에서의 두 번째 사옥이 서 있었던 곳이었
다.(〈사진 Ⅱ-1-3〉 참조)

중복이 되기 때문에 여기서는 간단히 언급하고 넘어가겠다.

〈지도와 사진 Ⅱ-3-1-2〉의 A에서는 1959년 지적도상에서 '태평로 2가
115번지'가 표시되어 있고, B에서는 2010년 서울시 GIS 지도상에서 태
평로의 폭이 지금과 같이 넓어지기 이전에 '태평로 2가 115번지' 터였
던 곳이 표시되어 있다. 동아전보통신사가 들어있었던 옛 조선신문사 사
옥 터(115번지)는 현재 도로에 포함되어 있다.

<지도와 사진 II-3-1-2>의 C에는 조선신문의 서울에서의 두 번째 사옥, 즉 동아전보통신사가 1933년 당시 일부 공간을 빌려 들어있었던 건물의 사진이 제시되어 있고, D에는 그 건물이 있었던 곳의 2010년 현재 모습 사진이 제시되어 있다. 옛 동아전보통신사(東亞電報通信社)가 들어있었던 조선신문(朝鮮新聞)의 115번지 사옥 터는 현재 신한은행 본점 부지 동쪽, 태평로 2가 도로 남쪽 끝 부분 도로에 포함되어 있다.

다음은 태평로 1, 2가 **이외 지역에 있었던 일본인 발행의 통신사(通信社)들**에 관해 발행소 위치를 알아보겠다. 이들 통신사들의 경우는 발행소가 들어 있던 건물들의 사진을 아직 찾지 못한 상태이다.

2) 연합통신(聯合通信), 대륙통신(大陸通信), 제국통신(帝國通信), 전통(電通), 조선경제일보(朝鮮經濟日報(通信)), 일간토건경제(日刊土建經濟), 선만경제통신(鮮滿經濟通信)
- 남대문로 1가, 을지로 2가, 남대문로 2가, 명동 1가, 소공동 -

일제(日帝) 때 경성(京城)에서 일본인들이 발행했었던 통신(通信)에는 바로 앞에서 다루었던 동맹통신(同盟通信), 상업통신(商業通信), 경성통신(京城通信), 조선통신(朝鮮通信) (이상 태평로 1가), 동아전보통신(東亞電報通信) (태평로 2가) 이외에도 연합통신(聯合通信), 대륙통신(大陸通信), 제국통신(帝國通信), 전통(電通), 조선경제일보(朝鮮經濟日報(통신)), 일간토건경제(日刊土建經濟(통신)), 선만경제통신(鮮滿經濟通信)이 있었다. 조선경제일보와 일간토건경제의 경우는 제호에 통신이란 용어가 붙어 있지는 않지만, 당시 기록에 통신(通信)으로 분류되어 있다.

여기에서는 연합통신(聯合通信)을 포함한 7개 통신사들의 경우 제시의 편의성을 위해 발행소 위치의 근접성을 기준으로 삼아 3개 묶음으로 나누어('남대문로 1가와 을지로 2가', '남대문로 2가와 명동 1가', 그리고 '소공동 일대') 다루어 보겠다.

<지도와 사진 Ⅱ-3-2-1>에 ① 옛 **연합통신**(聯合通信)과 옛 **대륙통신**(大陸通信)이 있었던 위치를 나타내 주는 1959년 지적도(A), ② 연합통신이 있었던 곳의 2010년 현재 위치를 추정해 나타내 본 서울시 GIS

〈지도와 사진 Ⅱ-3-2-1〉 일제(日帝) 때 남대문로1가와 을지로2가에 있었던 일본인 通信社들의 위치와 그 곳의 2010년 현재의 모습:
- 聯合通信, 大陸通信 -

지도(B), ③ 대륙통신이 있었던 곳의 2010년 현재 위치를 추정해 나타내 본 서울시 GIS 지도(C), ④ 연합통신이 있었던 곳으로 추정되는 곳의 2010년 현재의 모습 사진(D)과 ⑤ 대륙통신이 있었던 곳으로 추정되는 곳의 2010년 현재의 모습 사진(E)이 제시되어 있다.

우선 A의 1959년 지적도를 보면 남대문로 1가 대로가 종각 쪽에서 남쪽으로 내려오다가 을지로입구 4거리에서 우측으로 꺾여 을지로 1가 대로로 돌아가는 모퉁이에 '남대문로 1가 90번지'가 보인다. 이곳이 1933년 당시 연합통신(聯合通信) 발행소가 있던 곳이다.

같은 1959년 지적도(A)에 을지로입구 4거리에서 을지로 2가 대로로 들어가 옛 내무부 자리를 조금 지나고 나서 대로변 남쪽으로 좀 들어간 곳에 '을지로 2가 169번지'가 실선 원으로 표시되어 있다. 이곳이 1922년 당시 대륙통신(大陸通信) 발행소가 있던 곳이다.

<지도와 사진 II-3-2-1>의 B는 2010년 현재 서울시 GIS 지도인데, 남대문로의 도로 폭이 크게 넓어졌고 을지로입구 4거리 로터리도 크게 넓어져서, 일제 때 연합통신이 있었던 '남대문로 1가 90번지' 터가 도로 안에 들어가 있다. 이 지도에서의 위치를 기준으로 옛 연합통신 터를 2010년 여름에 찍은 을지로입구 로터리 사진 위에 추정해 본 것이 D 사진에 나와 있다.

C도 2010년 현재의 서울시 GIS 지도인데, B 지도에 나와 있는 옛 대륙통신 터 '을지로 2가 169번지'를 2010년 현재의 지도인 C 지도상에서 추정해 본 결과, 그 터에는 건물이 안 들어서 있는 것으로 나와 있다. E는 이상의 과정을 거쳐 옛 대륙통신 터로 추정된 곳을 2010년 여름에 찍은 사진인데, 그 터는 자동차 주차장이 되어 있었다.

다음은 두 번째 지역인 **'남대문로 2가와 명동 1가'에 있었던** 일본인들의 **통신사 제국통신(帝國通信)과 전통(電通)**의 발행소 위치와 그곳의 2010년 현재의 모습이 <지도와 사진 II-3-2-2>에 제시되어 있다.

〈지도와 사진 Ⅱ-3-2-2〉 일제 때 남대문로 2가와 명동 1가에 있었던 일본인
통신사(通信社)들의 위치와 그곳의 2010년 현재의 모습:
- 제국통신(帝國通信), 전통(電通)(경성지국) -

A의 1959년 지적도상에 옛 제국통신이 있었던 '남대문로 2가 132번
지' 터와 옛 전통(電通)이 있었던 '명동 1가 64번지' 터가 실선 원으로
표시되어 있다.

B는 2010년 현재 서울시 GIS 지도인데, 옛 전통(電通)이 있었던 '명
동 1가 64번지'가 그대로 남아 있음을 볼 수 있다. 달라진 것이 있다면
옛 지적도에서는 '64번지'가 하나의 대지로 나와 있었는데 현재의 지적
도에서는 그 대지가 '64-1대'와 '64-2대' 둘로 나누어져 있다는 것이다.
('대'는 지목이 '대지'임을 나타냄) 옛 제국통신(帝國通信)이 있었던 '남대
문로 2가 132번지'의 경우는 현재의 지적도에 그 지번은 안 나와 있고
대신 '130-3도'와 '134-4도'가 나와 있는데('도'는 지목이 '도로'임을 나

타냄) '132번지'가 그 사이에 있었을 것으로 추정하고, 그곳에 실선 사각형으로 옛 132번지 터 위치를 표시해 보았다. 옛 제국통신이 있었던 옛 132번지 터는 현재 도로에 포함되어 있는 것으로 추정이 되었다.

<지도와 사진 II-3-2-2>의 C에는 위의 2개 지적도를 근거로 옛 제국통신(帝國通信)이 있었던 곳으로 추정해낸 곳의 2010년 현재의 여름 모습 사진이 제시되어 있다. 옛 제국통신이 있었던 132번지 터는 현재 롯데백화점과 롯데명품점(AVENUEL) 사잇길 앞 남대문로 2가 인도(人道)의 일부가 되어 있다. 옛 제국통신(帝國通信)이 들어 있었던 건물의 사진은 아직 찾지를 못하고 있다.

D에는 옛 電通(전통)이 있었던 '명동 1가 64번지' 터의 2010년 현재의 여름 모습 사진이 제시되어 있다. 남대문로의 명동 입구에서 국립극장 쪽으로 조금 들어가면 왼쪽에 '하나은행' 지점이 나오는데 그 바로 다음 건물 둘의 지번이 '64-2번지'와 '64-1번지'이다. '64-2번지'에는 innisfree가, '64-1번지'에는 Les More가 들어서 있다. 옛 전통(電通)이 들어 있었던 건물 사진은 아직 찾지를 못하고 있다.

다음은 세 번째 구역인 **소공동 일대에 있었던 일본인의 통신사들**에 관해 알아보자. 일제 때 소공동 지역에서 발행되었던 일본인 통신에는 **일간토건경제**(日刊土建經濟(통신)), **선만경제통신**(鮮滿經濟通信) 그리고 **조선경제일보**(朝鮮經濟日報(통신)) 3개가 있었다.

<지도와 사진 II-3-2-3>에 이들 3개 통신들의 발행소 위치와 그곳의 2010년 현재의 모습이 제시되어 있다.

<지도와 사진 II-3-2-3>의 A는 1959년 당시 소공동 일대 지적도로서 지번(地番)이 나와 있다. 일간토건경제(日刊土建經濟(통신))와 선만경제통신(鮮滿經濟通信)이 있었던 곳은 '소공동 101번지'였고, 조선경제일보(朝鮮經濟日報(통신))가 있었던 곳은 '소공동 84번지'였다. 1959년 지적도에 이 두 지번이 모두 나와 있다.

〈지도와 사진 Ⅱ-3-2-3〉 일제 때 소공동 일대에 있었던 일본인 통신사들의 위치와 그 곳의 2010년 현재의 모습:
- 日刊土建經濟(통신),
  鮮滿經濟通信,
  朝鮮經濟日報(통신) -

B-1은 A지적도에서 옛 일간토건경제와 선만경제통신이 있었던 '소공
동 101번지' 부분을 확대한 것이고, B-2는 2010년 서울시 GIS 지도인
데 101번지가 나와 있지 않아 B-1과의 대비를 통해 옛 101번지 터를
추정해 보는 작업을 위한 것이고, B-3은 위의 두 과정을 통해 '옛 소공
동 101번지' 터로 추정된 곳의 2010년 현재의 여름 사진이다.

B-3 사진에서 보면, '옛 101번지'는 환구단(圜丘壇) 정문 앞 인도(人
道)와 그에 접한 차도(車道)의 일부로 추정된다.

환구단(圜丘壇)은 원구단(圓丘壇)이라고도 하는데 1897년 완공되었고,
조선조(朝鮮朝) 말 고종(高宗) 임금이 대한제국(大韓帝國)을 선포하며 황
제에 오른 곳이었다. 일제가 그 자리에 1913년 조선경성철도호텔(후에
조선호텔)을 지으면서 헐어버렸고, 환구단에 딸려 있던 황궁우(皇穹宇)만
은 현재도 보존되어 있다. '황궁우'는 천지(天地)의 모든 신령(神靈)의
위패(位牌)를 모셨던 곳이었다.

C-1은 2010년 서울시 GIS 지도인데, 옛 조선경제일보(통신)가 있었던
'소공동 84번지'는 안 나오고, 대신 그 위치 부근에 '84-2도'가 나와 있
다. C-1의 지번도에서 '84-2도'라고 나온 부분이 보이는데, 이곳이 '옛
84번지'의 일부일 것으로 추정된다. C-2는 이렇게 해서 '옛 소공동 84
번지' 터로 추정된 곳의 2010년 현재의 여름 사진이다.

C-2 사진에서 보면, '옛 84번지'로 추정되는 곳은 웨스틴조선호텔 앞
4거리에서 한국은행 방향으로 가면서 왼쪽 편에 동양화학 빌딩 채 못 미
치는 곳에 있는 월남쌀국수 식당(Pho Ho Asia)과 커피점(Coffee Gurunary)
앞 보도(步道)의 일부가 되어 있다.

이상으로 일제(日帝) 때 경성(京城)에서 일본인들이 발행하던 여러 통신들이 있었던 곳의 위치를 추정하는 작업과 이들 통신사들이 있었던 곳으로 추정된 지점의 2010년 현재 모습을 사진으로 남기는 작업이 일단은 끝이 났다.

다만 앞 <지도와 사진 Ⅱ-3-1-1>에서 동맹통신(同盟通信, 경성지사)과 상업통신(商業通信)을 다룰 때 함께 다룰 수도 있었으나 번잡해질 것 같아 뒤로 미루었던 사항이 있어, 이를 마저 다루고 넘어가야 할 것 같다.

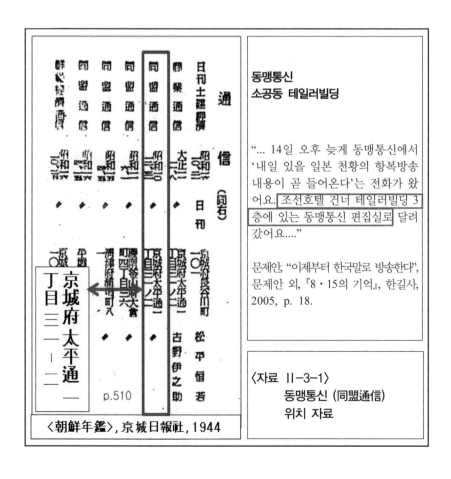

동맹통신
소공동 테일러빌딩

"... 14일 오후 늦게 동맹통신에서 '내일 있을 일본 천황의 항복방송 내용이 곧 들어온다'는 전화가 왔어요. 조선호텔 건너 테일러빌딩 3층에 있는 동맹통신 편집실로 달려갔어요...."

문제안, "이제부터 한국말로 방송한다", 문제안 외, 『8·15의 기억』, 한길사, 2005, p. 18.

<자료 Ⅱ-3-1>
동맹통신 (同盟通信)
위치 자료

<朝鮮年鑑>, 京城日報社, 1944

 <지도와 사진 II-3-1-1>에서 이미 검토된 바 있듯이 동맹통신(同盟通信)과 상업통신(商業通信)은 1944년 기록에 의하면 당시 태평로 1가 31-2번지에 있었던 경성일보(京城日報) 사옥에 들어 있었다. 그런데 상업통신(商業通信)의 경우는 1933년 기록에 소공동 116번지에 있었다고 나와 있다. 그리고 동맹통신(同盟通信)의 경우 <자료 II-3-1>(앞에 이미 나왔던 것이지만 설명의 편의를 위해 다시 제시)에서 보듯이 1945년 8월 15일 일본 천황(天皇)의 무조건항복 발표 보도 시에는 소공동 '테일러빌딩'에 있었다.

 여기 <지도와 사진 II-3-2-4>에서는 **1933년 당시 상업통신이 있었던 소공동 116번지의 위치를 알아보고**, 2010년 여름에 찍은 사진을 통해 그곳의 현재 모습을 알아보겠다. **이어서 1945년 8월 15일 해방 당시 동맹통신이 있었던 소공동 '테일러빌딩'의 위치를 알아보고**, 역시 2010년 여름에 찍은 사진을 통해 그곳의 현재 모습을 알아보겠다.

 <지도와 사진 II-3-2-4>의 'A-1'은 1929년 지형명세도로서 **상업통신(商業通信)이 1933년 당시 소공동에 있었을 때의 발행소 지번 116번지**가 굵은 실선으로 표시되어 있다. 조선은행(朝鮮銀行)이 있는 남대문로 3가와 소공동의 경계가 점선으로 표시되어 있다. 소공동 116번지 터는 움푹 들어가 있음을 볼 수 있다. 'A-2'는 일제 때의 지적상황에 큰 변동이 없었던 1959년 지적도인데 한국은행(韓國銀行) 북쪽에 서울대학교 치과대학이 있었고 1933년 당시 상업통신(商業通信)이 있었던 소공동 116번지는 이 치과대학의 정문 바로 북쪽에 위치해 있는 것으로 나와 있다. 'A-3'은 2010년 서울시 GIS 지도인데 옛 116번지 터의 대부분이 새로 조성된 작은 쉼터와 도로에 포함되어 있음을 볼 수 있다. 'A-4'는 2010년 여름에 길 건너에서 찍은 사진인데, 위의 지적도 검토를 통해 옛 상업통신(商業通信)이 한 때 있었던 곳으로 추정한 곳이 실선 평행4변형으로 표시되어 있다.

〈지도와 사진 Ⅱ-3-2-4〉 일제 때 소공동에 일시 있었던 일본인 발행의 상업통신(商業通信)과 동맹통신(同盟通信) 사옥의 위치와 2010년 현재의 그곳 모습

'A-4'의 사진에서 보듯이 옛 상업통신이 들어 있던 건물 터는 한국은행 울타리가 조금 안으로 휘면서 작은 쉼터 공간이 되어 있다. 이 작은 터에는 저경궁(儲慶宮) 터 표석과 하마비(下馬碑)가 세워져 있고 한국은행 동문(東門)이 나있다.

저경궁은 조선 제16대 임금 인조(仁祖)의 생부인 추존왕(追尊王) 원종(元宗)의 옛 집이자 인조가 왕위에 오르기 전에 살았던 집이다. 저경궁 터에는 일제 때 경성치과의학전문학교(京城齒科醫學專門學校: 서울대 치과대학 전신)가 세워졌고 서울대 치과대학이 원남동 서울대 의과대학과 부속병원 터로 이전 합류하고 난 뒤에는 한국은행 신관이 세워져 현재에 이르고 있다.

서울대 치대가 있었던 터의 옛 지번은 남대문로 3가 111-1과 2였는데 뒤에 **한국은행** 터에 흡수통합 되면서 한국은행 터의 지번인 남대문로 3가 110으로 되어 있다.

다음으로 **동맹통신(同盟通信) 경성지국이 태평로 1가 경성일보(京城日報) 사옥에서 이전해 와서 1945년 8월 15일 해방 때까지 있었던 소공동의 '테일러 빌딩'의 위치**가 <지도와 사진 II-3-2-4> 'B-1'의 2010년 서울시 GIS 지도 위 부분에 실선 타원으로 표시되어 있다.('P 서울프라자 호텔 주차장'으로 표시되어 있는 곳) 'B-2'는 2010년 봄에 찍은 사진으로서 옛 동맹통신(同盟通信)이 들어 있던 건물 터가 점선 타원으로 표시되어 있다.

이상 제II장에서는 일제(日帝) 식민통치 기간 중 ① 경성(京城)에서 일본인들이 발행했던 일간 신문(日刊 新聞)과 통신(通信)들의 발행소 위치를 알아보고, ② 이들 일본인 신문사와 통신사들이 들어 있던 건물의 옛 사진을 찾아보고 그들 건물이 있었던 곳의 2010년 현재의 모습을 사진으로 확인해 보았다.

다음 제III장에서는 일제 식민통치 기간 중 서울(京城)에서 일제 총독부(日帝 總督府)의 인가를 받아 우리나라 사람들에 의해 발행되었던 신문(新聞)들에 관해 알아보겠다. 우선 이들 우리 조선인 발행 신문사들의 사옥(社屋) 위치를 확인해 보고, 이어서 이들 옛 사옥의 사진을 찾아보고 또 그들 사옥이 있었던 곳의 2013년 현재의 변화된 모습을 사진을 통해 제시해 보고자 한다.

제 III 장

조선인(朝鮮人) 발행
신문(新聞)들의 사옥 위치

들어가는 말

일제(日帝)가 1910년 8월 29일 우리 대한제국(大韓帝國)을 강제로 병탄(倂呑)해 총독부(總督府)를 설치하고 무단통치(武斷統治)를 시작하면서 우리나라에서 우리나라 사람들이 발행하는 신문들을 모두 폐간시켰다.

우리말 신문 매일신보(每日申報)만은 남았다. 그러나 이 신문은 일제가 이미 얼마 전에 대한매일신보(大韓每日申報)를 매수해 자기네 것으로 만든 신문이었다. 이 신문 '매일신보(每日申報)'는 일제의 식민통치가 시작되면서 대한매일신보 제호에서 우리나라를 상징하는 '대한'이 삭제된 채 총독부의 우리말 기관지(機關紙)가 되어버린 신문이었다. 일본인들의 신문이었다.

일제의 군대와 헌병·경찰을 내세운 무단통치(武斷統治)는 식민통치(植民統治) 초기에는 '그대로 통하는 듯'이 보였다. 그러나 우리 국민과 민중들의 저변에서는 망국의 울분과 탄압에 대한 저항심과 국권회복에의 열망이 뿌리를 깊이 내리며 확산되어 나가고 있었다.

외부 국제정세도 크게 변하고 있었다. 제1차 세계대전이 1918년 11월 11일 독일을 중심으로 한 동맹국 측의 패전으로 끝났다. 승전국인 영국 프랑스 미국이 전후처리 원칙으로 내세운 조항 중에 민족자결주의(民族自決主義) 원칙이 들어있었다. 이 '민족자결주의' 원칙은 원래는 유럽과 중동의 국제질서 재편을 위한 것이었다. 하지만 이 '민족자결주의(民族自決主義)' 원칙은 아시아를 비롯한 그 밖의 지역 피식민국(被植民國) 민중과 그 지도자들에게도 자국의 독립을 요구하는 명분으로 크게 활용될 수 있는 것이었다.

1919년 1월 21일 고종(高宗)이 68세로 사망했다. 당시 독살설이 떠돌았다. 우리 백성들은 나라의 큰 상징인 고종(高宗)의 불의의 급서에 격분했다. 고종(高宗)의 장례 인산(因山) 날이 3월 3일로 정해졌다.

인산(因山)을 20여일 앞둔 2월 8일 일본 동경(日本 東京)에서 우리 유학생들이 '독립선언서(獨立宣言書)'를 발표했다. 미국 캘리포니아와 하와이에 사는 우리 교포들이 결성한 대한인국민회(大韓人國民會) 총회가 파리강화회의(1919년 1월 18일 개최되어 1920년 1월 21일까지 간격을 두고 지속되었음)에 우리 대표를 파견하려 움직였다. 중국(中國) 상해(上海)로 망명해 나가 있던 우리 독립투사들도 1919년 1월 파리강화회의에 대표를 파견해 우리의 독립요구를 전하려 했다.

이런 국내외의 긴박한 움직임 속에서, 국내의 지도자들이 3월 1일 '독립선언서(獨立宣言書)'를 발표, 국민들의 일제 식민통치(日帝 植民統治)에 대한 분노와 국권회복(國權回復)의 염원에 불을 질렀다. 우리 민족의 **3·1 독립운동**의 거센 불길은 삽시간에 전국 방방곡곡으로 퍼져나갔다.

일제(日帝)는 크게 놀라, 군대와 헌병 경찰을 총동원해 우리 국민의 독립만세 운동을 무자비하게 탄압해 나갔다. 비폭력 무저항주의 원칙하에 맨주먹으로 일어선 우리 국민의 봉기는 일제(日帝)의 무력을 동원한 진압 강행으로 일단은 지하로 스며들어 갔다.

일제는 이제까지의 무단통치 방식만으로는 더 이상 통하기 어려울 것임을 절감했다. 통치방식을 바꾸지 않을 수 없게 되었다. 일제가 유화책으로 내놓은 새로운 통치방침은 그들의 이른바 문화정치(文化政治)였다.

일제(日帝)는 이 '문화정치'의 틀 안에서 가시적인 조치의 하나로 **1920년 1월 초순에 우리 한국인 발행의 우리말 신문을 인가해주게 된다.**

<자료 Ⅲ-1>에 조선총독부가 대정(大正) 9년(1920년) 1월 6일에 **조선일보(朝鮮日報), 동아일보(東亞日報), 시사신문(時事新聞)**의 발행을 허가했다는 『고등경찰 관계연표(高等警察關係年表)』기록이 제시되어 있다. 『총독부

관보(總督府官報)』에서는 관련기록을 찾지 못했다.

발행이 허가된 이들 3개 신문을 발행당시의 경향으로 보면 친일계(親日系)가 2개(時事, 朝鮮), 민족계(民族系)가 1개(東亞)였으나, 총독부의 <극비(極秘)> 문서인『고등경찰 관계연표』에 나와 있듯이 당초 친일계로 분류되었던 조선일보(朝鮮日報)는 창간 후 '점차 배일(排日) 쪽으로' 방향을 바꾸어 나가게 되었다.

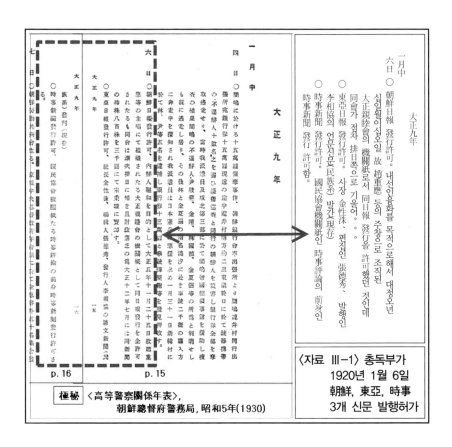

<자료 Ⅲ-1> 총독부가
1920년 1월 6일
朝鮮, 東亞, 時事
3개 신문 발행허가

極秘 〈高等警察關係年表〉,
朝鮮總督府 警務局, 昭和5年(1930)

3개 신문이 발행허가를 받은 것은 다 같이 1920년 1월 6일이었으나 발행 준비 관계에 차이가 있어 조선일보(朝鮮日報)는 3월 5일, 동아일보(東亞日報)와 시사신문(時事新聞)은 4월 1일에 창간호를 발행하게 되었다.

　일제(日帝)는 3개의 조선인 발행 신문을 인가해 주고 나서 곧이어 서울(京城)에서 일본 민간인들에게도 조선일일신문(朝鮮日日新聞: 1920년 7월), 경성일일신문(京城日日新聞: 1920년 7월), 조선상공신문(朝鮮商工新聞: 1920년 11월)의 3개 신문발행을 새로 인가해 주었다. 1920년 당시 이미 경성(京城)에는 일본인들이 일본어로 발행하고 있던 총독부 기관지 경성일보(京城日報)와 인천에서 본사를 옮겨 온 민간지 조선신문(朝鮮新聞)이 있었다.

　일제 식민통치 치하인 1920년에 새로 발행이 인가된 이들 3개 일본인 민간신문 조선일일신문(朝鮮日日新聞), 경성일일신문(京城日日新聞), 조선상공신문(朝鮮商工新聞)에 관해서는 **앞 제Ⅱ장 제2절에서 이미 논의가 된 바 있다.**

　여기 제Ⅲ장에서는 일제(日帝)가 식민통치를 시작한 지 10년 만에 마지못해 우리 민간인에게 발행을 인가한 일간 신문(日刊 新聞)들에 관해 알아보고자 한다.

　그 주요 내용은 ① 이들 신문발행소의 위치를 당시와 현재의 지적도상에서 확인 내지 추정해 보고, ② 이들 신문의 사옥 사진을 찾아보고, ③ 그들 사옥이 있던 곳의 현재의 변화된 모습을 사진을 통해 확인해 보는 작업이 된다.

　일제(日帝)가 1920년 봄에 조선인 민간인에게 발행을 허가한 조선일보(朝鮮日報), 동아일보(東亞日報), 시사신문(時事新聞) 3개 신문 가운데 시사신문(時事新聞)은 친일 국민협회(國民協會)의 기관지였다.

　<표 Ⅲ>에 일제 총독부의 허가를 받아 서울(京城)에서 발행되었던 조선인 신문(朝鮮人 新聞)들에 관한 주요 사항들이 제시되어 있다.

　<표 Ⅲ>에 이들 우리 조선인(朝鮮人) 발행 신문들이 우선 '민족진영'

계열과 '친일' 계열로 나뉘고, 다음으로 발간일 순으로 배열이 되어 제시되어 있다.

먼저 민족진영 계열 신문을 보면, 조선일보(朝鮮日報)가 1920년 3월 5일 창간호를 발행하였고, 동아일보(東亞日報)가 곧이어 1920년 4월 1일 창간호를 발행했다.

4년 뒤인 1924년 3월 31일 시대일보(時代日報)가 창간되었다. 시대일보(時代日報)가 계속발행이 어려워지자 중외일보(中外日報)가 판권을 인수해 1926년 11월 15일 신문을 발행하기 시작했다. 5년 후인 1931년 11월 27일에 중앙일보(中央日報)가 중외일보의 제호를 바꾸어 발행을 시작했으며, 다시 1년 2개월여 뒤인 1933년 2월 16일에 조선중앙일보(朝鮮中央日報)가 중앙일보의 제호를 바꾸어 발행을 시작했다. 조선중앙일보(朝鮮中央日報)는 4년 8개월여 발행을 계속하다가 1937년 11월 5일 폐간되고 말았다.

조선일보(朝鮮日報)와 동아일보(東亞日報) 두 신문은 일제의 가혹한 신문 탄압하에 되풀이 되는 발행정지 등 수난을 겪으면서도 발행을 계속해 나갔다. 총독부가 1940년 들어 신문정책(新聞政策)으로 일본인 발행 신문들까지를 포함한 '일도일지(一道一紙)' 원칙을 내세워 강행하는 과정에서 동아일보(東亞日報)는 8월 10일, 조선일보(朝鮮日報)는 8월 11일 폐간을 하게 되었다.

이로써 우리 조선에는 일제의 식민통치가 시작된 1910년 8월 말부터 1920년 3월 초까지 근 10년 동안의 조선인 발행 신문이 없었던 암흑기에 이어, 조선인 발행 신문이 없는 두 번째의 암흑기가 1945년 8월 15일 일제가 패망하고 우리나라가 해방이 될 때까지 5년간 강요되기에 이르렀다.

96

    <표 Ⅲ>에 제시된 순서에 따라 '일제하 경성에서 우리나라 민간인들에 의해 발행되었던 우리말 신문들'의 발행소 위치와 신문사 사옥들의 사진을 찾아보는 작업으로 들어가 보겠다.

〈표 Ⅲ〉 일제(日帝)하 경성(京城,서울)에서 발행되었던 한국인 일간 신문들

	신문 이름	발행 기간*	사옥(발행소)*	비 고*
민족진영	조선일보 (朝鮮日報)	1920.3.5. ~ 1940.8.11.	관철동 249->삼각동 71-> 수표동 43->견지동 111-> 연건동 195->태평로 1가 61	
	동아일보 (東亞日報)	1920.4.1. ~ 1940.8.10.	화동 138 ->세종로 139	
	시대일보 (時代日報)	1924.3.31. ~ 1926.8.?)	명동 2가 82 同順泰 빌딩 내	
	중외일보 (中外日報)	1926.11.15. ~ 1931.9.2.	화동 138 (동아일보 창간사옥)	'시대일보'의 판권 인수 改題
	중앙일보 (中央日報)	1931.11.27. ~ 1933.2.15.	견지동 60	'중외일보'를 계승 改題
	조선중앙일보 (朝鮮中央日報)	1933.2.16. ~ 1937.11.5.	견지동 111	'중앙일보'를 改題
친일	시사신문 (時事新聞)	1920.4.1. ~ 1921.3.3.	종로 紬廛后洞 第23統12戶 (구한말 때 주소체계임: 구한말 때 同名 신문 착오?)	친일 국민협회 시사신문 -> 월간 시사평론 (1922.4.15.~?)
	민중신문 (民衆新聞)	1930.2.1. ~ 1941년 말	공평동 54	친일 국민협회 민중신문 -> 주간 민중신문 (1933~1941.12.)

* 윤임술 편저, 『韓國新聞百年誌』, 한국언론연구원, 1984, pp. 403-441.
  정진석, 『韓國言論史』, 나남, 1990, pp.
  김민환, 『한국언론사』, 시사비평사, 1996, pp. 221-255.

제1절 조선일보(朝鮮日報)와 동아일보(東亞日報)

조선일보(朝鮮日報)와 동아일보(東亞日報)는 시사신문(時事新聞: 친일 일
진회(一進會) 기관지)과 함께 일제(日帝) 총독부(總督府)로부터 1920년 1
월 6일 신문발행 인가를 받고 본격적인 발간준비에 들어갔다.

조선일보(朝鮮日報)는 3월 5일 창간호를 발행했으며, 동아일보(東亞日
報)는 몇 주(週) 늦은 4월 1일에 창간호를 발행했다. 시사신문(時事新聞)
도 4월 1일에 창간호를 발행했다.

1) 조선일보(朝鮮日報)

				1935.5~
1920년3월8일	1921년	1923년	1926~35.5	40.8월 폐간

〈朝鮮日報 題號의 변화〉

1920년 3월 5일 창간~1940년 8월 10일 폐간호 발행까지.

* 조선일보의 창간호는 아직 못 찾고 있음.

* 『朝鮮日報七十年史』第一卷, 1990, p. 105.

조선일보(朝鮮日報)는 1920년 3월 5일 창간호를 '종로구 관철동 249
번지'에서 발행했다. 조선일보는 창간한 뒤 처음 13년간 사옥을 자주 옮
겨 다니며 발행을 계속해왔다.

조선일보(朝鮮日報)의 일제 식민통치 기간 중의 사옥(社屋: 발행소)
이전(移轉) 상황이 아래의 <표 III-1-1-1>에 간단히 제시되어 있다.

조선일보는 1933년 방응모(方應謨)가 조선일보의 경영권 일체를 인수
해 태평로 1가 61번지에 근대적인 큰 사옥을 짓고 이 해 말 이전(移轉)
해 들어가면서 초기의 잦은 사옥이전은 끝이 나게 되었다.

<표 III-1-1-1>에 제시되어 있듯이 조선일보(朝鮮日報)는 1920년 3월 5일
종로구 관철동 249번지에서 창간호를 발행한 뒤, 2개월이 채 안 된 4월
29일 **중구 삼각동 71번지**의 두 번째 사옥으로 이전했으며, 1년 뒤인
1921년 4월 9일 **중구 수표동 43번지**의 세 번째 사옥으로 다시 이전했다.

또다시 5년 뒤인 1926년 7월 5일에는 **종로구 견지동 111번지**의 네
번째 사옥으로 이전했다가, 7년 뒤인 1933년 4월 25일에는 **종로구 연건
동 195번지**의 다섯 번째 사옥으로 이전했다.

〈표 III-1-1-1〉 조선일보(朝鮮日報) 창간사옥과 그 뒤 사옥들의 소재지

소재지: 지번	기 간	비 고
관철동 249	1920.3.5.~	창간사옥(社屋)
삼각동 71	1920.4.29.~	두 번째 사옥
수표동 43	1921.4.9.~	세 번째 사옥
견지동 111	1926.7.5.~	네 번째 사옥
견지동 111	1932.11.23.~	* 1932.6.15. 林景來가 명동 2가 82번지 동순태(同順泰) 빌딩에서 별도의 조선일보를 발행 통합 조선일보 속간 사장 조만식, 부사장 임경래
연건동 195	1933.4.25.~	다섯 번째 사옥 1933.3.22. 방응모가 경영권 일체 인수
태평로 1가 61	1933.12.20. ~1940.8.11.	여섯 번째 사옥

자료: * '朝鮮日報 70年誌', 『朝鮮日報七十年史』, 第三卷, 1990, pp. 2130-2197.

　조선일보(朝鮮日報)는 연건동 195번지의 다섯 번째 사옥에서 7개월여 발행을 하다가, 1933년 12월 중순 여섯 번째 사옥인 **종로구 태평로 1가 61번지**에 마련한 신사옥으로 이전하면서 조선일보의 사옥 옮겨 다니기가 끝나게 된다.

　조선일보(朝鮮日報)가 태평로 1가 61번지 신사옥에 자리를 잡고 7년이 조금 지난 1940년에 일제 총독부의 '일도일지(一道一紙)' 언론조치가 집행되기에 이르렀고, 이에 따라 조선일보(朝鮮日報)는 8월 11일 강제 폐간을 당하게 된다.

　(이 때 동아일보(東亞日報)도 함께 강제폐간을 당하여 일제 식민치하 두 번째로 우리나라 사람들이 발간하는 우리말 신문이 없는 언론 암흑기를 맞이하게 된다.)

　이제부터 조선일보(朝鮮日報) 발행소가 있었던 이들 여섯 곳의 위치를 창간사옥 때부터 여섯 번째 사옥 때까지 차례로 알아보고자 한다.

　우선 ① 해당 지번의 옛 토지대장(土地臺帳)을 검토해 보고, ② 다음으로 옛 지번지도(地番地圖)에서 해당 지번의 위치를 확인해 보고, ③ 그 위치를 2015년 현재의 지번지도에서 확인 내지는 추정을 해보고, ④ 이어서 조선일보의 옛 사옥 사진을 찾아 제시하고, ⑤ 마지막으로 조선일보 사옥 터(확실하지 않을 경우는 추정되는 곳)들의 2015년 현재의 모습 사진을 제시함으로서, 그간의 역사의 흐름 속에서의 우리 언론사(史) 변천의 일단을 알아보고자 한다.

　① 조선일보(朝鮮日報) 창간사옥 터:
　　종로구 관철동 249번지: 1920년 3월 5일~1920년 4월 28일

조선일보(朝鮮日報)가 1920년 3월 5일 창간호를 당시 지번(地番)으로 '종로구 관철동 249번지'에 있었던 한옥에서 발행했다는 것은, 조선일보의 사사(社史)와 한국언론사(史)에 관한 몇 권의 책에서 이미 알려져 있다.

'관철동 249번지'라는 일제(日帝) 때의 이 지번은 해방 후에도 17년간 유지되어 오다가 1962년 그 지역의 구획정리 과정에서 새로 길이 나면서 그 터가 일부는 도로에 포함되고 나머지는 다른 지번에 포함되면서 사라지게 되었다.

때문에 **조선일보** 창간사옥 터가 있던 곳이 어디쯤이었는지를 알기가 쉽지 않았다.

조선일보 창간사옥 터의 위치는 2005년 서울시가 표석설치 자문위원회의 자문을 거쳐 현재의 주소로 관철동 43-11 앞 청계천 가에 '조선일보 창간사옥 터' 표석을 세우고,

이어 조선일보가 2006년 1월 신년특집 기획의 일부로 1월 6일자 A12면에 낸 '창간사옥 터'에 관한 기사에서 약식지도 위에 창간사옥 터를 표시해 제시함으로써 관심 있는 사람들이라면 그 위치를 쉽게 알아볼 수 있게 되었다.

조선일보(朝鮮日報) 창간사옥 터에 관한 이 기사는 종로구청 지적과의 자문을 받아 작성된 것이었던 만큼 그 위치 추정에 정확성이 기해졌을 것으로 판단된다.

다만 그 기사의 경우 지면의 제약 때문이었겠지만 그 추정을 뒷받침하는 자료들이 거의 제시되지 않고 있어서, 이 글에서는 연구자가 그간에 찾은 관련 자료들을 제시하면서 **조선일보 창간사옥 터**의 현재 위치를 나름대로 다시 추정해 보는 과정을 밟아보고자 한다.

일제(日帝) 식민치하 경성부(京城府)의 지적(地籍) 상황을 알아보고 그 지적의 현재까지의 변동 상황을 추적해 볼 수 있는 자료 중 몇 가지만을 들어보면 아래와 같다.

우선 문서자료로는 『경성부관내지적목록(1917, 1927)』이 있고, 구(舊)
토지대장, 구건물대장, 멸실(滅失)토지대장, 멸실건물대장(이상 종로구청
지적과)이 있으며, 인터넷의 '바뀐 지번 찾기' 사이트(서울시에서 제공)[9]
가 있다.

지도(地圖)자료로는 『경성부 일필매 지형명세도(京城府 一筆每 地形明
細圖)(1929)』, 『서울특별시정도(서울特別市精圖)(1947)』, 『지번구획입 대서
울정도(地番區劃入 大서울精圖)(1959),』 그리고 인터넷 '서울시 GIS 지도'
등이 있다.

조선일보(朝鮮日報)가 창간된 1920년 당시의 창간사옥 터 '관철동 249
번지'의 지적(地籍) 상황을 알려주는 '구토지대장'이 종로구청 지적과에
보존되어 있다.

<토지대장 Ⅲ-1-1-1>에 일제 식민통치 기간 중의 '관철동 249번지'의
'지목', '면적', '소유권이전', '소유주' 등에 관한 기록이 제시되어 있다.

이 토지대장에 의하면 '관철동 249번지'는 지목이 '대지'이고, 넓이는
'152평'이며, 명치45년 즉 1912년에 '사정(査定)'이 행해졌었고, 그 당시
소유주는 '조선상업은행'(朝鮮商業銀行)이었다. 이 터의 소유권이 대정8
년 즉 1919년에 '조선지주식회사'(朝鮮紙株式會社)로 넘어 갔고, 그 소유
권이 대정13년 즉 1924년에 '박인근(朴寅根)'으로 넘어갔다.

조선일보가 1920년 3월에 창간했으니까 조선일보 창간 당시 그 사옥
터는 '조선지주식회사(朝鮮紙株式會社)'가 소유하고 있었다는 것을 알 수
있다.

조선일보가 창간호를 낸 사옥의 건물구조를 짐작케 해주는 '관철동
249번지'에 대한 '구건물대장'이나 '멸실건물대장'은 종로구청 지적과에
보존되고 있지 않다.

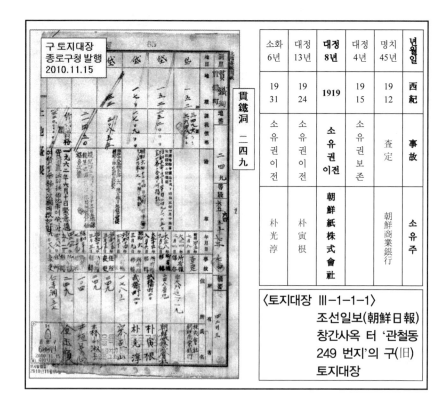

년월일	명치45년	대정4년	대정8년	대정13년	소화6년
西紀	1912	1915	1919	1924	1931
事故	査定	소유권보존	소유권이전	소유권이전	소유권이전
소유주	朝鮮商業銀行		朝鮮紙株式會社	朴寅根	朴光淳

〈토지대장 Ⅲ-1-1-1〉
조선일보(朝鮮日報) 창간사옥 터 '관철동 249번지'의 구(舊) 토지대장

　그렇다면 조선일보 창간사옥이 있던 터는 어디쯤에 위치해 있었을까?
　<지적도 Ⅲ-1-1-1>에 조선일보 창간사옥 터인 '관철동 249번지'가 나와 있는 옛 지적도 셋이 제시되어 있다.
　'A'는 1929년판 '경성부 일필매 지형명세도(京城府 一筆每 地形明細圖)'인데 '관철동 249번지' 터의 위치와 그 터의 형태가 나와 있다. 'B'의 1947년판 '서울특별시정도(서울特別市精圖)'에도 '249번지' 터의 위치가 나와 있다. 그 터의 형태인 지형이 분명하지는 않지만 주변 골목길의 형태나 옆 지번들과의 상대적 위치 등으로 미루어 볼 때, 1929년 지형도에 나와 있는 것과 같았을 것으로 짐작이 된다.
　'C'는 1959년판 '지번구획입 대서울정도(地番區劃入 大서울精圖)'인데, 관철동 지역에 새로운 도로들이 나 있고 그중의 하나가 '249번지' 지역

을 지나면서 지번(地番)의 위치가 약간 변동되어 보이기는 하지만(B의
1947년판 정도(精圖)와 대비해 보면), '249번지'가 아직 남아 있다.

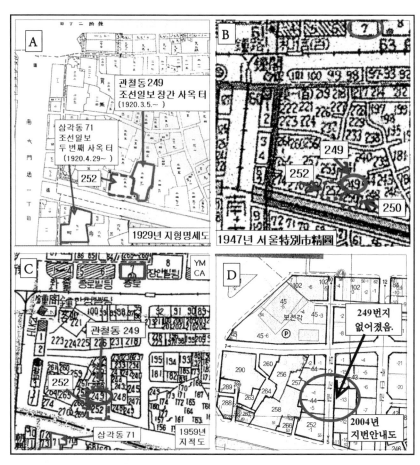

〈지적도 Ⅲ-1-1-1〉 朝鮮日報 창간 사옥 터 "관철동 249번지"가
1929, 1947, 1959 지적도에는 나타나 있으나
최근지도인 2004 지적도에는 나타나 있지 않음

'D'는 '2004년 지번안내도'인데, 옛 '249번지'가 없어지고 그 주변의 지번들
이 '44번지'대와 '43번지'대로 크게 바뀌어 있다. 관철동의 경우 '2004년 지번안
내도'는 이 글을 쓰고 있는 2010년 현재 변동됨이 없이 그대로 유지되고 있다.

조선일보(朝鮮日報) 창간사옥 터인 관철동의 옛 '249번지' 터는 2010년 현재의 지번으로 어떻게 바뀌어 있을까?

서울시가 인터넷에 올려놓은 '바뀐 지번 찾기' 사이트에 옛 '관철동 249번지'의 지번변동 상황이 나와 있다.(서울시의 바뀐 지번 중에는 아직 자료정리가 안 되어 이 사이트에서 찾을 수 없는 것들이 있음)

<표 Ⅲ-1-1-2>에 제시되어 있는 '바뀐 지번 찾기'에서 보면, 옛 관철동 249번지가 1962년 8월에 구획정리사업의 일환으로 새로운 지번으로 바뀌어 있다. 예컨대 첫 번째 행을 보면 '관철동 일반 249'가 '관철동 일반 42-3'으로 바뀌었고, 두 번째 행을 보면 249-3이 43-9로 바뀌었다. 이 <표>에는 변경 전 지번 칸에 249-1과 249-4가 빠져있다. 그리고 변경 전의 249-2와 249-3이 변경 후에는 43-9로 통합이 되어있다.

〈표 Ⅲ-1-1-2〉 서울시 제공 "바뀐지번찾기" 인터넷 싸이트에 나와 있는 옛 "관철동 249번지"의 지적병동 상황

변경전지번	변경후지번	변경일자	변경사유	사업명
관철동 일반 249	관철동 일반 42 - 3	1962-08-04	구획정리	관철지구 구획정리사업
관철동 일반 249 - 3	관철동 일반 43 - 9	1962-08-04	구획정리	관철지구 구획정리사업
관철동 일반 249 - 5	관철동 일반 44 - 6	1962-08-04	구획정리	관철지구 구획정리사업
관철동 일반 249 - 2	관철동 일반 43 - 9	1962-08-04	구획정리	관철지구 구획정리사업
관철동 일반 249 - 7	관철동 일반 43 - 11	1962-08-04	구획정리	관철지구 구획정리사업
관철동 일반 249 - 6	관철동 일반 44 - 6	1962-08-04	구획정리	관철지구 구획정리사업

변경 후 삭제된 지번은 옛날지번으로, 변경 후 생성된 신규지번은 현재지번으로 조회해야 합니다.

구분 옛날지번
시군구 종로구 동명 관철동 리명 전체 토지구분 전체 본번 249 부번
바뀐지번찾기 조회 목록   조회 초기화 Excel저장

* 바뀐지번찾기 싸이트:http://klis.seoul.go.kr/sis/caf/rp3.do?service=findChangeJibun

다음 <표 Ⅲ-1-1-3>은 옛 관철동 249번지의 변동 상황이 정리되어 제시되어 있다.

1917년 지적목록에는 '249번지'로 나와 있던 것이 1927년 지적목록에서는 '249번지'와 '249-1번지'로 나뉘어 있다. 1927년 이후의 상황이 나타나 있는 '폐쇄지적도 등본'에서 보면 관철동 249번지가 다시 더 나뉘어 '249', '249-1', '249-2', '249-3', '249-4', '249-5', '249-6', 그리고 '249-7'의 8개 필지(1개 필지 도로)로 분할되게 되었다.(지번 분할 시기가 언제였는지는 연구자가 아직 확인 못하고 있음)

<표 Ⅲ-1-1-3>에는 **폐쇄지적도** 등본에서 관철동 249번지 부분만을 떼어낸 지형도가 제시되어 있다. 이 지형도에서 '249번지'가 8개 필지로 세분되었을 때의 상황을 알 수가 있다.

<표 Ⅲ-1-1-3>의 마지막 열(列)에 옛 관철동 249번지가 1962년 8월에 있은 구획정리사업에 따라 새롭게 바뀐 지번이 그 이전 지번과 대비되어 제시되어 있다.

〈표 Ⅲ-1-1-3〉 옛 '관철동 249번지'의 지적변동 사항 정리

1917 지적목록	1927 지적목록	폐쇄지적도등본 (분할년도 미상)	1962.08.04. (바뀐 지번 찾기)		
관철동 249 153평	249 152평	249 대지	42-3 24평5합 &		
	249-1 8평	249-1 대지		#	%
		249-2 대지	43-9	34평8합 &	
		249-3 대지	43-9		
		249-4 도로		#	%
		249-5 대지	44-6	56평	&
		249-6 대지	44-6		%
		249-7 대지	43-11 14평9합 &		

지형도 내 표기: 249번지가 분할되었을 때의 지번 — 249-5 대, 249 대, 249-6 대, 249-2 대, 249-1 대, 249-7 대, 249-3 대, 249-4 도

\# <표 Ⅲ-1-1-3> '바뀐 지번 찾기'에 안 나와 있음.
& 종로구청 지적과에 해당 지번 토지대장 보존되어 있음.
% 종로구청 지적과에서 해당 지번 토지대장 못 찾았음.
* <표 Ⅲ-1-1-3> '바뀐 지번 찾기'에 조선일보의 '창간사옥 터'기사에서
   창간사옥 터의 현재 지번으로 언급된 '관철동 43번지 12호'가 나와 있지 않음.

이전의 '249번지'가 '42-3번지'로, '249-2번지'와 '249-3번지'가 '43-9번지'로, '249-5번지'와 '249-6번지'가 '44-6번지'로, '249-7번지'가 '43-11번지'로 바뀌게 되었다. 이전의 '249-1번지'와 '249-4번지'가 어떻게 되었는지는 나와 있지 않다.

'바뀐 지번 찾기'에는 조선일보의 '창간사옥 터' 기사에서 창간사옥 터의 현재 지번으로 언급된 '관철동 43번지 12호'는 나와 있지 않다.

위 <표 III-1-1-2>와 <표 III-1-1-3>에서 옛 관철동 249번지가 현재의 지번으로 어떻게 바뀌어 있는가를 대체로 알게 되었다.

자료에 빈 곳이 두 곳 있기는 하지만, <표 III-1-1-3> 속 지적도에서 볼 수 있듯이 그 빠져있는 곳의 하나인 '249-1번지'는 자료에 나와 있는 '249-3번지'의 동쪽과 남쪽을 좁고 길게 감싸고 있고, 빠져있는 다른 한 곳인 '249-4번지'는 자료에 나와 있는 '293-2, 3, 6, 7번지'의 중간에 길게 나 있는 도로이기 때문에 이들 두 지번에 관한 자료가 빠져있어도 옛 249번지 터 지형의 외형을 추정해 보는 데는 부족할 것 같지 않다.

<지적도 III-1-1-2>에서 '바뀐 지번 찾기'의 자료를 2004년 지번안내도에 대입해 봄으로써 옛 249번지 터의 위치를 추정해 보는 작업을 해 보았다.

'A'에는 '2004년 지번안내도'가 제시되어 있는데 이 지번도의 제작년도가 2004년이기는 하지만 그 뒤로 변동이 없었기 때문에 이 글을 쓰고 있는 2010년 현재의 지번도(地番圖)로 보아도 된다. 'B'에는 '폐쇄지적도'에 나와 있는 옛 관철동 249번지 지형이 제시되어 있다.

앞에서 이미 검토해 본 바 있듯이 '바뀐 지번 찾기'에 옛 249번지였던 터에 속했던 곳으로 현재의 42-3번지, 43-9번지, 43-11번지, 44-6번지 네 곳이 나와 있다. 이들 네 곳 가운데 44-6번지는 2004년 지번안내도에 안 나와 있어서, 옛 249번지에 속했던 곳으로서 2004년 지번도에 대입해 볼 수 있는 곳은 42-3번지, 43-9번지, 43-11번지 세 곳만이 된다.

<지적도 III-1-1-2>의 'A'에 이들 3곳, 즉 '바뀐 지번 찾기'에서 옛 249번지 터에 속해 있었던 곳으로 나온 42-3, 43-9, 43-11 3곳이 표시

되어 있다. 종로구청 지적과에서 옛 249번지의 근간이었다고 한 '43-12
번지'도 점선 사각형으로 표시되어 있다.('조선일보 창간호, 청계천 변
한옥서 찍었다', 『조선일보』, 2006년 1월 6일자 A12)

　연구자가 현재까지 찾은 자료가 충분치 못해서이겠지만, 찾은 지적자
료들을 현재의 지적도 위에 대입을 해 본 'A' 지적도에서 'B'의 옛 관
철동 249번지 지형이 복원이 안 되고 있다.

　때문에 조선일보(朝鮮日報) 창간사옥이 있었던 옛 관철동 249번지 터
의 현재 위치를 찾기 위해서는 다른 접근이 필요하게 되었다.

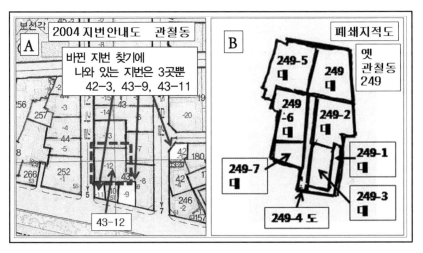

〈지적도 III-1-1-2〉 "바뀐지번찾기"에 나와 있는 자료를 사용해서 조선일보
　　　창간사옥 터인 옛 "관철동 249번지"의 현재의 위치를 추정해보기 위한 작업

　이 문제를 풀어줄 수 있는 실마리는 가까운 데서 발견되었다. 관철동
에 지번(地番)과 지형(地形)이 옛날의 것과 똑같이 변하지 않고 있는 지
역이 눈에 들어왔다. 현재의 지번도 위에 옛날의 지번도를 포개 얹어,
지번과 지형이 동일한 이 지역을 일치시키면 옛 관철동 249번지 터의
현재 위치를 알 수 있게 된다.

108

이 방법으로 조선일보 창간사옥 터의 현재 위치를 찾는 과정이 <지적도 III-1-1-3>과 <지적도 III-1-1-4>에 제시되어 있다.

〈지적도 III-1-1-3〉 종로구 관철동에서 지번과 지형이
전혀 바뀌지 않고 옛날과 같이 그대로 유지되고 있는 지역

우선 <지적도 III-1-1-3>을 보자. 'A'는 옛 관철동 249번지가 나와 있는 '폐쇄지적도'이고 'B'는 '2004년 지번안내도'(2010년 현재까지 지번 지형 변동 없음)이다.

'A'와 'B' 두 지적도 위에 지번과 지형이 동일한 구역이 점선 사각형으로 표시되어 있다. 'A-1'과 'B-1'은 해당 구역을 확대해 지번과 지형을 보다 분명히 보이게 한 것이다.

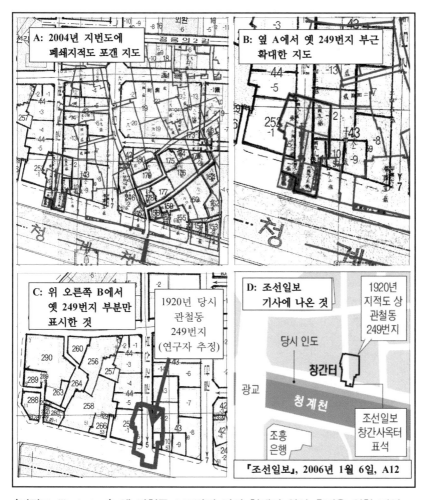

〈지적도 Ⅲ-1-1-4〉 옛 관철동 249번지 터의 현재의 위치 추정을 위한 작업:

 "A":지번과 지형이 안 변한 부분을 기준으로 "2004년 지번안내도" 위에
　　　옛 "관철동 249번지"가 들어 있는 "폐쇄지번도"를 포갬으로서
　　　그 지번이 사라진 현재의 지번도에서 朝鮮日報 창간사옥 터였던
　　　옛 관철동 249번지 터 위치를 추정키 위한 작업.
 "D": 조선일보의 "창간사옥 기사"에 나온 약도.

'A-1'과 'B-1'의 음영이 주어진 터의 지번과 지형을 비교해 보면, 'B-1'의 최근 지적도에서 위쪽에 길이 새로 나서 대지들의 일부가 잘려 나간 것과 아래쪽 청계천 변의 도로가 확장되어 대지들의 일부가 잘려 나간 것을 제외하고는, 'A-1'과 'B-1' 두 지번도 사이에 지번과 지형 그리고 골목길까지 전혀 바뀌지 않고 있음을 확인할 수 있다. '폐쇄지적도'의 160번지와 161번지가 통합이 되어 '2004년 지번안내도'에는 160번지로 되어 있어 차이가 있기는 하지만 두 지번을 합친 지형은 바뀌지 않고 있다.

<지적도 Ⅲ-1-1-4>에는 앞의 <지적도 Ⅲ-1-1-3>에서 제시한 '지번과 지형이 옛날과 동일한 지역'을 기준으로 맞추어 옛 '폐쇄지번도'를 '2004년 지번안내도' 위에 포개 놓음으로서 '폐쇄지번도'에 나와 있는 '관철동 249번지' 터의 현재 위치를 추정해 보는 작업이 제시되어 있다.

<지적도 Ⅲ-1-1-4>의 'A'에서 행한 두 지번도를 포개는 작업에는 '포토샵' 프로그램이 활용되었다.('포토샵' 작업, 아래 <참고>를 참조)

<참고: 포토샵 작업>

* 우선 '포토샵' 메뉴의 '파일'을 클릭 -> '신규'를 클릭 -> 배경을 '투명'으로 지정해 놓고 '승인' 클릭.
* 메뉴의 '파일'을 클릭 -> '열기'를 클릭 -> '폐쇄지번도'를 불러옴.
* '투명' 작업창 위에 '폐쇄지번도'를 끌어다 올려놓음.
* '폐쇄지번도'에서 '선(線)'은 그대로 놓아둔 채, '면(面)' 부분을 모두 투명으로 함.
* 메뉴의 '파일'을 클릭 -> '열기'를 클릭 -> '2004년 지번안내도'를 불러옴.
* '2004년 지번안내도' 위에 '線만 남고 面을 투명으로 한 폐쇄지번도'를 끌어다 포개놓음.
* '面 투명 폐쇄지번도'의 높이와 넓이를 동일비율로 조정하면서 그와 함께 상하좌우로 옮기거나 약간씩 회전시키면서 '지번과 지형이 동일한 부분'이 밑에 깔려있는 '2004년 지번안내도'의 그 부분과 완전히 겹치게 함.
* 이렇게 두 지적도가 겹치게 되면 축척과 방향이 같아지기 때문에 '폐쇄지적도' 상에서의 '관철동 249번지'가 겹쳐져 있는 곳이 조선일보 창간사옥이 있었던 옛 '관철동 249번지' 터가 됨. (2004년 지번안내도 상에서의)

‘B’는 ‘A’의 포개진 지적도에서 옛 ‘관철동 249번지’ 터 부근을 떼어서 확대해 놓은 지적도 이다.

‘C’는 ‘B’에서 옛 ‘관철동 249번지’ 터만을 표시해 놓은 지적도이다. 옛 ‘관철동 249번지’ 터의 현재 위치를 분명하게 확인할 수가 있다.

일련의 ‘포토샵’ 작업 끝에 얻어진 ‘C’에서 보면, 조선일보 창간사옥이 있었던 옛 ‘관철동 249번지’ 터는, 현재의 지적도상에서 ① ‘43-12’의 서쪽 1/3, ② ‘43-10’의 서쪽 상단 약간, ③ ‘43-11’ 전체, ④ 위 세 지역 서쪽의 ‘보신각 길’, ⑤ 그 서쪽 ‘44-5’의 동쪽 하단 모퉁이 약간, ⑥ ‘252-1’의 동쪽 1/3, ⑦ 청계천 북쪽 변의 인도와 차도, 이렇게 여러 지번에 걸쳐있음을 보여주고 있다.

‘D’는 조선일보 2006년 1월 6일자 A12면의 ‘조선일보 창간호, 청계천 변 한옥서 찍었다’라는 기사에 나와 있는 약도인데, 현재의 지도 위에 조선일보 창간사옥 터를 표시해 넣음으로써, 관심 있는 사람들의 경우 그 위치를 쉽게 알아볼 수 있게 해 놓고 있다.

‘포토샵’ 프로그램으로 옛 ‘폐쇄지적도’와 현재의 지적도인 ‘2004년 지번안내도’를 포개는 작업 끝에 얻어진 ‘C’와 조선일보 기사에 나온 ‘D’를 대비해 볼 때 별다른 큰 차이가 없다.

다만 ‘C’쪽에 나와 있는 옛 ‘관철동 249번지’ 추정지가 ‘D’쪽의 그것보다 약간 서쪽으로 되어 있고 청계천 변 인도와 차도(車道)로 좀 더 나와 있는 것 정도의 차이가 있음을 볼 수는 있다.

조선일보 창간사옥의 모습은 어떠했을까? 창간사옥 사진을 아직까지 찾지 못했고, 그 무렵 그 부근의 모습을 보여주는 사진도 아직 찾지를 못하고 있어 알 수가 없다. 조선일보 2006년 1월 6일, A12면의 ‘창간사옥 터’ 기사에도 사진은 없고, ‘조선일보 첫 사옥은 ‘□’자 구조의 기와집’이었다는 추정과 함께, 창간사옥 건물을 ‘가상(假想)해서 그린 그림’

만을 싣고 있다.

　<사진 Ⅲ-1-1-1>에 조선일보가 창간호를 냈던 곳으로 추청 되는 터와 그 주변의 2010년 여름의 모습 사진과 '조선일보 창간사옥 터' 표석이 제시되어 있다.

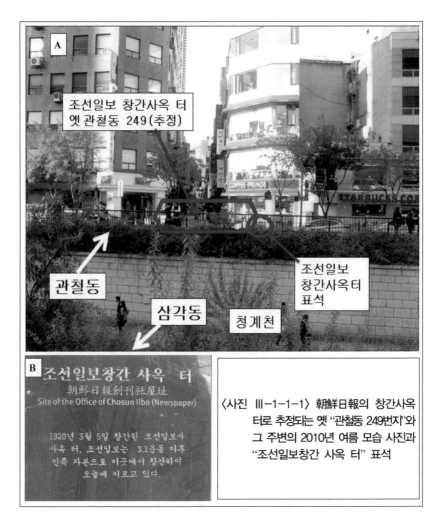

〈사진 Ⅲ-1-1-1〉 朝鮮日報의 창간사옥 터로 추정되는 옛 "관철동 249번지"와 그 주변의 2010년 여름 모습 사진과 "조선일보창간 사옥 터" 표석

　조선일보는 '관철동 249번지'에서 신문을 창간 발행해오다가 1개월 20여일 만에 발행소를 청계천 바로 건너 '삼각동 71번지'로 옮기게 된다.

② 조선일보(朝鮮日報) 두 번째 사옥 터:
중구 삼각동 71번지: 1920년 4월 29일~1921년 4월

조선일보(朝鮮日報)는 1920년 4월 하순에 사옥을 삼각동 71번지 터로 옮겼다. 이 두 번째 사옥에서는 1년간 신문을 발행했다.

<토지대장 Ⅲ-1-1-2>에 '삼각동 71번지' 터의 대지면적과 소유권자 및 소유권이전에 관한 구토지대장(舊土地臺帳) 자료가 제시되어 있다.

대지 면적이 196평인 이 터는 1912년 12월에 토지 사정이 이루어졌고 그 당시의 소유주는 한용식(韓龍植)이었는데, 1920년 7월 소유권이 조진태(趙鎭泰)와 예종석(芮宗錫)에게로 넘어 갔고, 1921년 2월에 소유권이 다시 한성은행(漢城銀行)으로 넘어갔다.

소화 10년	대정 12년	대정 10년 2월	대정 9년 7월	대정 9년 6월	대정 元년 말	년 월 일
1935	1023	1921	1920	1920	1912	西紀
소유권이전	소유권이전	소유권이전	소유권이전	소유권보전	査定	事故
京城興産株式會社	俞致衡	한성은행	趙鎭泰 芮宗錫		韓龍植	소유주

〈토지대장 Ⅲ-1-1-2〉
조선일보(朝鮮日報)의 두 번째 사옥 터인 삼각동 71번지의 구토지대장

114

조선일보가 이곳 두 번째 사옥에서 신문을 발행한 기간이 1920년 4
월 말부터 1921년 4월까지였으니까, 그 1년 동안의 이 터 소유주는 처
음에는 한용식, 다음에는 조진태와 예종석이었고, 소유권이 한성은행으로
넘어간 직후, 조선일보는 세 번째 사옥으로 이전을 한 것으로 생각된다.
　조선일보(朝鮮日報) 두 번째 사옥 터였던 옛 '중구 삼각동 71번지'의
현재 위치가 어디쯤일까를 추정해 보기 위한 작업이 <지적도 Ⅲ-1-1-5>
에 제시되어 있다.
　<지적도 Ⅲ-1-1-5>의 'A'는 1929년판 '경성부 일필매 지형명세도'이
고, 'B'는 1959년판 '지번구획입 대서울정도'이고, 'C'는 2010년판 '서
울시 GIS 지도'이다.

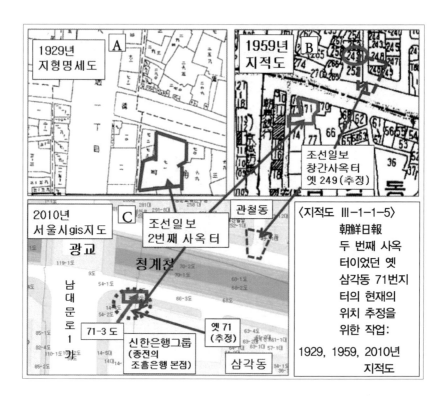

‘A’에 삼각동 71번지의 위치와 지형이 나와 있다. 구토지대장에 조선일보가 여기에서 신문을 발행하던 1920-21년 당시 이 터의 면적이 196평으로 나와 있는 것으로 보아, 이 지형도가 그보다 8년쯤 뒤의 것이기는 하지만 그간에 변동이 없었던 것으로 생각이 된다.

‘B’의 1959년 지적도에도 삼각동 71번지가 나오는데 1929년 당시 지형도의 것과 비교해 볼 때 변동이 없는 것으로 나타나 있다.

‘C’의 2010년 서울시 GIS 지도에서는 삼각동 71번지는 사라지고, 삼각동 71번지의 흔적이 ‘71-3도’로만 남아 있다. 옛 삼각동 71번지 터가 신한은행(前 조흥은행)터와 넓어진 도로에 들어가 있음을 알 수가 있다.

2010년 서울시 GIS 지도 위에 점선 원으로 조선일보 두 번째 사옥 터의 현재 위치를 추정해 보았다.

〈사진 Ⅲ-1-1-2〉 朝鮮日報의 두 번째 사옥 터로 추정되는
옛 "삼각동 71번지"의 현재 위치와 그 주변 모습 사진
창간사옥 터로 추정되는 곳이 청계천 바로 건너에 있다.

조선일보 두 번째 사옥의 경우도 창간사옥의 경우와 같이 그 건물 사진이나 당시 그 주변 사진을 아직 찾지 못했다.

<사진 Ⅲ-1-1-2>에 조선일보 두 번째 사옥이 있었던 곳으로 추정되는 옛 삼각동 71번지 터 주변의 2010년 여름 현재 사진이 제시되어 있다.

<사진 Ⅲ-1-1-2>에서 광교 바로 옆 신한은행 빌딩과 청계천 사이 도로 위에 실선 사각형으로 표시되어 있는 곳이 조선일보 두 번째 사옥 터로 추정되는 곳이다. 청계천 건너편에 점선 타원으로 표시해 놓은 곳이 조선일보 창간사옥 터 추정지이다.

③ 조선일보(朝鮮日報) 세 번째 사옥 터:
중구 수표동 43번지: 1921년 4월 9일~1926년 7월

조선일보(朝鮮日報)는 옛 삼각동 71번지의 두 번째 사옥에서 1년간 신문을 발행하다가, 1921년 4월 초 사옥을 다시 '수표동 43번지'로 옮겨 갔다. 조선일보는 세 번째 사옥 터인 이곳 수표동 43번지에서는 5년 좀 넘게 머물러 있었다.

<토지대장 Ⅲ-1-1-3-1>에 조선일보의 세 번째 사옥 터인 '수표동 43번지'의 구토지대장(舊土地臺帳)이 제시되어 있다.

이 구토지대장에서 보면 '수표동 43번지'는 그 터의 면적이 341평으로서, 1912년(명치45년)에 토지 사정이 있었는데 당시 소유주는 박명환(朴明煥)이었다. 5년 뒤인 1917년에는 토지소유권이 박재호(朴載灝)에게로 넘어갔고, 1년 뒤인 1918년 4월에는 일본인 소유로 넘어 갔다가, 3개월 뒤인 1918년 7월에는 이 터가 우리나라 사람 이덕규(李德圭)의 소유로 넘어갔다.

'수표동 43번지' 터는 그로부터 3년이 채 안 된 1921년 3월에 친일파 거두의 한 사람인 송병준(宋秉畯)이 소유권을 취득하고, 4년 9개월 뒤인 1925년 12월에는 송병준의 아들 송종헌(宋鍾憲)이 토지 소유권을 이어받게 된다.

이 터는 송종헌이 소유권을 이전받은 뒤 1년이 채 안 된 1926년 11월에 일본인에게로 소유권이 넘어가게 된다.

조선일보가 수표동 43번지로 사옥을 옮긴 것이 1921년 4월이었는데, 송병준이 이 터의 소유권을 취득한 것이 1921년 3월이었으니까, 조선일보는 송병준이 이 터를 매입한 지 1개월 만에 송병준 소유 건물로 이전해 들어간 것이다.

조선일보는 1926년 7월에 이곳 중구 수표동 43번지를 떠나, 네 번째 사옥인 '종로구 견지동 111번지'로 이전을 했다. 조선일보가 수표동 43번지의 세 번째 사옥에서 떠난 시점은 이 터를 송병준의 아들인 송종헌이 일본인에게 넘겨 준 지 7개월 뒤가 된다.

	소화11년	대정15년11월	대정14년12월	대정10년3월	대정7년7월	대정7년4월	대정6년	명치45년	년월일
西紀	1936	1926	1925	1921	1918	1918	1917	1912	
事故	소유권이전	소유권이전	소유권이전	소유권이전	소유권이전	소유권이전	査定		
소유주	玄容健	高村甚一	宋鐘憲	宋秉畯	李德圭	五味安太郎	朴載灝	朴明煥	

〈토지대장 Ⅲ-1-1-3-1〉
조선일보(朝鮮日報)의 세 번째 사옥 터인 수표동 43번지의 구토지대장

조선일보(朝鮮日報)는 창간 이래로 경영에 큰 어려움을 겪어오던 중 신문의 판권이 '1921년 4월 8일' 송병준에게 넘어갔고, 송병준의 아들 송종헌이 신문의 경영을 맡아왔으나 신문경영이 채산성이 없음을 깨달은 송병준은 신문의 판권을 '1924년 9월 13일' 민족진영의 신석우(申錫雨)에게 넘기게 된다.(김민환, 1996, pp. 215-6)

조선일보가 '견지동 111번지'의 네 번째 사옥으로 이전한 것이 1926년 7월이었으니까 조선일보는 판권이 송병준에게서 신석우에게로 넘어온 1924년 9월 뒤에도 터의 소유권이 송병준과 그 아들 송종헌에게 있었던 수표동 43번지에서 1년 10개월여를 더 신문발행을 했었음을 알 수 있다.(송병준은 1925년에 사망/ 송종헌은 1949년에 사망)

조선일보(朝鮮日報)가 1921년 4월부터 1926년 7월까지 5년 3개월 동안 신문을 발행했었던 세 번째 사옥 터인 옛 수표동 43번지의 현재 위치는 어디일까?

<지적도 III-1-1-6>에 조선일보 세 번째 사옥 터였던 옛 수표동 43번지 터의 현재 위치 추정을 위한 작업이 제시되어 있다.

'A'는 조선일보가 사옥을 견지동으로 옮기고 2년여가 지난 1929년 당시의 '수표동 43번지' 일대의 지형도이다. 당시의 수표동 43번지 터가 굵은 실선으로 표시되어 있다.

'B'는 1959년 지적도인데, 수표동 43번지 터가 지형에 거의 변동이 없이 그대로 유지되어 있음을 볼 수 있다.

'C'는 2010년 서울시 GIS 지도이다. 'B'의 1959년 지적도에서 '장교동'이란 글씨가 적혀있는 도로가 2010년 지도에서는 '삼일로'로 이름이 바뀌어 있고, 1959년 지적도에서 '수표동'이란 글씨가 적혀있는 도로가 2010년 지도에서는 '수표다릿길'로 이름이 바뀌어 있다. 1959년 지적도에서의 '청계천'과 '수표동길' 그리고 2010년 GIS 지도에서의 '청계천'과 '수표다릿길'을 기준으로 두 지적도를 대비해 보면 1959년 당시 '43

번지' 터가 2010년에는 '11-9번지'로 지번이 바뀌어 있음을 볼 수 있다.

옛 수표동 43번지는 서울시가 인터넷으로 제공하는 '바뀐 지번 찾기'에 '데이터가 구축되어 있지 않습니다.'로 나와 있어서 위에서와 같이 지적도를 대비해 도로 등을 기준으로 옛 터의 위치를 추정하는 방법을 택해 보았다.

2010년 서울시 GIS 지도에서 '삼일교'로 나와 있는 다리의 옛 이름은 '장교' 혹은 '장통교'였었다. 2010년 지도에 '수표교'가 나와 있는데 이는 원래 현재보다 수m 상류의 '수표다릿길'과 이어져 놓여 있었다.

조선일보 세 번째 사옥(1921년 4월 9일~1926년 7월)이 있었던 옛 수표동 43번지가 구토지대장에 341평으로 나와 있고, 지적도들 간의 대

비를 통해 세 번째 사옥 터로 추정한 현재의 '수표동 11-9'(<지적도 Ⅲ-1-1-6> 참조)가 1964년경의 지적변동사항을 보여주는 토지대장에는 303평으로 나와 있어(<토지대장 Ⅲ-1-1-3-2> 참조), 그 면적이 거의 비슷한 것도, 위에서의 추정이 맞음을 뒷받침해주는 것으로 볼 수 있을 것 같다.

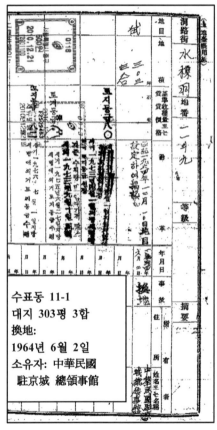

수표동 11-1
대지 303평 3합
換地:
1964년 6월 2일
소유자: 中華民國
　　　駐京城 總領事館

〈토지대장 Ⅲ-1-1-3-2〉
朝鮮日報의 세 번째 사옥 터
추정지인 수표동 11-9번지의
1960년대 중반 구토지대장

조선일보 사사(社史)에 두 번째로 이전한 세 번째 발행소가 들어 있었던 옛 수표동 43번지 터의 건물 사진이 나와 있다.

<사진 Ⅲ-1-1-3>의 'A'에 조선일보 수표동 발행소 건물 사진이 제시되어 있다. 사진 상태가 선명치 않아 그 건물의 구조를 스케치 해본 것이 'A-1'에 제시되어 있다.

이 사진에서 보면 그 건물이 전통 한옥은 아니고 2층 집이었다는 것을 알 수 있다.

건물 2층 벽면에 걸린 간판의 글씨가 잘 판독은 안 되지만 확대해 보면 '苑 ? 樓'로 추정되기도 한다.

조선일보(朝鮮日報)가 이 건물에 들어 있을 때 사장실은 '2층에 있는 온돌 방'[10]에 있었던 것으로 알려져 있다. 편집국 등

---

10) 조선일보사, 『조선일보 역사 단숨에 읽기 1920~』, 2004, p. 30.

수표동에 있던 조선일보 사옥
『朝鮮日報七十年史』,
第一卷, 1990, p. 108

〈사진 Ⅲ-1-1-3〉 옛 "수표동
43번지"에 있던
朝鮮日報 세 번째
사옥 사진 (A)과
스케치(A-1) 그리고
2010년 5월 현재
그 터와 주변의
사진(B)

청계천

2010년 5월 31일
오인환

조선일보 사옥 터
옛 수표동 43
현 수표동 11-9

수표다릿길

사무실은 아마도 1층에 있었을 것 같다.

조선일보는 창간 1개월여 만인 1920년 4월 하순 삼각동 71번지의 두 번째 사옥으로 이전을 했는데, 이전 1개월 후인 1920년 5월 말 '평판 인쇄기'를 도입[11]했고, 수표동으로 이전한 뒤 3년째인 1924년 4월 초에 '미리노니식 윤전기'를 도입[12]했다.

이들 인쇄기가 그리 큰 것이 아니었기 때문에 신문인쇄 공장이 신문 발행소 건물 1층에 있었을 것으로 생각된다.

<사진 Ⅲ-1-1-3>의 'B'에 옛 주소로 '수표동 43번지'였던 곳의 2010년 5월 하순 현재의 모습 사진이 제시되어 있다.

지금의 주소로 '수표동 11-9'인 이곳은 청계천의 남측 도로인 '청계천로'(청계천 북측 도로도 '천계천로'로 불림)와 '수표다릿길'이 만나는 모퉁이의 '수표다릿길' 동편에 위치해 있는데, 'B' 사진에서 보듯이 이 주소지에는 여러 공구상(工具商)들이 밀집해 있다.

④ 조선일보(朝鮮日報) 네 번째 사옥 터:
종로구 견지동 111번지: 1926년 7월 5일~1933년 4월

조선일보(朝鮮日報)는 '수표동기(期)' 중기를 넘어선 1924년 9월 중순 민족진영의 신석우(申錫雨)가 신문발행 판권을 송병준에게서 인수한 뒤 사옥의 이전을 계획 준비해 오다가 1926년 7월 '종로구 견지동 111번지' 터에 새로 지은 2층 벽돌 양옥 건물로 창간 이래로 세 번째의 이전을 했다.

<토지대장 Ⅲ-1-1-4>에 견지동 111번지의 '구(舊)토지대장'이 제시되어 있다. 견지동 111번지는 대지로서 1912년에 사정(查定)이 이루어졌고 당시 소유주는 김규진(金圭鎭)이었다. 이 터의 소유권은 그 뒤 세 차례 일본인들에게 넘어갔다가 1925년 6월 우리나라 사람 최선익(崔善益)에게

---

11) 김민환, 『한국언론사』, 사회비평사, 1996, p. 214.
12) 김민환, 1996, p. 215.

로 넘어 왔다.

최선익은 조선일보 판권을 신석우가 인수한 뒤 사장 이상재, 부사장 신석우, 발행 겸 편집인 김동성, 주필 안재홍, 편집국장 민태원, 영업국장 홍증식으로 새로 짜인 진용에서 공장장을 맡았던 사람이었다.

'견지동 111번지' 터의 소유권은 1936년 9월에 여운형(呂運亨)의 조선중앙일보사(朝鮮中央日報社)로 넘어갔고 2년 뒤인 1938년 10월에는 대동광업(大同鑛業)으로 넘어갔다.

조선일보는 1933년 4월에 '연건동 195번지'로 이전을 했고, 조선일보사가 있었던 견지동 111번지 이 건물에는 조선중앙일보사(朝鮮中央日報社)가 들어와 1937년 11월 초까지 4년 6개월여 신문을 발행했었다.

조선일보(朝鮮日報)는 견지동 111번지에서 신문을 발행하던 시기 말기에 재정상의 어려움에서 비롯된 분규로 신문이 2곳에서 발행되는 파행을 겪었다.

이 파행은 조선일보에 판권을 담보로 운영자금을 대주던 임경래(林景來)가 1932년 6월 초 담보권을 집행해 발행인으로 취임하였는데, 사원들의 강력한 반발에 부딪혀 회사에 들어서지 못하게 되자, 당시 '명치정 2정목 82번지' 동순태(同順泰) 빌딩에서 별도의 조선일보를 발행하기 시작한데서 벌어지게 되었다. 임경래를 몰아낸 사원들은 견지동 사옥에서 안재홍(安在鴻)을 발행인으로 조선일보를 계속 발행해 나갔다.[13] (옛 동순태 빌딩이 있던 곳의 위치에 관해서는 뒤에 나오는 최남선(崔南善)의 시대일보(時代日報)에 관한 부분에서 자세히 다루어지게 된다.)

조선일보가 견지동(堅志洞)과 명치정 2정목(현 명동 2가) 두 곳에서 별도로 발행되던 이 파행은 4개월여 계속되다가, 1932년 11월 하순 조만식(曺晩植)을 사장으로 임경래를 부사장으로 한 통합 조선일보가 견지동 사옥에서 발행되게 됨으로써 일단락되었다.

---

13) 김민환, 1996, p. 216.

　조선일보(朝鮮日報)는 이 분규 수습 4개월 뒤인 1933년 3월 하순에 방응모(方應謨)가 신문의 경영권 일체를 인수하게 되는 것을 계기로 획기적인 전기를 맞게 되었다.

　조선일보는 방응모(方應謨) 체제가 뿌리를 내리기 시작하면서 '태평로 1가'에 자체의 사옥을 신축하기 위한 작업에 들어갔으며, 1933년 4월 하순 견지동 사옥을 떠나 다섯 번째 사옥인 연건동(蓮建洞) 사옥으로 잠시 이전을 하게 된다.

소화13년	소화11년9월	소화7년	昭和5年	대정14년6월	대정14년2월	대정10년	대정9년	大正元年	년월일
1938	1936	1932	1930	1925	1925	1921	1920	1912	西紀
소유권이전	소유권이전	주소변경/60번지 中央日報社	주소개칭	소유권이전	소유권이전	소유권이전	소유권이전	査定	事故
大同鑛業	朝鮮中央日報社			崔善益	鍋島直庸	秀島?	阿賀忠一	金圭鎮	소유주

〈토지대장 III-1-1-4〉
조선일보(朝鮮日報)의
네 번째 사옥 터인 견지동
111번지의 구토지대장

조선일보(朝鮮日報)의 견지동 사옥이 있었던 곳의 위치는 어디일까?

조선일보 네 번째 사옥이 있었던 곳은 '견지동 111번지'인데 이 터의
위치는 <지적도 Ⅲ-1-1-7>에서 보듯이 그때 이래 현재까지 아무런 변동
이 없었다.

<지적도 Ⅲ-1-1-7>의 'A'는 1929년 지형도이고, 'B'는 1959년 지적도
이고, 'C'는 2004년 지번안내도인데, 견지동 111번지의 지번과 위치가
바뀌지 않고 있음을 볼 수 있다. 현재의 '견지동 111번지' 터에서 조선
일보(朝鮮日報)는 1926년 7월에서 1933년 4월까지 신문을 발행했었다.

126

　조선일보(朝鮮日報) 견지동 사옥의 1930년대 초 사진과 그 사옥 건물의 2010년 현재의 사진이 <사진 Ⅲ-1-1-4>에 제시되어 있다.

　'A'의 사진은 일본전보통신이 발행한 『신문총람(新聞總覽)』 1932년판에 나와 있는 조선일보사 사진이다. 'B'의 사진은 2009년 8월에 찍은 것이지만 이 글을 쓰고 있는 2015년 현재 조선일보 옛 사옥이었던 이 건물에는 아무런 변동이 없다.

　견지동 111번지의 이 건물은 서울시에 의해 '근대건축물'로 지정이 되어 있어서 건물의 외형에 관한 한 원래의 모습이 보존이 되도록 되어 있는 건물이다. 2015년 현재 농협지점이 들어 있다.

　1926년 건축된 이 건물은 원래 조선일보(朝鮮日報)의 네 번째 사옥(1926년 7월~1933년 4월)이었다가 조선중앙일보(朝鮮中央日報)가 뒤이어 사옥(1933~1937년 11월)으로 사용하게 된 건물인데, 이 건물 앞에 세워진 표석에는 조선일보에 관한 언급은 없고 조선중앙일보의 발행소로만 나와 있다.

〈사진 Ⅲ-1-1-4〉 朝鮮日報가 1926년 7월부터 1933년 4월까지
　　　　　신문을 발행했던 견지동 111번지 터의 네 번째 사옥 사진
이 건물은 2012년 현재 건물 외형이 그대로인체 보존되어 있음.

일제의 식민치하에서 경성(京城)에서 발행되던 신문들 가운데, 일본인 발행 신문과 한국인 발행 신문을 통틀어, 신문사 사옥이 2018년 현재까지 보존되어 있는 것은 이곳 '견지동 111번지'의 조선일보(朝鮮日報)와 조선중앙일보(朝鮮中央日報)의 옛 사옥 건물과 '세종로 139번지'의 동아일보(東亞日報) 옛 사옥 건물 둘뿐이다.

조선일보(朝鮮日報)의 견지동 발행소에 관한 자료 가운데, 발행소 주소가 '견지동 21번지'로 나와 있는 것이 2건 발견되었다. 그러나 조선일보 발행소가 한때 '견지동 21번지'에 있었다는 기록은 조선일보 사사(社史)에서 찾지를 못했고, '인터넷 조선일보 아카이브'에서 해당 연도와 기간의 조선일보 영인본에서도 찾지를 못했다. '인터넷 조선일보 아카이브' 해당 기간 영인본의 제호 밑 발행소 자료에는 모두 '견지동 111번지'로 나와 있었다.

좀 더 알아보아야 할 것 같다.('견지동 21번지'에 관한 자료, 아래 <참고>를 참조)

〈참고: 조선일보 발행소가 견지동 21번지로 나와 있는 자료〉

조선일보(朝鮮日報)의 견지동(堅志洞) 사옥 터의 지번이
　　1932년판 『신문총람』에는 '견지동 111번지'로 나와 있는데, 계훈모(桂勳模)의 『한국언론연표(1881-1945)』 p.615(아래)에는 조선일보(朝鮮日報) 발행소의 지번이 1932년 4월 1일 현재 '견지동 21번지'로 나와 있다.
　　『조선연감』 1934년판(아래)에도 '견지동 21번지'로 나와 있다.

조선일보(朝鮮日報) 사옥은 1926년 7월 13일 '견지동 111번지'로 옮겨서
　　1933년 3월까지 '견지동 111번지'에 있었는데,
　　1932년 4월 이전(以前)에 한때 '견지동 21번지'로 옮겼다가 다시 '견지동 111번지'로 돌아온 것인지?
이를 확인해 보기 위해 '인터넷 조선일보 아카이브'에서
　　조선일보(朝鮮日報) 영인본 1932년 4월 3월 2월 1월분의 제호(題號) 아래 나와 있는 발행소 주소를 찾아보았으나 모두 '견지동 111번지'로 나와 있다.

『조선연감』 1934년판에도 조선일보(朝鮮日報) 발행소가 '견지동 21번지'로 나와 있는데 이 연감 1934년 자료는 1933년 말 또는 1934년 초 당시의 것이겠는데, '인터넷 조선일보 아카이브'에서 그 기간의 조선일보 발행소 주소를 확인해 보았으나 모두 '견지동 111번지'로 나와 있다.

〈참고: 계속〉

朝鮮內發行新聞一覽表					新聞				
每 日 申 報	1906. 2.	日刊	一般時事	國文	京畿	京城府太平通一丁目三一의二		金 善 欽	中尾龍夫
中外醫藥申報	1908. 8.25	月刊	醫藥에關한記事	同	同	南大門通一丁目一二七		趙 鍾 國	趙 鍾 國
朝 鮮 日 報	1920. 1.6	日刊	一般記事	國文日文	同	同 堅志洞二一		安 在 灝	安 在 灝
東 亞 日 報	1920. 1.6	同	同	國文英文	同	同 光化門通一三九		宋 鎭 禹	宋 鎭 禹
中 央 日 報	1924. 9.18	同	同	國文	同	同 堅志洞六〇		盧 正 一	盧 正 一
民 衆 新 聞	1930. 1.29	同	一般時事	國文日文	同	同 公平洞五四		李 炳 烈	金 錫 泰
南鮮經濟日報	1924. 11.19	同	一般經濟時事	國文日文	慶北	慶北大邱府京町一丁目三四		韓 翼 東	韓 翼 東
大 東 新 報	1922. 5.27	週刊	一般時事	國文	平南	平南平壤府慶上里二一		李 晸 煥	鮮 于 筍

(原典에는 新聞·通信·雜誌가 一括收錄되었으나 雜誌는 第2部에 미뤄있음 〈朝鮮總督府警務局發行 ‘朝鮮內發行新聞紙一覽表〉 1932年4月1日現在. 19.5×50cm)

자료: 桂勳模, 〈韓國言論年表(1881-1945)〉, 1979, p. 615.

〈朝鮮總督府警務局發行 "朝鮮內發行新聞紙一覽表" 1932年4月1日現在〉

朝 鮮 人 發 行 之 部				發行人	代表者
新 聞					
每 日 申 報	日刊	鮮 文	京城府太平通1丁目3ノ2	金 善 欽	時實秋穗
中外醫藥申報	月刊	〃	南大門通一丁目127	趙 鍾 國	趙 鍾 國
朝 鮮 日 報	日刊	〃	〃 堅志洞21	方 應 模	方 應 模
東 亞 日 報	〃	〃	〃 光化門通139	宋 鎭 禹	宋 鎭 禹
朝鮮中央日報	〃	〃	〃 堅志洞60	崔 善 益	呂 運 亨
民 衆 新 聞	〃	鮮, 國	公平洞54	李 炳 烈	金 錫 泰
南鮮經濟日報	〃	〃	慶北大邱府京町1丁目34	韓 翼 東	韓 翼 東
大 東 新 聞	週刊	〃	平南平壤府慶上里21	李 晸 煥	李 晸 煥

〈朝鮮年鑑〉, 1934, p. 431.

‘조선일보70년사’에도 안 나오고 ‘영인본’에서도 찾을 수 없는 ‘21번지’, 이 ‘21번지’가 어디에서 나온 것일까?

혹시 총독부 경무국 출판담당 기록자가 당시의 관행인 종서(縱書)로 적은 한자(漢字) 숫자(數字) ‘一一一’을 ‘二一’로 잘못 읽고, 이것을 횡서(橫書)로 적는 문서에 ‘로마 숫자(數字)’ ‘21’로 적어 넣은 것은 아니었을까, 하는 생각도 든다.

좀 더 알아보아야 할 것 같다.

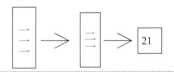

⑤ 조선일보(朝鮮日報) 다섯 번째 사옥 터:
종로구 연건동 195번지: 1933년 4월 25일~1933년 12월

조선일보(朝鮮日報)는 방응모가 경영권 일체를 인수한 직후 발행소를 '견지동 111번지'에서 '연건동 195번지'로 이전했다. 조선일보 창간 후 네 번째의 이전(移轉)으로서 연건동(蓮建洞) 사옥은 다섯 번째 사옥이 된다.

『朝鮮日報 七十年史』 제1권에 조선일보의 연건동 사옥 사진이 나와 있다. <사진과 지형도 Ⅲ-1-1-1>의 'A'에 옮겨 놓은 이 사진에서 보면, 조선일보 발행소가 들어 있던 연건동 건물은 3층 양옥이었음을 알 수 있다. 이 건물이 있던 위치가 앞의『七十年史』에 '연건동 195번지'로만 나와 있는데, 'B'의 '1929년 지형명세도'에서 볼 수 있듯이 조선일보가 연건동으로 이전해 간 1933년 이전에 연건동 195번지는 이미 여러 필지로 분할이 되어 있었기 때문에 '195번지'라는 것만으로는 그 정확한 위치를 알 수가 없다.

일제하 경성부의 지적목록이 1917년판과 1927년판 둘이 있는데, 그중에서 조선일보가 연건동으로 간 해에 가까운 1927년판을 확인해 보았다.

<지적대장 Ⅲ-1-1-5>에서 보면 1927년 당시 연건동 195번지는 1호, 2호, 3호, 4호로 분할이 되어 있는데, '195번지의 1호'가 1,342평으로 'エチ.ヂ.アンダ-ウツ-ト' 즉 '호러스 그랜트 언더우드'(Horace Grant Underwood), 한국명 원두우(元杜尤) 목사의 소유로 나와 있다.

언더우드(H. G. Underwood, 한국이름 원두우) 목사는 1885년 4월 5일에 감리교 선교사 아펜젤러와 함께 인천을 통해 한국에 최초로 입국한 미국 북장로회 선교사이다. 언더우드(元杜尤 원두우) 목사는 당시의 서울 한성(漢城)에 들어오면서 당시 중서(中署) 정동(貞洞)(현 중구 정동)에 선교를 위한 터를 잡아, 현재의 새문안교회로 발전한 교회를 시작했으며, 현재의 '경신중·고등학교'와 현재의 '정신여자고등학교'로 발전한 학교들을 세웠다. 언더우드 목사는 대학교육의 중요성을 인식하고 그 설립에 노력을 기울이던 끝에 입국 30여 년 만에 '연희전문'을 설립 현재의 '연세대학교'로 발전하는 터전을 마련했다. 경신학교와 정신학교는 정동

에서 설립된 지 얼마 지나지 않아서 창경궁 동남쪽의 연지동(蓮池洞) 지역으로 옮겨가게 된다.

조선일보(朝鮮日報)가 들어 있던 연건동 건물이 양옥이고 그 건물 터 지번이 195번지라고 했는데, 지적목록에 '195번지의 1호'가 언더우드 목사의 소유로 나와 있어서, 관심의 건물이 있던 지번이 '연건동 195-1'이 었을 것 같은 느낌이 연구자에게 강하게 들었다.

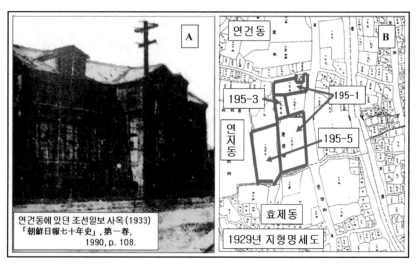

〈사진과 지형도 III-1-1-1〉 조선일보(朝鮮日報) 연건동 195번지 사옥 사진과
그 당시 연건동 195번지 지형도

〈지적대장 III-1-1-5〉 조선일보(朝鮮日報) 다섯 번째 사옥 터
'연건동 195번지'에 관한 지적자료(地籍資料)
『京城府管內地籍目錄』, 1927

지적자료 발행 년도	동 지번	지목	평수	소유자	계제면	비고 조선일보 발행소주소 및 발행기간
1927	연건동 195-1	대지	1,342	エチヂ. アンダ-ウツ-ト	p. 43	연건동 195번지 1933.4.~1933.12.
	연건동 195-2	대지	230	津川俊一郎		
	연건동 195-3	대지	92	津川俊一郎		
	연건동 195-4	대지	2	津川俊一郎		

　　종로구청 지적과에 들러 알아보니 '연건동 195-1'번지의 구(舊)토지대장이 보존되어 있었다.

　　<토지대장 Ⅲ-1-1-5>에 연건동 195-1번지의 구토지대장이 제시되어 있다.

道路	畓/道路	垈	垈	田	田	A
三二〇平	一五〇平	七五五平	一三四二平	一三四二平	一六七四平	**A** 蓮建洞一九五一
	一九五一六、一九六、一九五一二、一九七一、一九七一三 番과 合併	昭和十二年六月、	昭和三年十月分割、本番에 ∧一八∨을 붙임	昭和元年十二月分割、本番에 ∧一五∨를 붙임	大正二年四月分割、本番에 ∧一二∨를 붙임	蓮建洞一九五一

서기			1937	1928	1926		1913

B 년월일	서기		氏名又八名稱
昭和3年11月	1928	移轉所有權	國
大正7年6月	1918	所有權移轉	エツチ、エツチ、アンダーウード
大正2年4月	1913	所有權移轉	エツチ、ヂ、アンダーウード　H G Underwood　米國
大正元年12月	1912	査定	亡嚴妃

구토지대장
연건동 195-1
종로구청 발행
2010.12.21.

〈토지대장 Ⅲ-1-1-5〉朝鮮日報의 다섯 번째 사옥 터인 연건동 195-1번지의 구토지대장

'A' 부분에는 '195-1번지'가 분할되어 나간 기록이 남아 있다. 1913년에 '195-2번지'가, 1926년에는 '195-5번지'가, 1928년에는 '195-8번지'가 분할되어 나갔음을 보여준다.

'B' 부분에는 '195-1번지'의 소유권이전에 관한 기록이 나와 있다. 1912년에 사정(査定)이 이루어졌는데, 당시 이 터의 소유권자는 '망 엄비'(亡 嚴妃)로 나와 있다.

엄비(嚴妃)는 명성황후가 1895년 10월 8일 일본인 자객들에게 시해를 당하고 난 뒤 고종황제(高宗皇帝)의 계비(繼妃)가 되었다가, 일본이 한국을 무력으로 병탄한 지 1년이 채 안 된 1911년 7월에 사망했다.

연건동 195-1번지는 토지 사정(査定)이 있은 지 4개월 뒤인 1913년 4월에 한국명이 원두우(元杜尤)인 언더우드(H. G. Underwood) 1세 목사에게 소유권이 이전되었으며, 그로부터 5년 뒤인 1918년 6월에 그의 아들인 H. H. Underwood(한국명 元漢慶)에게 소유권이 이전되었고(원두우 목사 1916년 사망), 그로부터 다시 10년 뒤인 1928년에는 국가의 소유로 넘어가게 되었다.

위의 자료를 검토하면서 조선일보가 연건동 195번지로 이전했을 때 그 터의 지번이 좀 더 정확히는 195-1번지였을 것으로 추정이 된다. 그런데 조선일보가 그곳으로 이전한 것이 1933년이었는데 앞 <사진과 지형도 Ⅲ-1-1-1>의 'B'에 나와 있는 1929년 지형도에서 보았듯이, 연건동 195-1번지는 195-3번지가 중간에 끼어들어 북쪽과 남쪽 두 곳으로 나뉘어져 있어서, 조선일보가 이전해 간 건물이 그 두 곳 중 어디에 있었느냐가 문제가 된다.

일제 때 경성(京城) 지도 가운데 지번(地番)과 주요 건물들의 형태(위에서 내려다 본)가 표시되어 있는 것들이 있는데, '1927년 경성시가도'(京城市街圖)가 그중의 하나이다.

<사진과 시가도 Ⅲ-1-1-2>의 'B'는 '1927년 경성시가도'인데 195번지의 남쪽 부분, 좀 더 정확히는 '195-1번지'의 북쪽과 남쪽 두 곳 중 남

쪽 부분에 점선 원으로 표시해 놓은 건물의 형태가 'A'에 나와 있는 조선일보 연건동 사옥 건물과 같아 보인다. 그렇다면 조선일보의 연건동 사옥이 있었던 위치를 찾은 것이 된다.

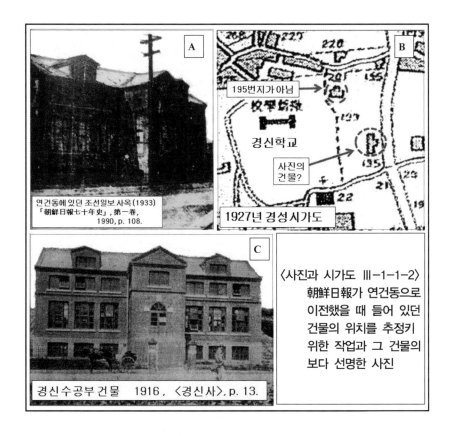

연건동에 있던 조선일보 사옥(1933)
「朝鮮日報七十年史」, 第一卷,
1990, p. 108.

195번지가 아님

경신학교

사진의
건물?

1927년 경성 시가도

〈사진과 시가도 Ⅲ-1-1-2〉
朝鮮日報가 연건동으로
이전했을 때 들어 있던
건물의 위치를 추정키
위한 작업과 그 건물의
보다 선명한 사진

경신수공부 건물　1916.〈경신사〉, p. 13.

　조선일보(朝鮮日報) 발행소가 들어 있던 연건동 건물이 한때 언더우드 집안 소유의 필지 위에 있었던 것으로 추정이 되어, 연구자의 이런 위치 추정이 맞는 것인지를 좀 더 확인해 보기 위해, 연세대학교에 있는 '언더우드 기념관'을 찾아가 보았다.

　기념관에서 마침 대학원 박사과정에서 교회사(敎會史)를 전공하고 있는 홍승표(洪承杓) 목사를 만났다. 조선일보 연건동 사옥이 언더우드 목사와 관련이 있을 것 같아 그에 관한 자료를 찾고 있다는 이야기를 하고, '조선일보 70년사'에 나와 있는 사옥 사진, '1927년 경성시가도'의 연건동 부분과 거기에 나와 있는 건물형태 등을 보이면서 도움을 부탁했다.

홍승표 목사는 곧바로 그 건물이 경신중·고등학교의 옛 연지동(蓮池洞) 교사(校舍) 건물들 중의 하나인 것 같다고 하면서, 책 두 권을 꺼내 관련 자료들을 보여주었다. 이덕주 교수의 『종로 선교 이야기』(진흥, 2005)와 경신(儆新)중·고등학교의 교사(校史)인 『경신사: 1885-1991』(1991)이었다.

이 두 책에 조선일보가 1933년 4월부터 12월까지 들어 있던 연건동 건물의 사진이, <사진과 시가도 III-1-1-2>의 'C'에서 보듯이, 사진을 찍은 각도는 좀 다르지만 보다 선명하게 나와 있었다. 그리고 그 건물의 위치도 분명하게 나와 있었다.

이덕주의 책에서는 이 건물에 대해 아래와 같이 적고 있다.

'**1912년**에는 학생들의 과학 실습과 자급 노동을 위한 **수공부(手工部) 건물을 학교 동쪽 연건동 195-10(지금 이화예식장 자리)에 지었다. 지하 1층에 지상 2층, 연건평 210평 규모의 전형적인 르네상스식 건물이었는데** 미국에서 직물 기계까지 들여와 학생들이 직접 양복을 제작하였고 1914년 이곳에서 경신공과전문학교가 출발했으나 …'(이덕주, p. 211.)(강조 부분 연구자)

『경신사』에서 이 건물과 그 위치에 관한 부분을 발췌한 것이 <자료 III-1-1-1>에 제시되어 있다.

(원두우 교장은 1912년 미국에 일시 귀국했다가 돌아와) … 학교 지역을 확대하는 수단으로 **운동장 동편 언덕 밑의 공지(空地)를** 1천2백 달러에 사들이고 아들인 원한경에게 건물의 설계 및 시공을 의뢰하였다. 그래서 3천5백 달러의 건축비용을 들여 중국인 토목기사로 하여금 **지하 1층은 기계실·작업실로 하고 2, 3층은 교실·사무실로 한** 건평 210평7홉5작의 아담한 **3층 벽돌 건물**을 착공하였다. p. 272.

1913년에 건물의 준공을 보아 학교 구내에 있던 공과를 이곳으로 이전하고 명칭을 **경신수공부**라 명명하였다. p. 273.

일제말엽 … 일본 본토에서 와카모토(若本) 제약회사의 한국진출 때 경신수공부는 동 제약회사의 건물이 되더니 해방 이후 소유자가 이리저리 바뀌다가 1960년 대에 남북의료기상사의 의료기 제작소, 그리고 양지학원을 마지막으로 건물이 해체된 뒤 **현재 이화예식장 건물**이 들어서 있다. p. 280.
* 강조 부분 연구자

출처: 『경신사: 1885-1991』, 경신중·고등학교, 1991

〈자료 Ⅲ-1-1-1〉 경신중·고교의 학교역사인 『경신사』에 나오는 '경신수공부' 건물에 관한 언급들: 1913년 준공, 3층 벽돌 건물

이상에서의 검토를 정리해 보면, 조선일보(朝鮮日報)가 1933년 연건동 195-1번지로 이전해 들어 있던 건물은 경신학교의 수공부(手工部) 건물이었고, 1913년에 준공된 이 건물이 있던 위치는 2010년 현재 이화예식장 건물이 들어서 있는 연건동 195-10번지 터였음이 밝혀졌다.

문제는 경신수공부 건물이 있었던 '연건동 195-10번지'가 1959년 지적도에서는 한 필지로 나와 있는데 그 뒤 '195-11번지'가 분리되어, 현재는 195-10번지와 195-11번지 두 필지로 되어 있다는 점이다.

위의 두 자료에서 경신수공부 건물이 있던 곳, 즉 조선일보가 1933년도에 들어 있던 건물이 195-10번지의 이화예식장 건물 자리였다고 나와 있으나, 그 '195-10번지'가 그 이전의 '195-10번지'인지 현재의 '195-10

번지'인지가 분명치 않다. 어쩌면 조선일보가 들어 있던 건물이 현재의
지번으로 '195-10번지'와 '195-11번지' 두 필지에 걸쳐 있었던 것인지도
모른다는 생각이 들었다.

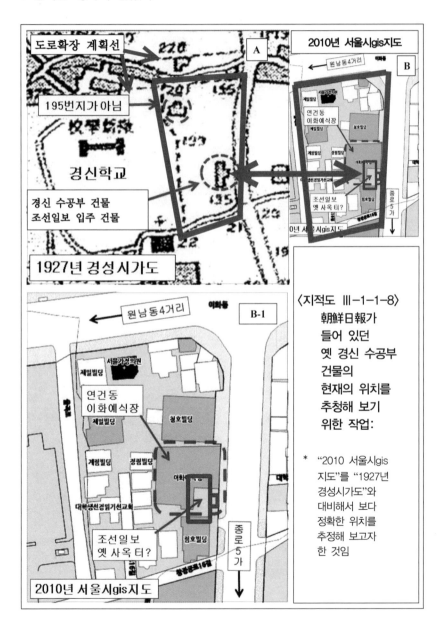

이런 의문점을 풀기 위해 간접적인 방법이긴 하지만 관련 지적도들을 대비해 건물의 보다 정확한 위치를 알아보고자 한 작업이 <지적도 Ⅲ-1-1-8>에 제시되어 있다.

<지적도 Ⅲ-1-1-8>의 'A: 1927년 경성시가도'에 조선일보가 들어 있던 경신수공부 건물의 위치가 나와 있는데, ① 그 건물이 서 있던 지역 즉 연건동 195번지~201번지 일대를 실선 사각형으로 표시를 해 놓고, ② 'B: 2010년 서울시 GIS 지도'에서도 해당 지역을 실선 사각형으로 표시한 다음, ③ 'B'의 실선 사각형이 'A'의 실선 사각형과 가능한 한 합동(合同)에 가깝도록 배율을 맞추어 놓고, ④ 'A'와 'B'를 대비해 'B' 위에다 'A'에서의 경신수공부 건물 위치를 추정해 보았다.

위의 작업에서 얻어진 결과물인 'B'를 확대한 것이 'B-1'인데, 여기에서 보면 옛 경신수공부 건물이 서있던 곳이 대부분은 현재의 이화예식

A
연건동에 잇던 조선일보 사옥(1933)
「朝鮮日報七十年史」, 第一卷,
1990, p. 108.

B
경신수공부 건물   1916, 〈경신사〉, p. 13.

C
2011년 1월 7일
오후 3시 오인환
창경궁로16길
대학로
옛 경신 수공부터
조선일보 옛 사옥

〈사진 Ⅲ-1-1-5〉
朝鮮日報
옛 연건동 사옥의
건물 사진과
그 건물이 서 있던 곳의
2011년 초 모습 사진

138

장(195-10번지) 자리였으나 그 건물의 남쪽이 현재의 임호 빌딩(195-11번지) 터 일부에까지 걸쳐있었던 것 같기도 하다.

조선일보 연건동 사옥이 있던 위치에 관한 추정은 이 정도로 일단 마무리를 짓고, 그 건물이 서 있던 곳의 현재의 모습을 알아보았다.

<사진 III-1-1-5>에 1933년 조선일보가 들어 있던 당시의 건물 사진('A'), 그보다 17년 전인 1916년 당시 그 건물의 사진('B'), 그 건물이 있었던 곳의 2011년 초 현재의 변화된 모습 사진('C')이 제시되어 있다.

'C' 사진에 옛 조선일보가 들어있던 건물 터로 추정되는 곳을 화살표로 표시를 해 놓았다. 화살표로 표시된 구역에는 '이화예식장 터(연건동 195-10)'의 남쪽 부분 대부분과 '임호 빌딩 터(연건동 195-11)'의 북쪽 부분 일부가 들어 있다.

⑥ 조선일보(朝鮮日報) 여섯 번째 사옥 터:
중구 태평로 1가 61번지: 1933년 12월 20일~1940년 8월 11일

조선일보(朝鮮日報)는 견지동 시기 말인 1933년 3월 하순에 방응모(方應謨)가 경영권 일체를 인수한 뒤, '태평로 1가'에 자체의 사옥을 신축하기 위한 작업에 들어갔는데, 그해 12월 이 건물이 완공되어, 12월 하순에 '태평로 1가 61번지'의 이 새 건물로 들어갔다.

조선일보는 이로써 창간 이래로 근 14년간에 걸친 다섯 곳의 발행소 유랑에 종지부를 찍고 자체 사옥의 시기를 열어가게 되었다.(관철동 249번지에서 창간 -> 삼각동 71번지로 이전 -> 수표동 43번지로 이전 -> 견지동 111번지로 이전 -> 연건동 195번지로 이전 -> 태평로 1가 61 자체 사옥으로 이전)

조선일보는 태평로 1가 61번지의 이 자체 사옥에서 1933년 12월 20일부터 신문을 찍기 시작해 7년이 채 안 되었을 때 일제(日帝) 총독부의

'일도일지(一道一紙)' 시책에 따라 1940년 8월 11일 강제폐간을 당하게
되었다.

조선일보 태평로 1가 사옥은 40여 년 전인 1969년 말 그 자리에 코
리아나 호텔 건축이 시작될 때까지 세종로 4거리 지역 주요 건물의 하
나였기 때문에 서울의 장노년층 시민들 가운데는 그 위치와 모습을 알
고 있는 사람들이 많을 것으로 생각된다.

때문에 여기서는 방응모가 조선일보의 자체 사옥을 짓기 위해 그 터
를 매입했을 당시 혹은 그 직전의 그 터와 그 터 주변의 상황을 알아보
는 것으로부터 시작해 보고자 한다.

조선일보가 태평로 1가 61번지에 자체의 사옥을 신축하고 이전한 것
이 1933년 말이었는데, 1927년판 지적목록(地籍目錄)이 있어 해당 번지
의 지적 사항을 알아보았다.

〈지적목록 Ⅲ-1-1-2〉 조선일보(朝鮮日報) 사옥 위치에 관한 지적자료(地籍資料)

『京城府管內地籍目錄』, 1927

지적자료 발행년도	동 지번	지목	평수	소유자	계제면	비고 발행소주소 및 이곳에서의 발행시작일
1927	태평로 1가 61-1	社寺#	800	(주)조선미술품제작소	p. 69	태평로 1가61 1933.12.20〜
	태평로 1가 61-2	대지	645	국유		
	태평로 1가 61-3	社寺	127.3	경성기독교청년회		
	태평로 1가 61-4	社寺	1,509.7	昌德宮		

'社寺': 일본어로 '신사(神社)와 절'

<지적목록 Ⅲ-1-1-2>에 제시되어 있듯이, 1927년 당시 태평로 1가 61
번지는 4개 필지로 분할되어 있었다.

'61번지의 1호'는 지목이 '사사(社寺)'이고 800평 넓이에 소유주는 (주)조선미술품제작소였고, '61번지의 2호'는 지목이 '대지'이고 645평에 국가소유였고, '61번지의 3호'는 지목이 '사사(社寺)'이고 127.3평에 경성기독교청년회 소유였고, '61번지의 4호'는 지목이 '사사(社寺)'이고 1509.7평에 창덕궁(昌德宮) 소유였다.

'사사(社寺)'는 일본어로 '신사(神社)와 절(寺)'을 뜻하는 단어이므로 이들 터는 종교관련 건물이나 시설을 위한 용지로 분류되어 있었던 것 같다.

'61번지의 1호'의 (주)조선미술품제작소는 원래 왕실에서 쓰이는 기물 제작을 위해 1908년에 '한성미술품제작소'로 설립되었는데, 1910년 12월에 명칭이 '이왕직미술품제작소'로 바뀌었다가, 1922년에 일본인들이 인수해 민간인 주식회사로 그 명칭을 다시 '조선미술품제작소'로 바꾸어 운영해 오다가 1936년에 폐쇄되었다.[14]

'61번지의 3호'의 '경성기독교청년회'는 일본 YMCA로서 종로 2가의 우리 YMCA와는 관련이 없다.[15]

'61번지의 4호' 1509.7평이 창덕궁 소유의 '사사(社寺)'로 되어 있는 것은 고종황제(高宗皇帝)의 후궁이자 영친왕(英親王)의 생모인 순헌황귀비(純獻皇貴妃) 엄씨(嚴氏)의 위패를 봉안한 사당인 덕안궁(德安宮)이 1913년 경운궁(현 덕수궁)에서 이 터로 옮겨졌었기 때문으로 생각된다. 덕안궁은 1929년 7월 종로구 궁정동의 당시 육상궁(毓祥宮: 일명 七宮)으로 옮겨졌다.[16]

<지적도 III-1-1-9>에 조선일보(朝鮮日報)의 여섯 번째 사옥 터 '태평로 1가 61번지' 지형의 변천되어 온 과정이 제시되어 있다.

---

14) '이왕직 미술품제작소', http://dowk.tistory.com/70
15) 구한말 외국인 공간 '정동',
   http://jungdong.culturecontent.com/main/view.asp?seq= cp0710a00285
16) 구한말 외국인 공간 '정동',
   http://jungdong.culturecontent.com/main/view.asp?seq= cp0710a00285;
   덕안궁 [德安宮], 네이버 백과사전.

조선일보가 사옥을 짓고 이전해 오기 12년 전인 1921년 당시('B'), 4
년 전인 1929년 당시('A'), 일제 식민통치에서 해방이 되어 신문을 복간
한 지 2년 뒤인 1947년 당시('C'), 그리고 마지막으로 본 연구가 진행
되고 있는 2010년 당시의 그곳 지형이 제시되어 있다.

<지적도 Ⅲ-1-1-9>에서 'A', 'B', 'C', 'D'의 표시가 있는 위치를 기준
으로 보면, 태평로 쪽에서 들어가는 골목길과 이들 표시 지점에서 남쪽
방향으로 돌아 태평로로 다시 나가는 골목길이 1921년 이래 변동이 없
었음을 알 수 있다. 이 골목길 지형들을 기준으로 보면 조선일보(朝鮮日
報) 여섯 번째 사옥이 들어서기 이전의 그곳이 어떤 곳이었는지를 짐작
해 볼 수 있다.

조선일보(朝鮮日報) 여섯 번째 사옥의 위치는 <지적도 Ⅲ-1-1-9>의
'C' 즉 1947년 지적도에 나와 있다. 'C'에 나와 있는 조선일보 사옥 위
치가 태평로 길 건너 편 건물들과의 관계에서 보면 약간 남쪽으로 치우
쳐져 있는 것 같은 느낌이 든다. 태평로 1가 61번지의 조선일보 여섯
번째 사옥은 1960년대 말 그 터에 '코리아나 호텔'을 짓기 시작할 때까
지 그곳에 있었다.

2010년 현재의 지형도 'D'에 조선일보 여섯 번째 사옥이 있었던 곳
의 위치가 표시되어 있는데, 그곳에는 1970년대 초반부터 코리아나 호
텔이 들어서 있다.

바로 뒤에 제시되고 있는 <토지대장 Ⅲ-1-1-6-1>과 <토지대장 Ⅲ
-1-1-6-2>에서 보면 조선일보(朝鮮日報) 사옥이 들어 선 '태평로 1가 61-1
번지'와 '태평로 1가 61-4번지'의 소유권이 방응모에게로 이전(移轉)된
시점이 1934년 1월로 되어 있다. '태평로 1가 61번지' 터에 조선일보(朝
鮮日報)가 사옥을 신축해서 발행소를 이곳으로 옮겨온 것이 그보다 앞선
1933년 12월이었으니까, 이 터를 매입하고 나서는 소유권이전이 법적으
로 완결이 되기 전부터 사옥 건물의 건축이 시작되었던 것 같다.

142

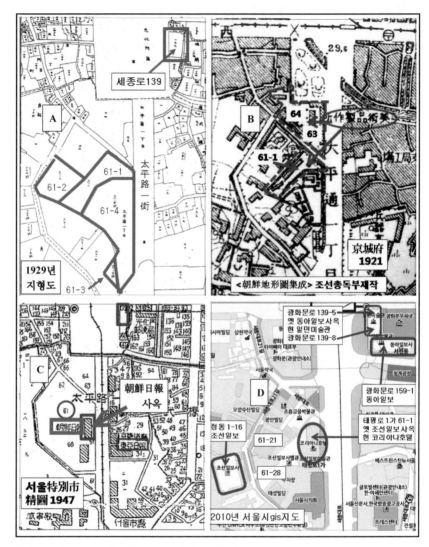

〈지적도 Ⅲ-1-1-9〉 朝鮮日報 여섯 번째 사옥 터
"태평로 1가 61번지" 지형의 변천:
A:1929년 지형도, B:1921년 지형도, C:1947년 지형도, D:2010년 지형도

1929년 지형도('A')에 나와 있는 지번을 기준으로 보면 1933년에 조
선일보 신사옥이 세워진 곳은 '61번지의 4호' 터가 된다.

이의 확인을 위해 중구청 지적과에서 태평로 1가 '61-1', '61-2', '61-3', '61-4' 4개 필지에 관한 구토지대장을 떼어보았다.

이들 4개 필지 가운데서 방응모가 구입한 곳은 '61-1'과 '61-4' 2개 필지였다.

<토지대장 Ⅲ-1-1-6-1>에는 '61-1'번지의 구토지대장이, <토지대장 Ⅲ-1-1-6-2>에는 '61-4'번지의 구토지대장이 제시되어 있다.

1947年4月	1946年7月	昭和9年1月	大正12年	大正11年		大正元年	년월일
1947	1946	1934	1923	1922		1912	西紀
소유권이전	소유권이전	소유권이전	소유권이전	소유권이전	대정五。六。九 氏名訂定	査定	事故
朝鮮日報社	李應大	方應謨	조선미술품제작소		昌德宮	李王職	소유주

〈토지대장 Ⅲ-1-1-6-1〉
조선일보(朝鮮日報)의 여섯 번째 사옥 터 태평로 1가 61-1번지 구토지대장

우선 '61-1'번지의 경우를 보면, 1912년에 토지 사정이 행해졌고, 이 왕직(李王職) 소유이던 것이 뒤에 창덕궁(昌德宮)으로 소유주의 명칭이 바뀌었다가, 1923년 그 소유권이 조선미술품제작소로 넘어갔다가, 1934

년 1월 방응모의 소유로 등기이전이 이루어졌다.

이 구토지대장의 윗부분에 나와 있는 '61-1'번지의 지목과 필지의 분할 및 면적의 변동 사항을 보면, '61-1'번지는 원래 지목이 '대지'였는데, 뒤에 '사사지(社寺地)'로 바뀌었다가 다시 '대지'로 바뀌었다. '61-1'번지는 원래 면적이 3,082평이었는데, '61-2'가 분할되어 나가면서 2,437평으로, '61-3'이 분할되어 나가면서 2,309평 7홉(合)으로, 1922년에 '61-4'가 분할되어 나가면서 800평으로 줄어든 것으로 나와 있다.

다음 '61-4'번지의 경우를 보면, 1922년 '61-1'에서 분할되었는데 당시 면적은 1,509평 7홉이었고, 1933년에 '61-4'번지에서 '61-5'가 분할되어 나가면서 292평 4홉으로 줄었다. 방응모가 '61-4'번지를 매입해서 소유권 등기이전을 마친 것이 1934년 1월로 나와 있다.

	昭和 9年 1月	大正 11年 3月	大正	년월일
	19 34	19 22		西紀
	소유권이전	소유권보전		事故
	方應謨	昌德宮		소유주

〈토지대장 Ⅲ-1-1-6-2〉
조선일보(朝鮮日報)의
여섯 번째 사옥 터
태평로 1가 61-4번지
구토지대장

구토지대장
태평로1가61-4
중구청 발행
2011.1.18.

조선일보(朝鮮日報) 태평로 1가 사옥의 주소가 '태평로 1가 61번지'로
만 알려져 있으나, 방응모가 1933년에 매입한 사옥부지는 구토지대장 기
록에서 보면 '61번지의 1호' 800평과 '61번지의 4호' 292평 4홉 ', 합
쳐서 약 1,100평이었던 것 같다.

1927년 발행『경성부 관내 지적목록(京城府管內地籍目錄)』에 태평통 1
정목의 '61-1번지', '63번지', '64번지'의 3개 필지가 '조선미술품제작소'
소유로 나와 있다. 방응모(方應謨)는 조선일보(朝鮮日報) 신사옥 건축을
위해 '조선미술품제작소'의 이들 3개 필지 가운데 '61-1번지'를 매입했
고 아울러 창덕궁 소유의 '61-4번지' 터도 매입했다.

조선일보 태평로 1가 사옥의 남쪽에 있던 옛 부민관 즉 현재의 서울
시의회 건물에 관해서는 아래와 같은 글이 있다.

> '부민관은 태평통 1정목 예전의 덕안궁(德安宮) 터(873평 7홉)와 그
> 리스도교청년회관 자리를 합친 1,083평에 건립되었는데, 1934년 7월
> 30일에 착공, 1935년 12월 10일에 낙성식이 있었다.
> 태평로 1가 61번지 옛 덕안궁 자리(1902년 경선궁(慶善宮) 배설).
> 1929년 5월 29일 덕안궁 영위를 효자동의 육상궁(毓祥宮; 일명 七
> 宮)으로 이안. 이 지번 분할 일부 서울특별시의회청사, 잔여 일부는
> 1934년 조선일보 사옥(코리아나 호텔)으로 분할.'[17)

조선일보(朝鮮日報)가 1933년 태평로 1가에 자체 사옥을 짓고 이전해
들어가기 전의 그 터에 관한 사항을 간략히 알아보았다.
이제 조선일보 태평로 1가 사옥 위치를 알아보자. 앞에 이미 나온
<지적도 Ⅲ-1-1-9>의 'D' 즉 2010년 서울시 GIS 지도에 '코리아나 호
텔'로 표시된 곳이 조선일보 태평로 1가 사옥이 있었던 곳이다. 이 지도

---

17) 구한말 외국인 공간 '정동',
   http://jungdong.culturecontent.com/main/view.asp?seq=cp0710a00285

에 2014년 현재 조선일보 사옥의 위치도 표시되어 있다.

마지막으로 조선일보(朝鮮日報) 태평로 1가 사옥의 1930년대 말 사진과 그 사옥이 들어서 있던 터에 세워진 코리아나호텔 사진이 <사진 Ⅲ-1-1-6>에 제시되어 있다.

「新聞總覽」, 日本電報通信, 1939, p. 440

〈사진 Ⅲ-1-1-6〉 태평로1가 61번지에
있었던 朝鮮日報 옛 사옥 사진과
그 사옥 자리에 들어 서 있는
코리아나 호텔 사진

다음으로는, 발행인가는 조선일보(朝鮮日報)와 같은 날 함께 받았으나 발행 준비에 시간이 좀 더 걸려 조금 늦게 창간을 한 **동아일보(東亞日報)**에 관해 알아보겠다.

2) 동아일보(東亞日報)

동아일보(東亞日報)는 1920년 1월 6일 일제(日帝) 총독부(總督府)로부터 발행인가를 받았으며(훨씬 앞 <자료 Ⅲ-1> 참조) 1920년 4월 1일 창간호를 '종로구 화동(花洞) 138번지'에서 발행했다.

동아일보(東亞日報)와 같은 날 발행인가를 받은 조선인 발행의 다른 2 개 신문은 조선일보(朝鮮日報)(인가당시 대정친목회: 大正親睦會)와 시사신문(時事新聞)(친일 국민협회: 國民協會)이었다.

조선총독부(朝鮮總督府) 경무국 극비문서인 <고등경찰관계연표>에 이들 3개 신문의 발행허가에 관한 사항이 나와 있는데, 동아일보(東亞日報)에 관한 부분을 옮기면 다음과 같다.

'동아일보 발행허가(東亞日報發行許可). 사장 김성수(金性洙), 편집인 장덕수(張德秀), 발행인 김상협(李相協)의 언문신문(民族系) 발간(現存)'(앞 <자료 Ⅲ-1> 참조)

동아일보는 '화동 138번지'에서 창간한 뒤 6년 6개월여를 발행하다가 '광화문통 139번지'에 새로 마련한 사옥으로 이전, 1926년 12월 10일부터 신사옥에서 발행을 계속했다.(일제 때 '광화문통'으로 불리던 이곳은 해방 후 '세종로'로 그 명칭이 바뀌어 현재에 이르고 있다.)

〈동아일보의 제호 변화〉
1920년 창간~1940년 폐간까지

동아일보는 두 번째 사옥인 이곳 광화문통 139번지 사옥에서 일제 식민당국(日帝 植民當局)의 가혹한 언론탄압에 때로는 맞서 투쟁하며 때로는 인내하며 신문발행을 계속해왔다.

일제(日帝)가 1940년 봄에 접어들면서 언론정책을 기존의 '개별기사 검열과 통제'에서 한 걸음 더 나아가 언론을 뿌리째 뽑아버리는 '일도일지(一道一紙)' 정책으로 변경 및 시행하게 되면서 동아일보(東亞日報)는 1940년 8월 10일 강제폐간을 당하게 된다.

'일도일지(一道一紙)' 정책이란 '각 도(道)에 신문 하나만 발행을 허가하고 나머지 신문들은 모두 폐간시키는 정책'이었다.

당시는 경성부(京城府, 서울시)가 경기도(京畿道)에 속해 있었기 때문에 일제의 이 '일도일지(一道一紙)' 정책으로 서울시와 경기도를 아울러 일본어 신문으로는 총독부 기관지인 경성일보(京城日報)만이 남게 되었다. 당시 경성에서 일본인 발행의 민간유력지 조선신문(朝鮮新聞)이 있었는데 이 신문도 폐간조치 되었다. 다만 경성에서 일본인이 발행하던 또 하나의 일본어 신문인 조선상공신문(朝鮮商工新聞)만은 그 신문의 특성이 고려되어 '일도일지(一道一紙)' 정책의 예외로 간주되어 발행이 계속 허락되었다.

조선어 신문의 경우는 조선총독부 기관지인 매일신보(每日新報) 하나만이 남게 되고, 동아일보(東亞日報)와 조선일보(朝鮮日報)는 함께 강제폐간 조치를 당하게 되었다.

동아일보(東亞日報)의 일제 식민통치 기간 중의 사옥 이전 상황이 <표 III-1-2-1>에 제시되어 있다.

〈표 III-1-2-1〉 동아일보(東亞日報) 창간사옥과 그 뒤 사옥의 소재지

소재지: 지번	기 간	비 고
화동 138	1920.4.1.~	창간사옥(社屋)
광화문통 139	1926.12.10.~	두 번째 사옥

다음은 동아일보(東亞日報)의 화동 창간사옥과 그 뒤의 광화문통 사옥 두 곳의 옛 지적대장(地籍臺帳)을 찾아 당시 상황을 알아본 것이 <지적목록 III-1-2-1>에 제시되어 있다.

동아일보가 '화동 138번지' 사옥에서 창간한 것이 1920년 4월 1일이었는데, 그보다 3년 전인 1917년판 지적목록에는 그 터의 지목이 '대지', 면적이 1,111평, 소유주가 김윤식(金允植)으로 나와 있다.

김윤식(金允植, 1835~1922)은 한말(韓末)에 친청(親淸)에서 친일(親日)로 행보를 옮겼다가 일제의 식민통치가 시작되자 흥사단(興土團)·대동학회(大東學會)·기호학회(畿湖學會)를 조직해 활동하는 등 민족운동에 참여하였던 사람이다.[18]

동아일보가 광화문통 139번지에 자체 사옥을 새로 짓고 이전한 것이 1926년이었는데, 그 보다 1년 뒤인 1927년판 지적목록에서 보면 창간사옥 터 '화동 138번지'의 경우 '138번지'에서 '138-2'의 11평이 도로로, '138-3'의 31평이 대지로 분할이 되어 있고, 큰 덩어리인 '138-1'은 김성수(金性洙)의 소유로 되어 있다. 종로구청 지적과에 화동 138번지에 관한 구토지대장이 보존되어 있지 않아서, 김성수가 이 터를 매입한 것이 언제였는지를 알아보기 위해서는 다른 자료가 필요할 것 같다.

〈지적목록 Ⅲ-1-2-1〉동아일보(東亞日報) 사옥 위치 지적(地籍) 자료

『京城府管內地籍目錄』, 1917, 1927

연도	동 지번	지목	평수	소유자	비 고
1917	화동 138	대지	1,111	金允植	p. 160
1927	화동 138-1	대지	1,069	金性洙	p. 357
	화동 138-2	도로	11	京城府	
	화동 138-3	대지	31	京畿道地方?	
1917	광화문통* 139	대지	177	安淳煥	p. 198
1927	광화문통 139	대지	177	東亞日報社	p. 362
	광화문통 139-1	대지	2.9	경성부	
	광화문통 139-2	대지	15.7	市川 トカ	
	광화문통 140	대지	144	東亞日報社	

* 일제 식민통치 때 '광화문통'은 도로명이 해방 후 '세종로'로 바뀌었음.
  참고: 동아일보사는 1926년 12월 10일 화동(花洞)에서
      옛 광화문통(현재의 世宗路) 사옥으로 이전했음.

---

18) 네이버 백과사전.

<지적목록 Ⅲ-1-2-1>에서 동아일보(東亞日報)의 두 번째 사옥 터인 '광화문통 139번지'의 지적(地籍)사항을 보면, 이 터의 지목은 대지이고 면적이 177평인데 1917년의 경우 안순환(安淳煥)이 소유주였고, 동아일보가 자체 사옥을 짓고 이전해 들어가서 1년이 지난 뒤인 1927년의 경우 동아일보사(東亞日報社)가 소유주로 되어 있다.

1917년 지적목록에 이 터의 소유주로 나와 있는 안순환은 원래 한말(韓末)에 궁중요리 담당 부제조(副提調: 정3품의 임시직)였던 사람으로서, 1903년 광화문통 139번지에 고급요리점 '명월관'을 열어 영업을 해왔다. 안순환의 이 명월관 본점은 1919년에 큰 불이 나서 소실되었다. 안순환은 명월관의 본점을 현재의 종로 피카디리극장 자리로 옮겼다. 안순환은 1919년 이전에 인사동에 명월관의 지점인 태화관(泰和館)을 냈었는데, 이 태화관은 1919년 3·1독립만세운동 때 민족대표 33인이 독립선언서를 낭독한 역사적인 장소이다. 이곳에는 현재 태화기독교사회복지관 건물이 들어서 있다.

'광화문통 139번지' 터에 관한 소유권이전 사항이 <토지대장 Ⅲ-1-2-1>에 보다 자세히 나와 있다.

종로구청 지적과에 보존되어 있는 '세종로 139번지' 구토지대장에서 보면, 이 터는 1912년에 토지 사정(査定)이 있었고 당시 소유주는 안순환이었는데 1919년에 소유권이 '우창옥(禹昌鈺) 외 2명'으로 이전되었다.

이 터는 바로 다음 해인 1920년에 김성수(金性洙)가 매입해 등기를 했고, 5년 뒤인 1925년에 (주)동아일보사(東亞日報社)가 소유주로 올라있다. 동아일보사가 이 터에 자체의 사옥을 신축하고 이전해 들어간 것은 1926년 말이었다.

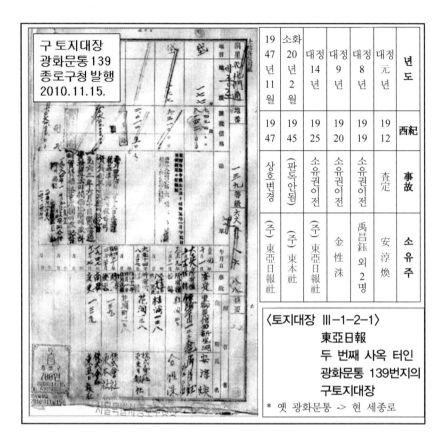

년도	대정元년	대정8년	대정9년	대정14년	소화20년2월	1947년11월
西紀	1912	1919	1920	1925	1945	1947
事故	査定	소유권이전	소유권이전	소유권이전	(판독안됨)	상호변경
소유주	安淳煥	禹昌鈺 외 2명	金性洙	(주)東亞日報社	(주)東本社	(주)東亞日報社

구 토지대장
광화문통139
종로구청 발행
2010.11.15.

〈토지대장 III-1-2-1〉
東亞日報
두 번째 사옥 터인
광화문통 139번지의
구토지대장
* 옛 광화문통 -> 현 세종로

지적목록과 토지대장을 통한 동아일보 사옥 터 매입과 소유권에 관한 검토를 마무리 짓고, 동아일보(東亞日報)의 창간사옥 터와 두 번째 사옥 터의 위치에 관한 사항을 살펴보고자 한다.

① 동아일보(東亞日報) 창간사옥 터:
   종로구 화동 138번지: 1920년 4월 1일~1926년 12월 9일

동아일보(東亞日報)는 1920년 4월 1일 화동 138번지 한옥에서 창간호를 발간했다.

'화동 138번지' 터는 1908년 6월에 소격동에서 개교한 기호학교(畿湖

學校)가 1909년 11월에 이전해 온 곳으로, 1910년 11월에 융희학교(隆
熙學校)를 통합해서 학교명을 중앙학교(中央學校)로 바꾸어 운영해 오다
가, 1917년 12월에 계동으로 이전해 갈 때까지 8년간 학교 교정이었던
곳이다.

'중앙중·고등학교의 100년 약사'에서 기호학교, 융희학교, 중앙학교에
관한 부분을 보면 다음과 같다.(자료: 『中央百年史』, p. 28.)

> 1908년 6월 20일: 기호흥학회, 사립 기호학교 개교, 한성 북부 소
> 격동 소재.
> 1908년 9월 10일: 흥사단, 사립 융희학교 개교, 수진동 소재.
> 1909년 11월 5일: 기호학교 한성 북부 대안동(화동 138번지)으로
> 이전.
> 1910년 11월 7일: 기호학교, 융희학교 통합하고 중앙학교로 개칭.
> 1915년 4월 27일: 인촌 김성수, 중앙학교 인수.
> 1917년 12월 1일: 중앙학교, 계동 교사로 이사.

동아일보가 1920년 4월 1일 창간한 곳의 지번은 '화동 138번지'였다.
이곳의 위치가 어디쯤이었을까?
『동아일보 사사(東亞日報社史)』, 卷一,1975에 '이 社屋(창간사옥)은 지
금의 안국동(安國洞) 로터리에서 북으로 거슬러 현 경기고교(現 京畿高
校) 조금 못 미쳐 오른편에 위치한 곳이었다.'(p. 93.)로 나와 있다.
말로 기술한 이곳의 위치를 지적도들을 이용해 좀 더 정확히 알아보
려는 작업이 <지적도 Ⅲ-1-2-1>에 제시되어 있다.

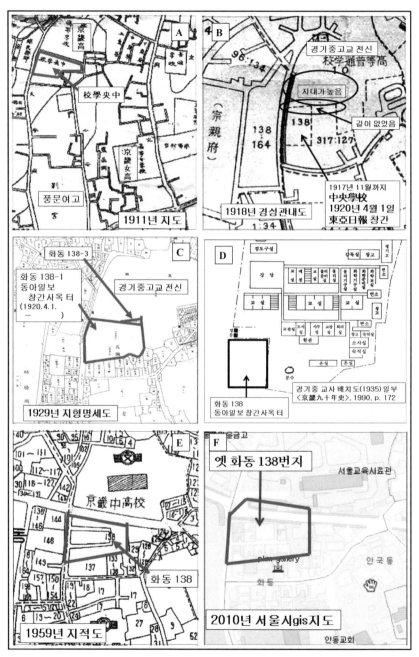

〈지적도 Ⅲ-1-2-1〉東亞日報 창간사옥 터 위치 추정을 위한 작업:
1911년, 1918년, 1929년, 1935년, 1959년, 2010년 지적도

앞에서 알아보았듯이 동아일보(東亞日報)는 중앙학교(中央學校)가 1917
년 화동(花洞)에서 계동으로 이전을 하고 난 뒤, 그곳의 중앙학교 옛 교
사(校舍)들을 사옥으로 삼고 창간을 했는데, <지적도 Ⅲ-1-2-1> 'A' 1911
년 '경성부 시가도(京城府市街圖)'에 중앙학교의 위치가 나와 있다. 경기
고의 전신인 '고등학교'도 표시되어 있다. 『사사: 社史』에서 '경기고교
(京畿高校) 조금 못 미쳐 오른편에 위치한 곳'이라고 한 곳의 위치가 보
다 분명해졌다. 1911년 '시가도'에서 보면 경기고교와 중앙학교 사이에
는 길이 없었던 것으로 나와 있다.

다음 <지적도 Ⅲ-1-2-1>의 'B' 1918년 '경성관내지도(京城管內地圖)'를
보면 동아일보 창간사옥 터의 지번인 '화동 138번지'가 나와 있다. 중앙
학교가 계동으로 이전을 한 뒤에 제작된 지도이기 때문에 '중앙학교' 옛
터에 '138'이란 지번만이 적혀있다. 1918년의 이 지도에서도 경기중·고
교의 전신인 '고등보통학교'와 '138번지' 터 사이에 길이 나 있지 않다.

<지적도 Ⅲ-1-2-1> 'C'는 1929년에 제작된 '경성부 일필매 지형명세
도(京城府 壹筆每 地形明細圖)'인데, 지번이 모두 나와 있고 각 지번 필
지의 지형이 최대한으로 정확히 나오게 제작된 지형도이다. 동아일보(東
亞日報)가 세종로 신축 사옥으로 이전하고 2년여가 지난 뒤에 제작된
것으로서 앞의 2개 지적도 'A'(1911)와 'B'(1918)에 비해 '화동 138번
지' 터의 지형이 보다 분명히 나와 있다. 화동 138번지의 북쪽과 동쪽
이 경기중·고교의 교정과 접해있다.

'D'는 1935년 당시 경기중학교의 교정 배치 약도인데, 'C'의 지형도
를 참조해서 화동 138번지의 지형을 표시해 보았다.

'E'는 1959년 '지번구획입 대서울정도(地番區劃入 大서울精圖)'인데
화동 138번지와 경기중·고교 사이에 큰 길이 나 있다.

<지적도 Ⅲ-1-2-1>의 'F'는 '2010년 서울시 GIS 지도'인데, 이 GIS
지도 위에다 1929년 지형도를 참작해 화동 138번지의 옛 지형을 겹쳐
놓아(superimpose) 보았다. 이 작업을 통해 동아일보(東亞日報) 창간사옥

터인 화동 138번지의 옛 지형의 현재 위치를 추정해 본 것이다. '화동 138번지'의 옛 지형 안에는 옛 경기중·고교 즉 현재의 정독도서관 부지 남단의 큰 길, 재동으로 넘어가는 큰 길의 일부가 들어가 있다.

동아일보(東亞日報) 창간사옥 터의 위치를 좀 더 정확히 알아보기 위한 작업은 이것으로 일단 마치고 다음은 동아일보 창간사옥 건물에 관한 사항을 알아보기로 하자.

동아일보는 중앙학교(中央學校)가 계동(桂洞)의 새 교사로 이전을 하고 난 뒤 중앙학교의 화동 옛 교사 건물을 "월세 120원(月貰 120圓)에 빌려 신문사 사옥으로 쓰게 된 것이었다."(『東亞日報社史』, 券一, p. 94.) 동아일보가 창간사옥으로 쓰게 된 중앙학교의 화동 옛 교사는 "일사택(一私宅)을 사들여 개축(改築)했던 것으로 대옥 3동(大屋 3棟), 소옥 2동(小屋 2棟)의 한식단층건물(韓式單層建物)"이었다.(『東亞日報社史』, 券一, p. 81.)

동아일보(東亞日報)의 창간사옥 건물 사진은 『동아일보 사사(東亞日報社史)』, 券一 에도 나와 있고(p. 94.) 동아일보 창간 1주년 기념 특집(1921년 4월 1일, p. 5.)에도 나와 있어서, 관심 있는 사람들에게는 이미 알려져 있다.

<사진과 지적도 Ⅲ-1-2-1> 'D'에 창간 '1주년 기념특집'에 나와 있는 창간사옥 사진이 제시되어 있다.

동아일보(東亞日報)가 창간한 '화동 138번지' 터에는 창간 2년여 전까지는 중앙학교(中央學校)가 있었고, 그보다 앞서는 기호학교(畿湖學校)가 있었던 곳이다. 중앙학교의 교사(校史)인 『중앙백년사(中央百年史)』에 중앙학교의 전신인 '기호학교의 화동교사' 건물 3개 동(棟)의 사진('C')이 보다 선명하게 나와 있다. 그 뒤에 이 터에 들어선 동아일보의 창간사옥 건물은 5개 동이었는데 그중 주요 3개 동의 구조를 보다 선명하게 보여주고 있다.

<사진과 지적도 Ⅲ-1-2-1>의 'D' 사진에는 건물 5개 동이 보인다. 'C'의 사진에는 'D' 사진에 나와 있는 건물 5개 동 중 3개 동만이 나와 있

으나 사진이 선명해 건물의 구조를 보다 정확히 알아볼 수 있다.

'A'에는 1921년판 <조선지형도집성(朝鮮地形圖集成)>의 <경성부(京城府)> 부분 중 화동 지역 지형이 제시되어 있다. 1921년판이니까 동아일보(東亞日報) 창간 당시의 그곳 지형을 보여주는 것인데, 'C'나 'D'의 사진과 대비해 보면, 지형도에 나와 있는 건축물 도면의 북서쪽 부분이 사진에 나와 있는 구조와 잘 맞아 떨어지지 않고 있다.

'B'는 2010년판 지형도인데, 'A'에서 추정한 것을 여기에 옮겨, 이 글을 쓰고 있는 현시점에서 동아일보 창간사옥 건물들이 있었던 위치를 짐작해 보고자 한 것이다.

『동아일보 사사(東亞日報社史)』券一에 동아일보의 창간사옥은 '… 대옥 3동(大屋 3棟), 소옥 2동(小屋 2棟)의 한식단층건물(韓式單層建物)'(p. 81) 도합 5동(棟)이었다고 나와 있다. 'D'의 사진에는 큰 집 3개 동(棟)과 작은 집 1개 동(棟)만 나와 있어, 나머지 작은 집 한 채가 어디에 있었는지 알 수가 없다.

'A'의 지형도에 나와 있는 건축물 도면에서 보면 북서쪽에도 건물이 있고 이 건물이 가로변에 접해 있는 것으로 나와 있다. 그렇다고 하면 'D'의 사진을 찍을 때 다섯 번째의 이 작은 건물은 사각(死角) 영역에 들어 나오지 않았을 것 같다. 이런 추정을 근거로 다섯 번째의 이 건물의 위치를 'A'의 1921년 지형도를 참조해 'B'의 2010년 지형도 위에 표시를 해 보았다.

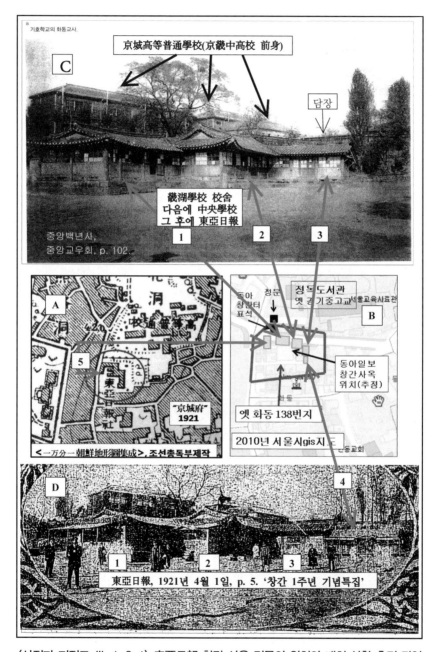

〈사진과 지적도 Ⅲ-1-2-1〉 東亞日報 창간 사옥 건물의 위치와 배치 상황 추정 작업

* A: 동아일보의 창간 사옥 터와 건물 배치도면이 나와 있는 1921년 지도/
  B: 2010년 현재 서울시gis지도/ C: 동아 창간 이전 여기 있었던 기호학교 교사 사진/
  D: 창간 1주년 기념특집에 나와 있는 동아일보 사옥 사진

158

　동아일보 창간사옥 터 위치와 창간 당시의 사옥 사진 그리고 사옥 터 위 사옥 건물들의 배열 상태 등에 관한 작업은 이 정도에서 끝내고, 다음은 동아일보 창간사옥 터의 2010년 현재의 모습을 알아보고자 한다.

　<사진 Ⅲ-1-2-1>에 『동아일보 사사(東亞日報社史)』에 나와 있는 화동(花洞) 창간사옥 사진, 동아일보 창간사옥 터 표석의 문안, 그리고 동아일보의 창간사옥 터로 추정되는 곳의 2010년 5월 사진 두 장이 제시되어 있다. 2010년 5월에 찍은 사진에 실선으로 표시를 해 놓은 곳이 동아일보 창간사옥 터였던 곳으로 추정되는 곳이다.

〈사진 Ⅲ-1-2-1〉 동아일보(東亞日報) 창간사옥 사진, 창간사옥 터 표석, 동아일보 창간사옥 터로 추정되는 곳의 2010년 현재 모습 사진사진

　다음은 동아일보(東亞日報)의 두 번째 사옥인 세종로 사옥의 위치와
건물에 관한 사항을 알아보고자 한다.

② 동아일보(東亞日報) 두 번째 사옥 터:
　종로구 세종로 139번지: 1926년 12월 10일~1940년 8월 10일

　동아일보(東亞日報)는 1920년 4월 1일에 '화동 138번지'에서 창간한
지 6년 8개월만인 1926년 12월에 '세종로 139번지' 터에 새로 지은 자체
사옥으로 이전을 했다.
　동아일보의 세종로 사옥은 현재 '일민미술관'으로 이름이 바뀌어 그 자

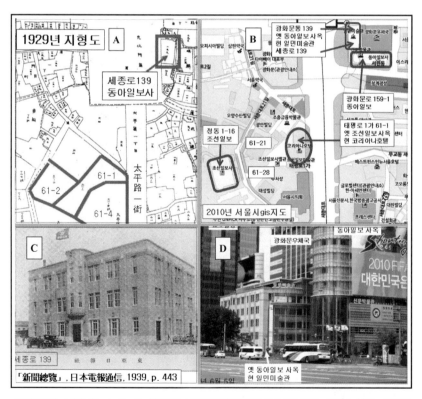

〈지적도와 사진 III-1-2-1〉 세종로 139번지 동아일보(東亞日報) 2번째 사옥 위치와
그 사옥의 옛 사진과 2010년 현재 모습 사진

리에 그대로 남아 있다. 원래는 3층 건물이었는데 1960년대 초 동아방송 개국을 위해 2층을 더 올려 5층 건물이 되었다.

<지적도와 사진 Ⅲ-1-2-1>의 'A'는 1929년 지형도인데 오른편 위쪽에 실선 직사각형으로 표시를 해 놓은 곳이 당시의 '광화문통 139번지' 터로서 동아일보사의 3층 사옥이 서 있던 곳이다.

'B'는 2010년 서울시 GIS 지도인데 오른편 위쪽에 아래위로 긴 실선 직사각형으로 표시를 해 놓은 곳이 현재의 '세종로 139번지' 일민미술관 5층 건물이 서 있는 곳이다. 이 건물은 본래 동아일보사 건물로서 3층 이었는데 1960년대 동아방송을 시작하면서 2층을 더 올려 5층 건물이 되었고, 이 건물에 1994년 일민미술관이 들어서 현재에 이르고 있다.

'B' 지도의 오른편 위쪽에 좌우로 긴 실선 직사각형으로 표시를 해 놓은 곳이 '세종로 139번지'의 일부와 '세종로 159-1번지'가 함께 접해 있는 터인데 그곳에 현재 동아일보사 사옥이 서 있다. 동아일보사는 '세종로 139번지'를 이 사옥의 지번주소(地番住所)로 하고 있다.

<지적도와 사진 Ⅲ-1-2-1>의 'C'에 1930년대 말에 찍은 동아일보(東亞日報) 사옥 사진이 제시되어 있다. 일본전보통신이 발행한 1939년판 『신문총람』에 실린 동아일보사 사옥 사진인데 3층 건물이고, 옥상 중앙에 동아일보 사기(社旗)가 바람에 휘날리고, 정문 앞에 자동차 2대가 주차되어 있는 것이 보인다.

'D'는 2010년 6월에 찍은 사진인데, 현재 일민미술관이 들어 있는 옛 동아일보 사옥 건물 전체와 현재의 동아일보 사옥 빌딩의 일부가 보인다.

일제(日帝)치하 발행되었던 신문사들의 사옥 가운데 이 글을 쓰고 있는 2018년 현재 원래의 자리에 아직도 보존이 되어 있는 신문사 사옥 건물은 서울 시내에 둘밖에 없다. 그중의 하나가 동아일보사(東亞日報社) 사옥이다. 일제 당시는 3층이었던 것이 해방 후 5층으로 증축이 되기는 하였지만 원래의 사옥 이미지가 거의 그대로 훼손되지 않고 있다.

  다음은 일제(日帝) 때 우리 민족진영계 세 번째 신문 시대일보(時代日報)와 그 후신 중외일보(中外日報), 그리고 중외일보의 뒤를 이은 중앙일보(中央日報)와 그 후신인 조선중앙일보(朝鮮中央日報)에 관해 알아보겠다.

제2절 시대일보(時代日報), 중외일보(中外日報),
중앙일보(中央日報), 조선중앙일보(朝鮮中央日報)

조선일보(朝鮮日報)와 동아일보(東亞日報)가 발간된 지 4년이 지난 1924
년 3월 31일에 **시대일보(時代日報)**가 최남선(崔南善)을 중심으로 한 유지
들에 의해 일간신문으로 창간되었다.(<표 Ⅲ-2> 참조)

민족진영계 세 번째 신문인 **시대일보**는 2년여 만에 막을 내리고, **중
외일보(中外日報)**가 그 판권을 이어 받아 1926년 11월 15일에 발행되게
되었다.

시대일보(時代日報)를 계승한 **중외일보(中外日報)**는 5년 뒤인 1931년
9월 2일 종간되었고, **중앙일보(中央日報)**가 그 뒤를 이어받아 1931년 11
월 27일부터 발행되기 시작했다. 이 중앙일보(中央日報)는 1년여밖에 발
행을 못하고 그 바통을 **조선중앙일보(朝鮮中央日報)**에 넘겨주게 된다.

중앙일보(中央日報)가 문을 닫기 직전 그 신문을 새로 맡게 된 여운형
(呂運亨)이 1933년 3월 17일자로 제호(題號)를 조선중앙일보(朝鮮中央日
報)로 바꾸어 신문의 발행을 이어나갔다. 조선중앙일보(朝鮮中央日報)는
4년 반 정도를 발행되다가 1937년 11월 5일자를 마지막으로 종간되기
에 이른다.

민족진영계(民族陣營系) 제3의 신문으로 시대일보(時代日報) -> 중외일
보(中外日報) -> 중앙일보(中央日報) -> 조선중앙일보(朝鮮中央日報)로 이
어져 내려오던 것이, 마지막 주자 **조선중앙일보**의 종간으로 우리 민족진
영계 신문으로는 또다시 조선일보(朝鮮日報)와 동아일보(東亞日報) 두 신
문만이 남게 된다.

〈표 Ⅲ-2〉 시대일보(時代日報), 중외일보(中外日報), 중앙일보(中央日報),
조선중앙일보(朝鮮中央日報)의 발행기간과 발행소

신 문 명	발행기간	발행소	비 고
시대일보 (時代日報)	1924.3.31. ~1926.8.?	명동 2가 82 동순태(同順泰) 빌딩 내	
중외일보 (中外日報)	1926.11.15. ~1931.9.2.	화동 138(동아일보 창 간 터)	'시대일보'의 판권 인수 개제(改題)
중앙일보 (中央日報)	1931.11.27. ~1933.3.16.	견지동 60	'중외일보'를 계승 개제(改題)
조선중앙일보 (朝鮮中央日報)	1933.3.17. ~1937.11.5.	견지동 111	'중앙일보'를 개제(改題)

조선일보(朝鮮日報)와 동아일보(東亞日報) 두 신문도 일제 총독부의 '일도일지(一道一紙)' 원칙을 내세운 언론탄압 정책에 따라 1940년 8월 초순 강제폐간을 당하게 된다.

이로써 우리 조선(朝鮮)에는 일제의 식민통치 초기 10년에 이어 조선인 발행 신문이 없는 두 번째의 암흑기(暗黑期)가 1945년 8월 15일 일제가 패망하고 쫓겨날 때까지 5년간 지속되기에 이른다.

이제 시대일보(時代日報), 중외신문(中外新聞), 중앙일보(中央日報), 조선중앙일보(朝鮮中央日報)의 순으로 ① 신문발행소의 위치를 알아보고 그곳의 현재 위치를 추정해보고, ② 신문발행소가 들어 있던 건물의 옛 사진을 찾아보고 그곳의 현재 사진과 대조해 봄으로써 그간의 변화 모습을 알아보고자 한다.

1) 시대일보(時代日報): 중구 명동 2가 82

시대일보(時代日報)는 1924년 3월 31일 창간호를 발행했는데, 발행소는 당시 주소로 명치정 2정목(明治町 2丁目) 82번지에 있던 동순태(同順泰) 빌딩 내에 있었다.

164

"2년 10개월의 복역을 마치고 출옥한 최남선(崔南善)은 진학문(秦學文)·

염상섭(廉想涉)·이유근(李有根) 등과 『東明』을 발행하고 있었으나, 그의 본 뜻은 일간신문 창간에 있었다. 1923년 7월 17일자로 마침내 일간신문으로 개제허가(改題許可)되어 『東明』은 통권 제43호를 내놓은 다음,

1924년 3월 31일자부터 서울 명동 동순태(同順泰) 빌딩에서 일간 『時代日報』를 창간하였다. … 이로써 민간지는 동아(東亞)·조선(朝鮮)·시대(時代)의 세 신문이 정립(鼎立)하는 새로운 시대를 가져왔다."

최준(崔埈), 『한국신문사(韓國新聞史)』, 일조각, 1960, p. 229.

1926년도 제호

시대일보 (時代日報)	발행기간	발행소
	1924.3.31. ~ 1926.8.?)	명동 2가 82 동순태(同順泰) 빌딩 내

동순태는 구한말 때 당시 개항장 인천(仁川)을 거점으로 크게 된 중국인 거상(巨商) 담걸생(譚傑生)이 운영하던 상사의 이름으로, 명동 입구에 있던 동순태 빌딩의 1924년 당시 소유주는 '담걸생'이었음이 <토지대장 Ⅲ-2-1>에 나와 있다.

<토지대장 Ⅲ-2-1>에 제시되어 있는 것은 동순태 빌딩이 서 있던 곳인 명치정 2정목 82번지의 '구토지대장'이다. 서울시 중구청에 보존되어 있는 이 자료에 의하면 명치정 2정목 82번지 터가 1919년 중국인 담걸생의 소유로 넘어 왔고, 18년 뒤인 1937년에 그 소유권이 담연택(譚延

澤)에게로 넘어가게 되었다. 담연택에 관해서는 1969년 10월 17일자 경향신문에 다음과 같은 기사가 실려 있다. 구토지대장과 이 신문기사 내용으로 미루어 담연택은 담걸생의 아들로 추정이 된다.

　　동순태 빌딩은 동순태상회의 주인인 담걸생이 1919년에 이 터를 매입한 뒤 그곳에 빌딩을 신축한 것으로 생각된다.

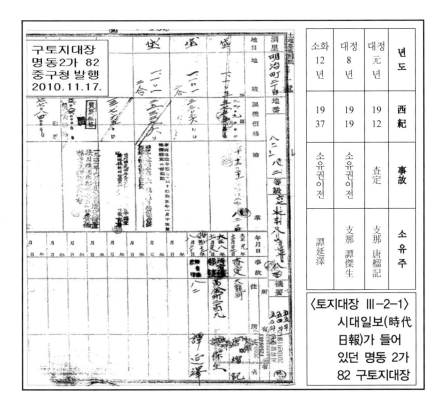

소화 12년	대정 8년	대정 元년	년도
19 37	19 19	19 12	西紀
소유권이전	소유권이전	査定	事故
譚延澤	支那 譚傑生	支那 唐榴記	소유주

〈토지대장 III-2-1〉
시대일보(時代日報)가 들어 있던 명동 2가 82 구토지대장

구토지대장
명동2가 82
중구청 발행
2010.11.17.

　　〈지적도 III-2-1〉에 옛 시대일보(時代日報) 발행소가 있었던 명치정 2정목 82번지 동순태 빌딩 터의 2010년 현재 위치를 추정해보기 위한 작업이 제시되어 있다.

166

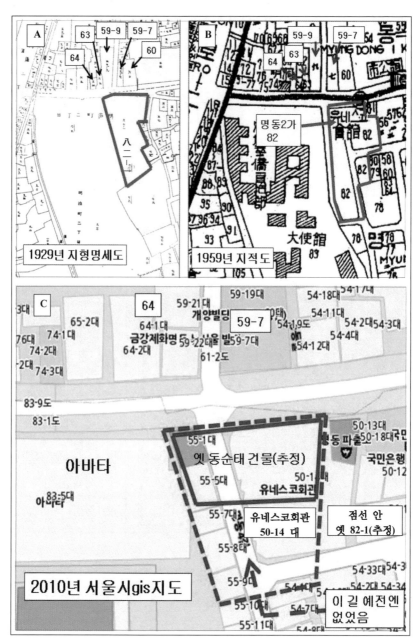

〈지적도 Ⅲ-2-1〉 옛 時代日報 발행소가 있었던 명치정 2정목 82번지 동순태 빌딩
터의 2010년 현재 위치를 추정해보기 위한 작업

* 1929년, 1959년, 2010년 지번도의 비교 검토를 통해

<지적도 Ⅲ-2-1>의 'A'는 1929년 지형명세도인데, 시대일보(時代日報) 발행소가 있었던 '명치정 2정목 82번지' 터에 굵은 실선을 그어 그 위치를 표시해 보았다. 시대일보가 1924년 3월에 창간되어 1926년 8월에 종간되었으니까 'A'의 지형도는 시대일보(時代日報) 종간 후 2년여가 지난 뒤의 것이다. 하지만 그 당시에는 지번과 지형의 변동이 크게 있던 시기가 아니기 때문에 1929년의 지형도이기는 하지만 시대일보 발행당시와 차이가 없었을 것으로 보아도 좋을 것 같다.

'A' 지형도에서 굵은 실선으로 표시해 놓은 것이 '명치정 2정목 82번지'이고, 길 건너 북쪽은 '명치정 1정목'인데 그 1정목의 5개 지번 59-7, 59-9, 60, 63, 64 번지가 표시되어 있다. 1정목의 이들 5개 지번을 표시해 놓은 것은 옛 명치정 2정목 82번지의 2010년 현재 위치를 추정하는 데 준거로 삼기 위한 것이다.

'B'에는 1959년 지적도가 제시되어 있다. 일제 때 명치정 2정목이 명동 2가로 그 명칭이 바뀌었을 뿐 82번지가 그대로 있다. 명동 2가 82번지 터에는 '유네스코 회관'이 들어서 있다. 일제 때에는 82번지와 중국 공관 터가 붙어있었는데 해방 후 14년이 지난 1959년 지적도에서 보면 82번지 서편에 남북으로 길게 길이 나 있는 것이 달라져 있다. 명동 1가 쪽에 준거점으로 잡아 놓았던 5개 지번 59-7, 59-9, 60, 63, 64번지도 그대로 변하지 않고 있다.

'C'에는 2010년 현재의 서울시 GIS 지도가 제시되어 있다. 2010년 현재의 이 지도에서 보면 옛 시대일보(時代日報) 발행소가 들어 있었던 동순태((同順泰) 빌딩 터 지번 82번지가 50-14, 55-1, 55-5, 55-7, 55-8, 55-9번지로 바뀌어 있다.

'C'의 2010년 지적도 위에 'A'의 1929년 지형도와 'B'의 1959년 지적도를 준거로 해서 옛 명치정 2정목 82번지 터를 추정해 굵은 점선으로 표시하고, 그 대지 안에 있던 동순태 빌딩 터를 추정해 굵은 실선으로 표시해 보았다.

옛 지적도와의 이와 같은 대비를 통해서 보면 2010년 현재 명동 '아바타 몰' 빌딩 동쪽에서 '명동 파출소' 서쪽까지의 터가 옛 동순태 빌딩 터였을 것으로 추정이 된다. 이 터의 대부분은 '유네스코 회관'이 차지하고 있다. 따라서 현재 '유네스코 회관' 터가 옛 시대일보가 들어 있었던 동순태 빌딩이 들어서 있던 자리로 보아도 될 것 같다.

〈사진 Ⅲ-2-1〉時代日報 발행소가 들어 있던 同順泰 빌딩 사진과
2010년 현재 그 터에 들어 서 있는 "유네스코會館" 빌딩 사진

<사진 Ⅲ-2-1>에는 옛 시대일보(時代日報) 발행소가 들어 있던 동순태(同順泰) 빌딩의 사진과 2010년 현재 그 터에 들어서 있는 유네스코 빌딩의 사진이 제시되어 있다.

'A'의 동순태 빌딩 사진은 일본전보통신사(日本電報通信社) 발행 『신문총람』1926년판 487면 시대일보(時代日報) 편에 나와 있는 것이고, 'B'

의 유네스코 빌딩 사진은 연구자가 2010년 6월에 찍은 것이다.

시대일보(時代日報)가 발행소 사무실로 사용한 것이 동순태 빌딩 내
몇 층의 몇 호실이었는지에 관한 자료는 연구자가 아직 접하지 못하고
있다.

2) 중외일보(中外日報): 중구 명동 2가 82 -〉 종로구 화동 138

"『시대일보(時代日報)』는 과거 여러 차례의 투자로서 경영에 힘썼
으나 역시 산발적인 소규모의 것이었던 까닭으로 근본적으로 재정난
을 극복치 못하고 1926년 여름부터 휴간을 계속 중 마침내 폐간을 당하
였다."

"이처럼 『시대일보(時代日報)』의 발행권이 취소되자 1926년 9월 18
일 이상협(李相協)이 새로 『중외일보(中外日報)』의 발행허가를 얻었
다."

최준(崔埈), 『한국신문사(韓國新聞史)』, 일조각, 1960, p. 229.

	발행기간	발행소	비 고
중외일보 (中外日報)	1926.11.15. ~ 1931.9.2.	처음: 명동 2가 82번지 (~1926.12.22.) 다음: 화동 138번지 (1926.12.23.~)	"시대일보"의 판권 인수 改題. 처음: "시대일보"사옥 사용. 다음: "동아일보" 전(前) 사옥으로 이전.

1926년도 제호

중외일보(中外日報)는 최남선의 시대일보(時代日報)가 재정난으로 1926
년 8월 종간된 뒤, 이상협(李相協)이 발행허가를 얻어 1926년 11월 15
일 창간호를 낸 신문이다.

창간 당시 중외일보의 발행소는 시대일보가 있었던 명치정 2정목 82
번지 동순태(同順泰) 빌딩 내에 있었다. 연구자로서는 자료를 아직 찾지
못해 확실치는 않지만 중외일보가 시대일보 발행소 사무실들을 그대로
인계받아 사용하지 않았을까 하는 생각이 든다.

<제호 Ⅲ-2-2>에 제시되어 있듯이 중외일보(中外日報)의 발행소 주소

가 1926년(대정 15년) 12월 22일까지는 '명치정 2정목 82번지'로 나와
있는데 하루가 지난 1926년 12월 23일자에는 '화동(花洞) 183번지'로
바뀌어 있다. <사고 Ⅲ-2-2>에서 보면 신문사를 옮긴 것은 12월 20일이
었다.

화동 183번지는 1926년 12월 9일까지 동아일보(東亞日報)가 신문을
발행하던 곳이었다. 동아일보는 창간사옥인 화동을 떠나 현재의 세종로
139번지 신축사옥으로 이전을 했는데, 동아일보가 이전한 직후 중외일보
(中外日報)가 직전까지 동아일보 발행소였던 화동 183번지로 발행소를
옮겨 들어간 것이다.

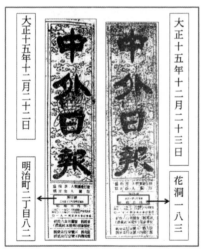

〈제호 Ⅲ-2-2〉中外日報 제호:
제호에 나온 발행소 위치
처음 명동2가에서 시작
후에 화동으로 이전

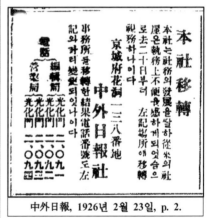

中外日報, 1926년 2월 23일, p. 2.

〈사고 Ⅲ-2-2〉中外日報의
사옥 이전 사고(社告)

중외일보(中外日報) 창간 발행소 명치정 2정목 82번지 동순태 빌딩의
위치와 동순태 빌딩의 사진과 그곳의 2010년 현재의 모습 사진은 바로
앞 시대일보(時代日報) 발행소에 관해 알아볼 때 이미 다루어진 것이기

때문에 여기서는 생략하고자 한다.(앞 시대일보 편 <지적도 Ⅲ-2-1>과 <사진 Ⅲ-2-1> 참조)

중외일보(中外日報)가 옮겨가서 종간 때까지 근 5년간 신문을 발행했던 두 번째 발행소가 있던 화동 183번지의 위치와 그곳의 그 당시 모습과 2010년 현재의 모습 사진은 앞에서 동아일보(東亞日報) 창간 발행소에 관해 알아 볼 때 이미 다루어졌기 때문에 중복을 피하기 위해 이것 역시 생략을 하겠다.(앞 동아일보 편 <지적도 Ⅲ-1-2-1>과 <지적도 Ⅲ-1-2-1> <사진 Ⅲ-1-2-1> 참조)

3) 중앙일보(中央日報): 종로구 견지동 60

"『중외일보』가 종간하자 김찬성(金贊成)이 1931년 10월 14일 총독부로부터 발행 허가를 얻어 『중앙일보』를 창간했다..... 같은 해 11월 27일 견지동 60번지에서 석간 4면제로 창간호를 냈다..... 지령은 『중외일보』의 것을 승계하여 창간호를 1,493호부터 시작했다."

김민환, 『한국언론사』, 사회비평사, 1996, p. 233-34.

	발행기간	발행소	비 고
중앙일보 (中央日報)	1931.11.27. ~ 1933.2.15.	견지동 60	"중외일보"를 계승 改題

1932년도 제호

중앙일보(中央日報)는 1931년 11월 27일 창간되어 1932년 2월 15일 종간되었다. 중앙일보는 중외일보를 계승한 일간 신문인데, 발행소는 종로구 '견지동(堅志洞) 60번지'에 있었다.

'견지동 60번지'에 관해서는 일제 때의 사항들이 기록되어 있는 구토지대장과 구건물대장 모두가 종로구청 지적과에 보존되어 있지 않아 자세한 것은 알 수 없으나, 중앙일보(中央日報)가 창간되기 4년 전인 1927

년 당시의 지적목록(地籍目錄)인 <지적목록 Ⅲ-2-3>에서 짐작해 볼 수는 있을 것 같다.

　　<지적목록 Ⅲ-2-3>에서 보면 1927년 당시 견지동 60번지는 1호와 2호로 나뉘어져 있었다. 60번지의 1호는 지목이 대지, 넓이가 2평3합, 소유주가 국가로 나와 있고 60번지의 2호는 지목이 대지, 넓이가 47평4합, 소유주가 조선도서주식회사였다.

〈지적목록 Ⅲ-2-3〉中央日報 발행소
견지동60번지 지적사항

  중앙일보(中央日報) 발행소가 있었던 견지동 60번지가 어디였었고 그 곳의 위치가 현재는 어디일까? 중앙일보 사옥은 어떤 모습이었고 그 사옥이 있던 곳의 현재의 모습은 어떻게 변해 있을까?

  <지적도와 사진 Ⅲ-2-3>에 이 궁금증을 풀어주는 지적도와 사진이 제시되어 있다.

  'A'에 제시되어 있는 것은 1959년 지번도인데 여기에 '견지동 60번지'가 나와 있다. 'A-1'은 'A' 지번도에서 '60번지' 부분을 확대한 것이다. 'B'는 1993년도 지번약도인데 여기에서 보면 실선 타원으로 표시된 곳이 이전의 '60번지' 터인데 도로 확장으로 많이 잘려나가 있다. 'C'는 2011년 서울시 GIS 지도이다. 실선 타원으로 표시된 곳이 '60-2대'로 나와 있다. '60-2대'는 그 터가 지번은 '60번지의 2호'이고 지목은 '대지'라는 뜻이다. '60-2대'로 표시되어 있는 곳이 옛 '60번지' 터의 위치를 가리켜준다.

  지적도 'A', 'B', 'C'를 대비해 보면 중앙일보 발행소가 있었던 옛 견지동 60번지 터의 현재 위치를 알 수가 있다. 옛 60번지 터는 상당부분이 그 앞 인도와 도로에 포함되어 있고 현재는 그 일부만이 '60-2대'로 남아 있다.

  <지적도와 사진 Ⅲ-2-3>의 'D'는 견지동 60번지에 있었던 옛 중앙일보사(中央日報社)의 사옥 사진이다. 『신문총람』1932년판에 나와 있다.

  'E'에는 옛 중앙일보 사옥이 들어서 있던 곳의 2010년 5월 현재의 모습이다.

174

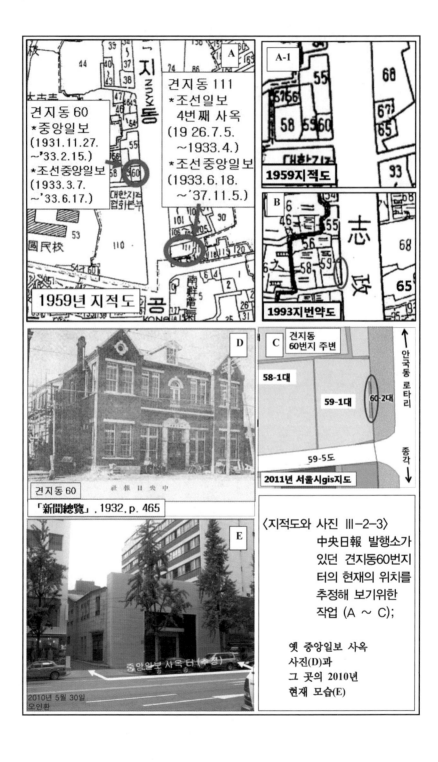

견지동 60
*중앙일보
(1931.11.27.
~'33.2.15.)
*조선중앙일보
(1933.3.7.
~'33.6.17.)

견지동 111
*조선일보
4번째 사옥
(1926.7.5.
~1933.4.)
*조선중앙일보
(1933.6.18.
~'37.11.5.)

A

1959년 지적도

A-1
1959지적도

B
1993지번약도

D
견지동 60
「新聞總覽」, 1932, p. 465

C
견지동
60번지 주변
58-1대
59-1대
60-2대
59-5도
2011년 서울시gis지도

E
2010년 5월 30일
오인환
중앙일보 사옥 터 (추정)

〈지적도와 사진 Ⅲ-2-3〉
中央日報 발행소가
있던 견지동60번지
터의 현재의 위치를
추정해 보기위한
작업 (A ～ C);

옛 중앙일보 사옥
사진(D)과
그 곳의 2010년
현재 모습(E)

다음은 중앙일보(中央日報)의 후신 조선중앙일보(朝鮮中央日報)의 발행
소 위치와 사옥 사진에 관해 알아보겠다.

4) 조선중앙일보(朝鮮中央日報): 견지동 60 -〉견지동 111

1936년도 제호

> "『중앙일보』는.... 1933년 2월 1일에는 활자를 개정하고 16일에는
> 여운형(呂運亨)을 사장으로 초빙했다."
> "여운형이 『중앙일보』를 맡으면서 이 신문은 새로운 전기를 맞았
> 다. 1933년 3월 7일부터 이 신문은 제호를 『조선중앙일보(朝鮮中央日
> 報)』로 바꾸었다.
> 6월 18일에 사옥을 견지동 111번지로 옮긴 뒤, 7월 1일부터는 지면
> 을 6면으로 늘려 발행했다."
>
> 김민환, 『한국언론사』, 사회비평사, 1996, p. 234.

	발행기간	발행소	비 고
조선중앙일보 (朝鮮中央日報)	1933.3.7. ~1937.11.5.	처음: 견지동60번지 (1933.3.7. ~1933.6.17.) 다음: 견지동111번지 (1933.6.18. ~1937.11.5.)	"중앙일보"를 改題 처음: "중앙일보"사옥 사용 다음: "조선일보" 前사옥 건물로 이전

조선중앙일보(朝鮮中央日報)는 여운형(呂運亨)이 중앙일보(中央日
報)의 운영을 넘겨받고 19일이 지난 1933년 3월 7일 제호를 중앙일보(中央日
報)에서 조선중앙일보(朝鮮中央日報)로 바꾸어 발행하기 시작한 신문이다.

조선중앙일보는 처음에는 그 전신인 중앙일보 사옥을 그대로 사용하
다가 3개월 후인 6월 18일에 '견지동(堅志洞) 111번지'로 사옥을 옮겨 4
년여 뒤인 1937년 11월 5일 종간 때까지 사용했다.

176

〈제호 Ⅲ-2-4〉 朝鮮中央日報의 제호 밑에 나온
발행소 위치: 처음 견지동60번지에서 시작
후에 견지동111번지로 이전

　<제호 Ⅲ-2-4>에 조선중앙일보(朝鮮中央日報)의 1933년 6월 18일자 신문의 제호와 6월 20일자 신문의 제호가 제시되어 있다. 발행소 주소가 6월 18일자 제호 밑에는 '견지동 60번지'로 나와 있고, 6월 20일자 제호 밑에는 '견지동 111번지'로 나와 있다.

　조선중앙일보(朝鮮中央日報)의 첫 번째 사옥 터 '견지동 60번지'의 위치와 사옥 건물 사진 그리고 그곳의 현재의 모습에 관해서는 바로 앞 중앙일보(中央日報) 부분에서 다루었기 때문에 여기서는 생략을 하고자 한다.(앞의 <지적도와 사진 Ⅲ-2-3> 참조)

　조선중앙일보(朝鮮中央日報)의 두 번째 사옥 터 '견지동 111번지'에 관해서도 훨씬 앞에서 조선일보의 네 번째 사옥을 다룰 때 이미 알아보

앗으나(<지적도 Ⅲ-1-1-7>을 참조) 훨씬 앞쪽이기 때문에 찾아보는 번거
로움을 덜기 위해 여기서 간략하게나마 다시 다루어보고자 한다.

    <지적도 Ⅲ-2-4>의 'A'와 'B'와 'C'에 조선중앙일보의 두 번째 사옥
으로서 1937년 종간 때까지 신문을 발행했던 견지동 111번지 터의 위
치가 실선으로 표시되어 있다.(훨씬 앞 조선일보 네 번째 사옥을 다룬
부분에서 <지적도 Ⅲ-1-1-7>로 나왔었음)

    'A'는 1929년 지형도이고 'B'는 1959년 지적도이고 'C'는 2004년 지
번안내도인데 조선중앙일보의 두 번째 사옥 터 견지동 111번지가 변동
이 없이 그대로 남아 있다.

178

　다음 <지적도와 사진 Ⅲ-2-4>에 2011년 현재 지적도상에서의 옛 조선 중앙일보(朝鮮中央日報) 발행소 위치(A: 견지동 60번지와 111번지)와 견지동 111번지 터 사옥의 옛 모습 사진(B)과 현재의 모습 사진(C), 그리고 현재 그 건물 앞에 세워져있는 '조선중앙일보 사옥 터 표석' 사진(D)이 제시되어 있다.

〈지적도와 사진 Ⅲ-2-4〉朝鮮中央日報의 견지동 111번지 사옥 위치(A),
옛 사옥 사진(B), 보존된 그 사옥건물의 현재의 모습(C)
그리고 조선중앙일보 표석(D)

　'A'의 2011년 서울시 GIS 지도 위쪽 왼편에 실선과 점선 사각형으로

표시되어 있는 곳이 견지동 60번지 터이다. 실선 부분은 현재 '60-2대'
로 남아있는 곳이고 점선 부분은 옛 60번지 터에서 인도와 차도로 떨어
져나간 곳이다. 아래쪽 오른편에 실선 사각형으로 표시되어 있는 곳이
견지동 111번지 터이다. 이곳에는 현재 농협종로지점이 들어서 있다.

'B'에 제시되어 있는 것은 1936년판『신문총람』에 실려 있는 조선중
앙일보(朝鮮中央日報) 사옥 사진이다.(훨씬 앞 조선일보 네 번째 사옥을
다루는 부분에서 조선일보 사옥으로 이미 나왔던 건물의 사진임: <사진
Ⅲ-1-1-4>의 1932년판『신문총람』사진.)

'C'에는 2011년 현재까지 그대로 보존되고 있는 옛 조선중앙일보의
두 번째 사옥 건물 사진이 제시되어 있다. 현재는 이 건물을 농협지점이
사용하고 있다.(이 건물 사진, 훨씬 앞에서 조선일보 네 번째 사옥을 다
룰 때 나왔음.)

'D'는 이 건물 앞에 세워져 있는 '조선중앙일보 사옥 터 표석' 사진
이다. 표석 문안의 일부가 표석 사진의 아래쪽에 제시되어 있다. 이 표
석 문안에는 이 건물이 조선일보의 네 번째 사옥이기도 했었다는 언급
은 들어 있지 않다.

앞서 동아일보(東亞日報) 사옥에 관해 다룰 때도 언급된 바 있지만 서
울에서 일제(日帝) 때 발행되던 옛 신문들의 사옥 가운데 아직도 그 건
물 본래의 형태가 보존되어 있는 것은 동아일보(東亞日報)의 세종로 사
옥과 처음에 조선일보(朝鮮日報) 다음에 조선중앙일보(朝鮮中央日報)가
들었던 견지동의 이 사옥, 이들 둘 뿐이다.

조선중앙일보(朝鮮中央日報) 두 번째 사옥 터인 견지동 111번지의 일제
때 토지소유 기록인 '구(舊)토지대장'(종로구청 발행)에 의하면, 이 터의 소
유권이 조선중앙일보 명의로 이전된 것이 1936년으로 나와 있다. 이 터는
1938년에 그 소유권이 대동광업으로 이전된다.(이 자료도 조선일보(朝鮮日
報) 네 번째 사옥을 다룰 때 이미 나왔음. 앞 <토지대장 Ⅲ-1-1-4> 참조)

일제(日帝) 때 조선일보(朝鮮日報) 동아일보(東亞日報)와 함께 민족진영 신문의 하나였던 조선중앙일보(朝鮮中央日報)는 이곳 견지동 111번지 사옥에서 1937년 11월 초 종간을 맞았다.

여운형(呂運亨)이 중앙일보(中央日報)를 넘겨받아 신문의 제호를 조선중앙일보(朝鮮中央日報)로 바꾼 것이 1933년 3월, 사옥을 견지동 60번지에서 견지동 111번지로 이전한 것이 1933년 6월, 그로부터 4년여가 지난 뒤 문을 닫지 않을 수 없는 상태에 이른 것이다.

동아일보(東亞日報)와 조선일보(朝鮮日報)는 신문발행이 좀 더 계속되었다. 1940년에 일제 총독부가 한 도(道)에 하나의 신문만을 허용하는 일도일지(一道一紙) 정책을 강행하게 되는데, 이로 인해 동아일보(東亞日報)는 1940년 8월 10일, 조선일보(朝鮮日報)는 1940년 8월 11일 폐간을 당하게 된다.

제3절 친일(親日)신문: 시사신문(時事新聞),
민중신문(民衆新聞)

1919년 3월 1일에 불길이 오른 '조선의 독립을 요구하는' 조선민중의 봉기가 전국적으로 확산되자 일제(日帝)가 종래의 '무단통치(武斷統治)' 방식을 이른바 '문화정치(文化政治)'로 식민지배 스타일을 바꾸게 된다. 이에 따라 총독부(總督府)가 1920년 1월 조선인이 발행하는 일간신문 셋을 인가해 준다. 이 때 동아일보(東亞日報), 조선일보(朝鮮日報)와 함께 시사신문(時事新聞)이 인가를 받았다.

시사신문(時事新聞)은 민원식(閔元植)이 주동이 되어 결성한 노골적인 친일단체인 국민협회(國民協會)의 기관지로서 1920년 4월 1일 창간되었다.

시사신문은 발행인 민원식이 1921년 2월 16일 일본 도쿄(東京)에서 민족주의자 양근환에게 살해되자 3월 3일 휴간하기에 이르렀고, 속간을 못하고 종간되었다. 국민협회(國民協會)는 시사신문(時事新聞)의 후신으로 1922년 4월 15일 월간지 『시사평론(時事評論)』을 창간해, 1928년 1월까지 근 6년간 발행했다.

친일(親日) 국민협회(國民協會)는 시사평론이 종간되고 나서 2년 뒤인 1930년 2월에 민중신문(民衆新聞)이란 제호로 다시 일간지를 발행하기 시작했다. 민중신문(民衆新聞)은 처음 3년간 일간으로 발행되다가 1933년 신문의 제호는 그대로 유지한 채 주간(週刊)으로 바뀌어 1941년 말까지 발행되다가 종간되었다.

	신 문 명	발행기간	발 행 소	비 고
친일	시사신문 (時事新聞)	1920.4.1. ~1921.3.3.	長谷川町(소공동) * 이 신문발행소가 종로 紬廛后洞 第23統 12戶로 나와 있는 곳이 있음. (이 주소체계는 구한말 당시의 것임. 구한말에 같은 이름의 신문이 발행 되었었는데, 그 신문의 발행소 주소로 판단 됨.)	친일 국민협회(國民協會) **일간** 시사신문 -> **월간** 시사평론 (1922.4.25.~1928.1.?)
	민중신문 (民衆新聞)	1930.2.1. ~1933(?)	공평동 54	친일 국민협회 **일간** 민중신문 -> **주간** 민중신문 (1933~1941.12.)

* 『韓國新聞百年』(史料集), 한국신문연구소, 1975, p. 99에 이렇게 나와 있음/
다른 책이나 논문에서도 이 주소가 그대로 인용되고 있는 곳이 있음.

1) 시사신문(時事新聞): 중구 소공동

"민원식(閔元植)은 백낙균과 함께 1910년 1월 1일 『시사신문』을 내다
가, 5월 8일 경영난으로 종간한 경험이 있었다. ……
민원식은 1920년 1월 18일 신일본주의를 표방하여 국민협회를 결성했다.
그(민원식)는 (1920년) 일제로부터 신문발행을 허가받자 같은 이름(『시
사신문』)으로 다시 신문을 낸 것이다. 『시사신문』은 사장에 민원식, …
경리주임에 방한복 등으로 진용을 갖추어 1920년 4월 1일 창간호를 냈다.
이 신문은 1921년 2월 16일 발행인 민원식이 … 도쿄의 한 호텔에서
민족주의자 양근환에게 살해되자 3월 3일 휴간하였다. 국민협회는 그 후
속간을 준비하였으나 뜻을 이루지 못하고 1922년 4월 15일부터 월간지로
『시사평론』을 냈다."

김민환, 『한국언론사』, 1996, p. 254.

	발행기간	발 행 소	비 고
시사신문 (時事新聞)	1920.4.1. ~1921.3.3.	長谷川町(소공동) * 종로 紬廛后洞 第23統 12戶 (이 주소체계는 구한말 당시의 것임. 일제 때의 주소체계가 아님. 구한말 에 발행되었던 같은 이름의 신문발행 소로 판단 됨.)	**일간** 시사신문 -> **월간** 시사평론 (1922.4.25.~1928.1.?)

* 『韓國新聞百年』(史料集), 한국신문연구소, 1975, p. 99에 이렇게 나와 있음/
다른 책이나 논문에서도 이 주소가 그대로 인용되고 있는 곳이 있음.

시사신문(時事新聞)은 우리나라 사람이 발행하는 친일(親日) 신문이었기 때문에 우리 국민들 사이에 거부감이 너무 커서 발행부수가 많지 않았던 것으로 알려져 있다. 그래서 그런지 이 신문은 국내에 보존되어 있는 것이 없는 것 같다.

1975년 발행된 『한국신문백년(韓國新聞百年(史料集))』이나 1983년 발행된 『한국신문백년지(韓國新聞百年誌)』 두 자료집을 보면 거기에서 다루어진 신문들의 경우는 해당 신문의 제1면이 제시되어 있는데 시사신문(時事新聞)의 경우는 글로 간단히 소개가 되어있을 뿐 신문이 제시되어 있지 않다.

위 두 자료집의 시사신문(時事新聞) 부분을 보면 이 신문발행소의 주소가 '종로 주전후동(紬廛后洞) 제23통 12호(第23統 12戶)'로 나와 있는데, 이는 민원식(閔元植)이 구한말 일제의 식민통치가 시작되기 직전인 1910년 초에 몇 개월간 발행했었던 옛 시사신문(時事新聞) 발행소의 주소를 신문사 제호가 같으니까 착각을 해 적어놓은 것 같다. 왜냐하면 '종로 주전후동(紬廛后洞) 第23統 12戶'란 주소는 구한말 주소체계이지 일제(日帝)가 새로 도입한 주소체계는 아니기 때문이다.

시사신문(時事新聞) 실물이 보존되어 있지 않은 상황에서 연구자는 시사신문에 관한 간접적인 자료를 찾아 나섰다. 시사신문의 발간 주체인 친일단체 국민협회(國民協會)에 관한 자료 속에서 시사신문에 관한 보다 직접적인 자료가 나오지 않을까 해서 찾아보았다.

찾고자 하는 자료를 못 찾고 있다가 문득 그 당시의 잡지나 신문에 창간광고를 내지 않았을까, 자기네 신문의 구독을 권하는 광고를 내지 않았을까 하는 생각이 들었다. 잡지 몇을 찾아보았으나 찾는 자료가 나오지 않았다.

시사신문(時事新聞)이 창간된 1920년 4월 1일 당시 서울에서 발행되고 있던 주요 신문은 경성일보(京城日報) 매일신보(每日申報) 조선신문(朝鮮新聞) 3개지였는데, 이 중에서 총독부 일본어 기관지 경성일보(京城

日報)와 한국어 기관지 매일신보(每日申報)를 뒤지다가 시사신문(時事新
聞)의 창간광고를 찾을 수 있었다.

시사신문(時事新聞)의 창간광고가 <광고 Ⅲ-3-1>에 제시되어 있다. 두
신문에 난 창간광고는 하나는 일본어, 다른 하나는 한국어로 되어 있을
뿐 내용은 똑같았다.

이 창간광고에서 시사신문의 제호(題號)는 확인이 되었다. 그런데 발
행소의 위치는 '장곡천정(長谷川町)' 즉 현재의 '소공동'으로만 나와 있
고 번지가 나와 있지 않았다.

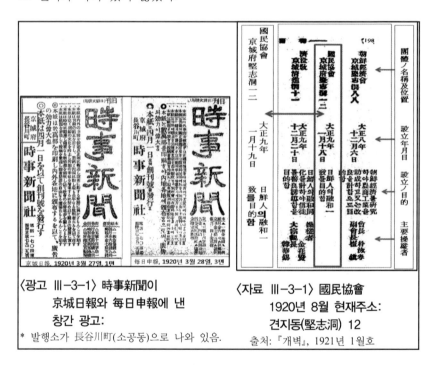

〈광고 Ⅲ-3-1〉 時事新聞이
京城日報와 每日申報에 낸
창간 광고:
* 발행소가 長谷川町(소공동)으로 나와 있음.

〈자료 Ⅲ-3-1〉 國民協會
1920년 8월 현재주소:
견지동(堅志洞) 12
출처: 『개벽』, 1921년 1월호

혹시 발행주체인 국민협회(國民協會) 건물에서 시사신문(時事新聞)이
발행되었을지도 모른다는 생각에서 국민협회 본부 주소를 찾아보았다.

<자료 Ⅲ-3-1>에 1920년 당시의 국민협회 본부의 주소가 나와 있다.
이 자료는 『개벽』(開闢), 1921년 1월호 198면에 실린 '경성 내(京城內)
의 각 단체일람(各團體一覽), 경신8월 현재(庚申八月現在)'에 나와 있는

것으로, 국민협회(國民協會)의 주소지가 '견지동 12번지'로 되어 있다. '장곡천정'이 아니었다.

경신년이 1920년이고, 시사신문(時事新聞)이 1920년 4월 1일 나왔으니까, 『개벽』지(誌)에 난 국민협회(國民協會)의 이 주소자료는 시사신문 창간 직후의 것이다.

시사신문(時事新聞)의 발행소가 장곡천정(현재의 소공동)에 있었다는 것이 확인되었다. 그러나 장곡천정 어디였었는지, 그 정확한 위치는 계속 찾아보아야 할 것 같다.

다만, 시사신문과 국민협회 관련 자료들을 찾는 과정에서 비록 직접적인 것은 아니지만 몇 가지 자료들이 찾아졌는데, 이들 자료들을 일제하 서울에서 발행되던 신문사들의 위치 추적 과정에서 얻어진 다른 정보들의 틀 속에 대입해 보면, 시사신문(時事新聞) 발행소의 위치에 관한 어느 정도의 추정이 가능할 것 같기도 하다.

우선 시사평론(時事評論)이 시사신문의 후신이기 때문에 국민협회가 시사평론을 시사신문 발행소였던 곳에서 창간하지 않았을까 하는 희망적인 억측도 해 보았다. 그런데 시사신문 발행소는 장곡천정에 있었고 국민협회는 견지동 쪽에 있었다는 사실을 알게 되어, 이 추정은 크게 빗나갔다.

시사신문의 후속 출판으로 국민협회가 발간한 시사평론(時事評論)의 발행소가 수은동 59번지인데, 1917년과 1927년 지적목록에서 보면 국유(國有)로 나와 있고, 국민협회가 월간 시사평론의 후속으로 발행한 일간지 민중신문(民衆新聞)의 경우에도 이 신문이 일간에서 주간으로 바뀌었을 때의 발행소인 태평통 2정목 366번지도 국유였다.

국민협회의 간행물 중의 둘, 즉 월간 시사평론(月刊 時事評論)과 주간(週刊) 민중신문(民衆新聞)의 발행소 터가 국유(國有)였음을 알고 보니, 그렇다면 혹시 시사신문(時事新聞)의 경우도 발행주체인 국민협회가 친일단체였기 때문에 일제의 총독부가 신문발행에 상당한 지원을 해주었을 것 같고, 그 지원이 국유로 되어있는 건물을 신문사 사옥 건물로 쓰게 하는 것이 아니었을까 하는 생각이 들 수도 있다.

이상의 추정이 맞는 것이라면 하는 생각에서 시사신문(時事新聞) 발행소
가 있었던 長谷川町(현재의 소공동)의 당시 토지소유 현황을 알아보았다.

시사신문(時事新聞)이 창간되기 3년 전인 1917년 지적목록에서 보면 장
곡천정에 소유권이 국유로 되어있는 터가 16곳인데 그중에서 대지가 아주
넓거나 아주 작은 곳을 제외하고 나면 6곳이 남는다. 그 6곳은 '44-2번지
대지 93평', '78-2번지 대지 36평', '86-2번지 대지 47평', '90번지 대지
72평', '102번지 대지 31평', '103-2번지 대지 42평'이다.(<표 Ⅲ-3-1>

장곡천정의 시사신문(時事新聞) 발행소가 이들 6곳 중의 한 곳이 아니
었을까 추정을 해 보았다.

<지적도 Ⅲ-3-1-1>은 1929년판 '경성부 일필매 지형명세도' 중 장곡천
정 부분 위에 <표 Ⅲ-3-1>에 나와 있는 '국유이면서 면적이 중간쯤 되
는 6곳'의 위치를 굵은 실선의 원과 타원으로 표시해 본 것이다.

이 지형명세도 위에 '78번지' '90번지' '102번지'는 나와 있지 않아
주변의 지번들을 참고해서 그 위치를 추정을 해 보았다. 이들 3개 지번
에 '?'를 붙인 것은 '추정'임을 나타내기 위한 것이다.

<지적도 Ⅲ-3-1-2>는 1936년판 '대경성정도(大京城精圖)' 중 장곡천정
부분 전체가 나와 있는 지번도인데, 바로 앞 <지적도 Ⅲ-3-1-1>에서 시
사신문(時事新聞) 발행소 터로 추정이 가능한 여섯 곳을 1936년판인 이
지번도 위에 '굵은 실선 테를 두른 원'으로 표시를 해본 것이다.

시사신문(時事新聞) 발행소가 장곡천정(長谷川町)에 있었다고 하는 것
보다는 그 범위가 여섯 곳으로 크게 줄어들었다. 시사신문이 총독부로부
터 소유권이 국유로 되어있는 터와 건물을 얻어 그곳에서 신문을 발행
했을 것이라는 가정을 전제로 한 이 추정, 전제로 한 가정이 사실이라
하더라도 그를 근거로 추정해낸 발행소 위치가 여섯 곳이라면 큰 도움
이 될 수는 없을 것 같다.

시사신문(時事新聞) 발행소 위치에 관한 직접적인 자료가 찾아지기를
기대해 본다.

면적이 아주 넓거나 매우 작은곳 들	면적이 중간인곳 들
4번지 대 13평	
6번지 대 1,947평	
58-2번지 대 209평	44-2번지 대 93평
84-2번지 대 1평	78-2번지 대 36평
91-2번지 대 0.1평	86-2번지 대 47평
92-2번지 대 7평	90번지 대 72평
94번지 대 16평	102번지 대 31평
97-2번지 대 0.4평	103-2번지 대 42평
111번지 대 1,835평	
115번지 대 3,181평	

〈표 Ⅲ-3-1〉 장곡천정에서
국가소유인 대지 자료
* 『京城府管內地籍目錄』, 1917.

〈大京城精圖〉, 1936

〈지적도 Ⅲ-3-1-2〉 時事新聞의
장곡천정 발행소 추정지:
* 실선 원 표시 5 곳 중 한 곳?

〈지적도 Ⅲ-3-1-1〉
時事新聞
발행소 위치
추정작업:

* 실선 원 또는
타원형으로
표시된 곳
6곳 중 한 곳
아니었을까
추정해 봄.

조선호텔
한국은행

188

2) 민중신문(民衆新聞): 종로구 공평동 54

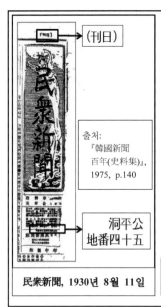

"일간신문의 발행을 중단한 국민협회는『시사신문』의 후신으로 1930년 2월 1일 석간 4면의『민중신문』을 창간했다.... 발행소는 공평동 54번지였다.
(이 신문은) 독자의 외면으로 경영난을 이기지 못하여 1933년에 다시 주간으로 전환했다.
이 주간지 역시 총독부의 신문 일제 정리 방침에 따라 1941년 12월 말에 폐간되었다."

김민환, 『한국언론사』, 1996, pp. 254-5.

	발행기간	행소	비 고
민중신문 (民衆新 聞)	1930.2.1. ~1933(?)	공평동 54	**일간** 민중신문 -> **주간** 민중신문 (1933~1941.12.)

〈제호 및 자료 Ⅲ-2〉 민중신문(民衆新聞) 제호와 자료

민중신문(民衆新聞)은 친일단체인 국민협회(國民協會)가 발간한 두 번째 일간지이다.

국민협회는 1920년 4월에 일간(日刊)인 시사신문(時事新聞)을 발간했다가 종간하고, 이어 1922년 4월에는 월간(月刊)인 시사평론(時事評論)을 발간했다가 종간했었는데, 다시 1930년 2월에 일간(日刊)인 민중신문(民衆新聞)을 창간해 발행을 하게 된다.

민중신문은 일간으로 3년간 발행되다가 1933년 주간(週刊)으로 바뀌게 되는데, 이 주간 민중신문은 1941년까지 8년여 동안 더 발행 되었다.

일간(日刊) 민중신문(民衆新聞)의 발행소는 '공평동(公平洞) 54번지'였다. 민중신문의 제호 밑에 발행소 주소가 '공평동 54번지'로 나와 있다.

종로구청 지적과에서 발행한 구(舊)토지대장이 <구토지대장 Ⅲ-3-2>에 제시되어 있다. 이 대장을 보면 '공평동 54번지'의 소유권이 1922년에 대동인

쇄(大東印刷)로 이전되었다가 1936년에 노익형(盧益亨)에게로 넘어가고 있
다. 일간 민중신문(民衆新聞)의 발행기간이 1930년 2월에서 1933년까지였으
니까 이 신문은 대동인쇄(大東印刷) 소유의 건물에서 신문을 발행한 것이다.

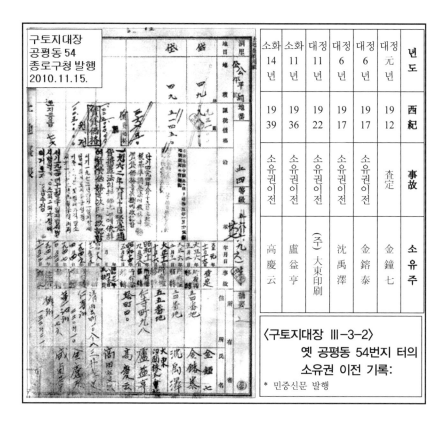

	소화 14년	소화 11년	대정 11년	대정 6년	대정 6년	대정 元년	년도
	19 39	19 36	19 22	19 17	19 17	19 12	西紀
	소유권이전	소유권이전	소유권이전	소유권이전	소유권이전	査定	事故
	高慶云	盧益亨	(주)大東印刷	沈禹澤	金鎔泰	金鐘七	소유주

〈구토지대장 Ⅲ-3-2〉
옛 공평동 54번지 터의
소유권 이전 기록:
* 민중신문 발행

〈표 Ⅲ-3-2〉 공평동 54번지의 지적변동 자료

변경 전 지번	변경 후 지번	변경일자	변경사유	사업명
공평동 일반 54-1	공평동 일반 70	2001-01-10	구획정리	공평구역 제19지구 도심재개발사업
공평동 일반 54	공평동 일반 70-3	2001-01-10	구획정리	공평구역 제19지구 도심재개발사업

* 서울특별시 부동산종합정보 바뀐 지번 찾기
  http://klis.seoul.go.kr/sis/caf/rp3.do?service=findChangeJibun (2010.5.29.)

일간 민중신문 발행소가 있었던 '공평동 54번지'는 어디일까 ? 2011년 현재의 지적도에 '공평동 54번지'는 안 나온다.

서울시가 인터넷으로 제공하고 있는 '부동산 종합정보'의 '바뀐 지번 찾기'에서 알아보았다. 그 결과가 <표 Ⅲ-3-2>에 제시되어 있다.

'공평동 54번지'의 지번이 2001년 1월에 바뀌었는데, '공평동의 옛 54-1번지'가 '70번지'로, 옛 '54번지'가 '70-3번지'로 바뀌어 있다.

<지적도와 사진 Ⅲ-3-2-1>에 민중일보(民衆日報) 발행소가 있었던 옛 '공평동 54번지' 터의 현재 위치를 찾기 위한 작업이 제시되어 있다.

'A'는 1929년 지형명세도인데 굵은 실선 사각형으로 표시되어 있는 곳이 당시의 '공평동 54번지' 터이다. 점선 타원으로 표시된 곳은 '255번지'와 '7번지' 터이다. 255번지와 7번지 터의 위치를 표시한 것은 'C'의 2011년 서울시 GIS 지도와의 대비를 위한 것이다.

'B'는 1959년 지적도이다. 굵은 실선 작은 원으로 표시되어 있는 곳이 공평동 54번지 터이다.

'C'는 2010년 서울시 GIS 지도이다. 여기에는 공평동 54번지가 안 나와 있다. '바뀐 지번 찾기'에서 옛 54번지가 '70-3번지'로 바뀐 것을 확인했기에, 2001년 초까지 54번지였다가 '70-3번지'로 바뀐 곳에 굵은 실선 원으로 표시를 해 놓았다. 종로타워 빌딩 뒤쪽 주차장 터로 있었다가, 2018년 현재 큰 빌딩이 들어서게 된 곳이, 1930년대 초 친일단체 국민협회(國民協會)가 발행하던 일간 민중신문(民衆新聞) 발행소가 있던 곳임을 알게 되었다.

'A' 'B' 'C' 3개 지적도의 지번 자료를 근거로 해서 옛 민중신문(民衆新聞) 발행소 터로 추정한 곳 주변을 2018년 1월에 사진으로 찍은 것이 'D'에 제시되어 있다. 이 사진을 찍은 지점과 촬영 방향은 'C'에 화살표로 표시되어 있다.

〈지적도와 사진 Ⅲ-3-2-1〉 일간(日刊) 민중신문(民衆新聞) 발행소가 있었던
옛 '공평동 54번지' 터의 현재 위치를 찾기 위한 작업:
* (A) 1929년 지형명세도(54번지 있음); (B) 1959년 지적도(54번지 있음);
  (C) 2011년 서울시 GIS 지도(70-3번지로 바뀌어 있음); (D) 2017년 현재 70-3번지 주변 모습

이상 Ⅲ장(Ⅲ章)에서는 일제(日帝) 식민통치(植民統治) 기간 중 경성(京城)에서 일제 총독부(日帝 總督府)의 인가를 받아 우리나라 사람들에 의해 발행되었던 일간(日刊) 신문들에 관해 알아보았다. ① 우선 이들 우리 조선인 발행 신문사들의 사옥(社屋) 위치를 확인해 보고, ② 이어서 이들 옛 사옥의 사진을 찾아보고, ③ 그들 사옥이 있었던 곳의 2010년~2017년 현재의 변화된 모습을 사진을 통해 제시해 보고자 했다.

제 IV 장

경성(京城)에 지사(국)(支社(局))를 두었던
신문과 통신들: 그 지사(국)의 위치

들어가는 말:

들어가는 말: 『경성(京城)·영등포(永登浦) 전화번호부(電話番號簿)』(1939)

일제 때 당시 경성(京城)으로 불리던 서울에는 다른 곳에서 발행되고 있던 신문들의 지사(支社) 또는 지국(支局)이 여럿 있었다.

우선 지방도시에서 발행되던 신문의 지사(支社) 또는 지국(支局)이 있었고, 다음으로는 바다 건너 일본(日本)에서 발행되던 크고 작은 신문들의 지사 지국이 있었고, 당시 일본의 지배하에 있었던 북쪽 만주(滿洲) 땅에서 나오던 신문들의 지사 지국이 있었다.

이 연구의 본 주제인 '일제 강점기(日帝强占期) 경성(京城)에서 발행되던 신문사들의 위치'를 확인하는 과정에서 '경성(京城)에 외지(外地) 신문사들의 지국(支局) 내지는 지사(支社)들도 있었을 것인데' 하는 생각이 잠깐 들었으나 곧 잊고 말았다.

그러던 중 연세대학교 중앙도서관에서 우연히 『경성(京城)·영등포(永登浦) 전화번호부(電話番號簿)』1939년판이 눈에 띄었다. 페이지를 넘겨보니 경성에서 발행되던 신문들 그리고 외지 신문들의 지사·지국 전화번호와 주소가 나와 있어, 외지 신문들의 지국·지사 위치도 다루어보고 싶은 생각이 들게 되었다.

<자료 Ⅳ-1-1>에 『경성(京城)·영등포(永登浦) 전화번호부(電話番號簿)』 1939년판의 표지와 번호부 30면(面)이 제시되어 있다.

<자료 Ⅳ-1-2>에는 이 전화번호부에서 '경성(京城) 발행 신문 중 경성일보(京城日報)의 경우와 외지(外地) 발행 신문 중 4개사의 지국·지사들의 경우가 예시되어 있다.

196

〈자료 Ⅳ-1-1〉『京城·永登浦 電話番號簿』 1939년판 표지와 내용
(A): 전화번호부 표지 / (B): 번호부 안의 한 면 예시(p. 30) /
(C): (B)의 4각 테두리 안 부분 확대한 것

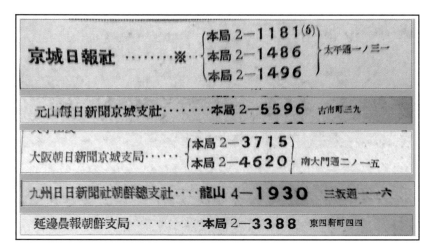

〈자료 Ⅳ-1-2〉『경성(京城)・영등포(永登浦) 전화번호부(電話番號簿)』
　　　　　　1939년판 내용 중 경성(京城) 발행 신문 중 경성일보의 경우와
　　　　　　외지(外地) 발행 신문 중 4개사의 지국・지사들의 경우:
　　　　　　전화번호 및 주소 예시

　1939년 당시의 『경성(京城)・영등포(永登浦) 전화번호부(電話番號簿)』
에서 신문사와 신문사 지국・지사들만을 뽑아 정리한 것이 <표 Ⅳ-1-1>
에 행정구역별 즉 구(區)와 동(洞)별로 묶여서 제시되어 있다.
　<표 Ⅳ-1-1>은 세 부분으로 나뉘어져 있다.
　첫 머리 부분 즉 칸에 '배경색(陰影)'이 들어 있는 부분의 신문사들은
이 책의 앞 **'제Ⅱ장'(日本人 발행 新聞과 通信들의 사옥 위치)**과 **'제Ⅲ
장'(韓國人 발행 新聞들의 사옥 위치)**에서 이미 다루어졌기 때문에 여기
서 다시 다루지는 않았다.
　끝 쪽의 '배경색'이 들어 있는 부분의 2개 신문사들 즉 기독신문(基督
新聞)과 법정신문(法政新聞)은 이 전화번호부에 들어 있기는 하지만 여
기 제Ⅳ장이 경성(京城)에 있던 외지 신문사들의 지사・지국에 관한 것
이기 때문에 역시 다루지를 않기로 했다.(기독신문은 주간이어서, 법정신
문은 자료를 찾지 못했기도 했지만 일간은 아니었던 것으로 추정되어,
이 연구에서는 다루지 않았음)

198

따라서 이곳 제Ⅳ장에서는 중간 부분 즉 '배경색'이 없는 칸에 나와 있는 26개 신문사들의 지국·지사가 검토의 대상이 된다.

<표 Ⅳ-1-1>에서 보면 당시 경성(京城)에서 외지(外地) 신문사의 지국이나 지사가 있었던 지역은 중구(中區)와 용산구(龍山區) 2개 구(區)뿐이었다.

그 수는 중구(中區)에 더 많아 18개소(남대문로 4개, 을지로 2개, 회현동 2개, 수하동 1개, 산림동 1개, 소공동 1개, 북창동 1개, 남창동 1개, 봉래동 1개, 장춘동 1가 2개, 장춘동 2가 1개, 신당동 1개)였고, 용산구(龍山區)에는 그 반이 채 안 되는 8개소(후암동 3개, 동자동 2개, 한강로 1개, 갈월동 1개, 이태원동 1개)였다.

〈표 Ⅳ-1-1〉『경성(京城)·영등포(永登浦) 전화번호부(電話番號簿)』
(1939)에 실려 있는 신문사 및 支社·支局과 그들의 주소(住所)

면	신문(통신)사	주 소	비 고
106	京城日報社	太平通 1-31　(중구 태평로)	
298	每日新報社	太平通 1-31　(중구 태평로)	
210	朝鮮新聞社	太平通 2-115　(중구 태평로)	
209	朝鮮商工新聞社	黃金町 2-199　(중구 을지로)	이 책 앞쪽
243	同盟通信 京城支局	太平通 1-31　(중구 태평로)	제Ⅱ장과
260	日本商業通信社 京城支局	太平通 1-31　(중구 태평로)	제Ⅲ장에서
215~6	朝鮮日報社	太平通 1-61　(중구 태평로)	다루었음.
237~8	東亞日報社	光化門通 139　(종로구 세종로)	
38	大阪朝日新聞 京城支局	南大門通 2-15　(중구 남대문로)	
280	釜山日報 京城支社	南大門通 2-133　(중구 남대문로)	
287	平壤每日新聞 京城支局	南大門通 5-48　(중구 남대문로)	
306	滿鮮日報 京畿總局	南大門通 5-74　(중구 남대문로)	
289	奉天每日新聞 朝鮮支局	黃金町 2-148　(중구 을지로)	
59	關門每友新聞社 京城支局	黃金町 1-196　(중구 을지로)	
48	鹿兒島新聞 支局	水下町 31　(중구 수하동)	
282	福岡日日新聞 京城支局	林町 112　(중구 산림동)	

면	신문(통신)사	주 소	비 고
258	日刊工業新聞 朝鮮支局	長谷川町 112 (중구 소공동)	
38	大阪每日新聞 支局	旭町 2-6 (중구 회현동)	
264	哈爾賓日日新聞 朝鮮支局	旭町 2-49 (중구 회현동)	
182	大正通信社	北米倉町 94 (중구 북창동)	
290	北鮮時事新報社 京城支社	南米倉町 205 (중구 남창동)	
258	日本警察新聞 京城支局	逢來町 1-27 (중구 봉래동)	
184	大同報社 朝鮮支局	東四軒町 35 (중구 장춘동 1가)	
31	延邊晨報 朝鮮支局	東四軒町 44 (중구 장춘동 1가)	
198	中國新聞社 京城支局	西四軒町 90 (중구 장춘동 2가)	
258	日刊大陸通信社	新堂町 333 (중구 신당동)	
66	九州日日新聞社 朝鮮總支局	三坂通 116 (용산구 후암동)	
184	大北新報 朝鮮支局	三坂通 164 (용산구 후암동)	
290	北鮮日報 京城支局	三坂通 105 (용산구 후암동)	
169	鮮滿鐵道新報社	漢江通 15 (용산구 한강로)	
115	元山每日新聞 京城支社	古市町 39 (용산구 동자동)	
290	北鮮日日新聞 京城支局	古市町 39 (용산구 동자동)	
158	新聞改造社 滿鮮支社	岡崎町 24 (용산구 갈월동)	
198	中央新聞 朝鮮支社	梨泰院町 420 (용산구 이태원동)	
70	基督新聞社	鐘路 2-91 (종로구 종로)	
289	法政新聞社	旭町 2-60 (중구 회현동)	

위 <표 Ⅳ-1-1>에 나와 있는 경성(京城) 시내 소재 외지(外地) 신문사들의 지국(支局)이나 지사(支社)가 있던 위치를 지국·지사 별로 하나씩 알아보기보다는 가까이 있는 것끼리 몇 개씩을 묶어서 알아보는 것이 그들의 분포를 파악하는데 도움이 될 것 같아, <표>의 배열을 재조정한

200

것이 <표 Ⅳ-1-2>에 제시되어 있다.

이제 <표 Ⅳ-1-2>에 나와 있는 배열 순서에 따라, 경성(京城) 시내 소재 외지(外地) 신문사들의 지국·지사가 있던 위치를 알아보고자 한다.

〈표 Ⅳ-1-2〉 일제 식민통치 말기 경성(京城) 시내 외지(外地) 신문사들의
지사(국)(支社(局))들을 가까이 있는 것끼리 묶은 표

區	인접한 洞	일련번호	外地 신문사들의 支局·支社	주소
중구 (中區)	을지로 1가 남대문로 2가 을지로 2가	1	關門每友新聞社 京城支局	黃金町 1-196　(중구 을지로)
		2	大阪朝日新聞 京城支局	南大門通 2-15　(중구 남대문로)
		3	釜山日報 京城支社	南大門通 2-133　(중구 남대문로)
		4	鹿兒島新聞 支局	水下町 31　(중구 수하동)
		5	奉天每日新聞 朝鮮支局	黃金町 2-148　(중구 을지로)
	장춘동 1가 장춘동 2가 신당동	6	福岡日日新聞 京城支局	林町 112　(중구 산림동)
		7	大同報社 朝鮮支局	東四軒町 35　(중구 장춘동 1가)
		8	延邊晨報 朝鮮支局	東四軒町 44　(중구 장춘동 1가)
		9	中國新聞社 京城支局	西四軒町 90　(중구 장춘동 2가)
		10	日刊大陸通信社	新堂町 333　(중구 신당동)
	소공동 북창동 남창동 회현동	11	日刊工業新聞 朝鮮支局	長谷川町 112　(중구 소공동)
		12	大正通信社	北米倉町 94　(중구 북창동)
		13	北鮮時事新報社 京城支社	南米倉町 205　(중구 남창동)
		14	大阪每日新聞 支局	旭町 2-6　(중구 회현동)
		15	哈爾賓日日新聞 朝鮮支局	旭町 2-49　(중구 회현동)
	봉래동 남대문로 5가	16	日本警察新聞 京城支局	逢來町 1-27　(중구 봉래동)
		17	平壤每日新聞 京城支局	南大門 5-48　(중구 남대문로)
		18	滿鮮日報 京畿總局	南大門 5-74　(중구 남대문로)
용산구 (龍山區)	후암동 동자동 갈월동	19	九州日日新聞社 朝鮮總支局	三坂通 116　(용산구 후암동)
		20	大北新報 朝鮮支局	三坂通 164　(용산구 후암동)
		21	北鮮日報 京城支局	三坂通 105　(용산구 후암동)
		22	元山每日新聞 京城支社	古市町 39　(용산구 동자동)
		23	北鮮日日新聞 京城支局	古市町 39　(용산구 동자동)
		24	新聞改造社 滿鮮支社	岡崎町 24　(용산구 갈월동)
	이태원동 한강로 1가	25	中央新聞 朝鮮支社	梨泰院町 420　(용산구 이태원동)
		26	鮮滿鐵道新報社	漢江通 15　(용산구 한강로)

자료:『경성(京城)·영등포(永登浦) 전화번호부(電話番號簿)』(1939),
* 앞의 <표 Ⅳ-1-1>의 자료를 근접성을 기준으로 묶은 <표>임.

이 작업에서 주로 사용할 지도는 **'1959년판** 지번구획입(**地番區劃入**) **대서울정도(大서울精圖)'**이다.

1959년도까지만 하더라도 서울시의 지번(地番) 체계가 이 연구의 대상 시기인 일제(日帝) 식민통치 당시의 지번 체계에서 거의 바뀌지 않았을 때이어서, 1959년 현재의 지번 주소로 여기서 찾고자 하는 외지신문들의 지사(국)가 있었던 위치를 찾을 수 있었다.(이태원동 등 몇 지역은 최근 의 지도를 사용했음)

작업을 위해 필요할 경우 최근(2010년대)의 '서울시 GIS 지도'와 일 제 때인 '1929년 지형명세도'가 이용되기도 했다.

이 작업은 보는 것만으로도 알 수 있기 때문에 부연설명 없이 위치(位置)자료를 제시하고자 한다.

우선 중구(中區)의 경우를 알아보고, 다음에 용산구(龍山區)의 경우를 알아보고자 한다.

제1절 중구(中區) 내(內) 외지(外地) 신문·통신들의 지사(支社) 지국(支局)

중구의 경우 근접한 지사와 지국들을 6개 그룹으로 묶어, 그 위치를 알아보았다.

〈지도 Ⅳ-1-1〉 중구(中區) '을지로 1가'와 '남대문로 2가'에 있었던
                지국 지사들의 위치

일련번호	신문 지국(사)명	주 소
1	關門每友新聞社 京城支局	黃金町 1-196 (중구 을지로)
2	大阪朝日新聞 京城支局	南大門通 2-15 (중구 남대문로)
3	釜山日報 京城支社	南大門通 2-133 (중구 남대문로)

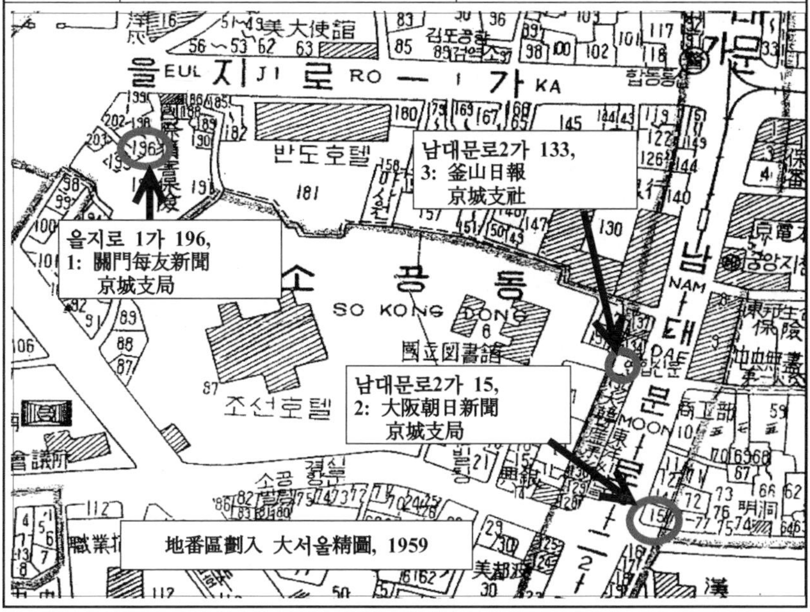

남대문로2가 133,
3: 釜山日報
京城支社

을지로 1가 196,
1: 關門每友新聞
京城支局

남대문로2가 15,
2: 大阪朝日新聞
京城支局

地番區劃入 大서울精圖, 1959

204

〈지도 Ⅳ-1-2〉 중구(中區) '수하동'과 '을지로 2가'에 있었던
지국 지사들의 위치

일련번호	신문 지국(사)명	주 소
4	鹿兒島新聞 支局	水下町 31　　(중구 수하동)
5	奉天每日新聞 朝鮮支局	黃金町 2-148　(중구 을지로)

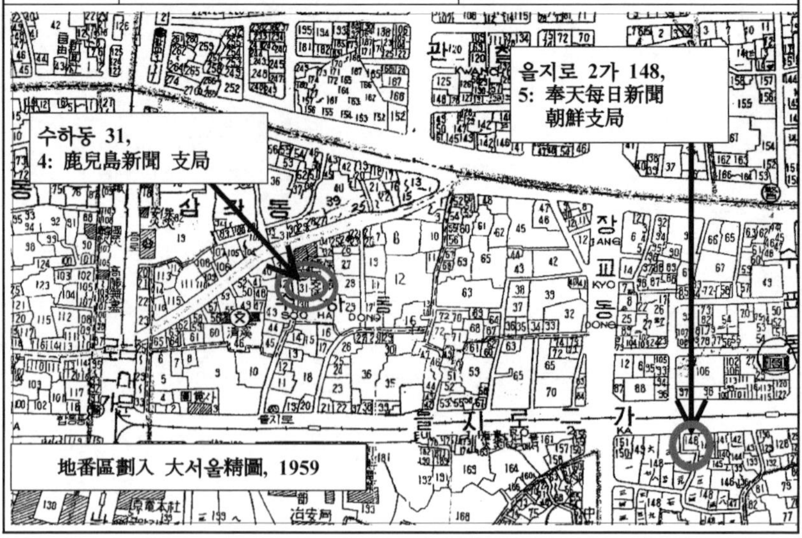

〈지도 Ⅳ-1-3〉 중구(中區) '산림동'과 '장춘동 1가 2가'에 있었던
지국 지사들의 위치

6	福岡日日新聞 京城支局	林町 112 (중구 산림동)
7	大同報社 朝鮮支局	東四軒町 35 (중구 장춘동 1가)
8	延邊晨報 朝鮮支局	東四軒町 44 (중구 장춘동 1가)
9	中國新聞社 京城支局	西四軒町 90 (중구 장춘동 2가)

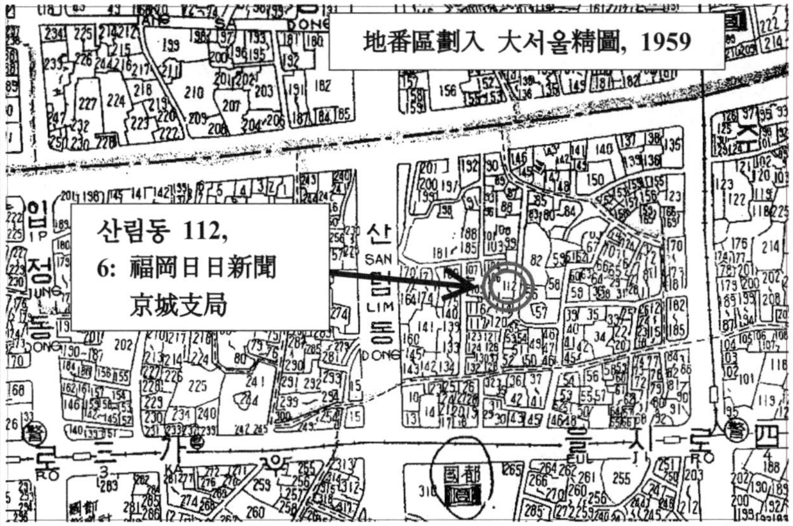

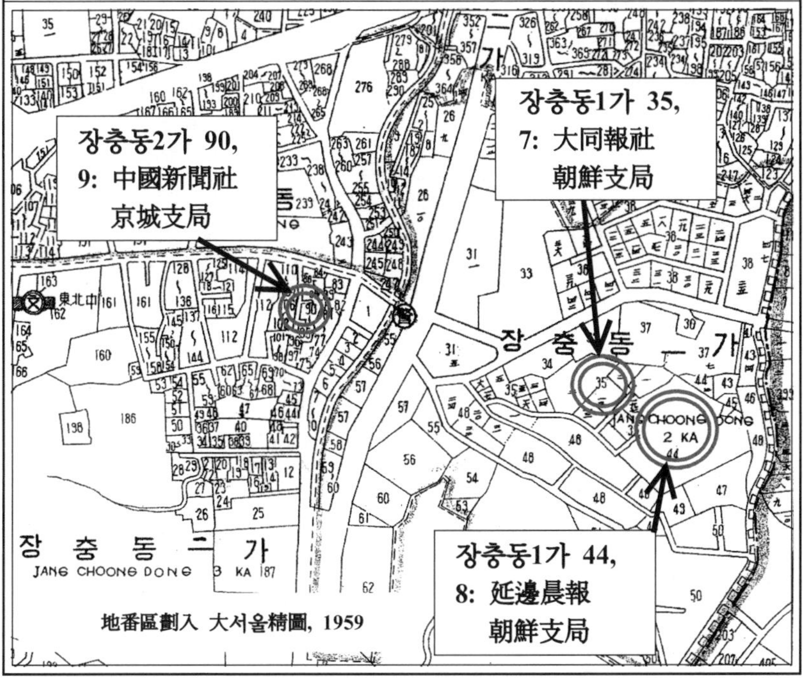

地番區劃入 大서울精圖, 1959

산림동 112,
6: 福岡日日新聞
京城支局

장충동2가 90,
9: 中國新聞社
京城支局

장충동1가 35,
7: 大同報社
朝鮮支局

장충동1가 44,
8: 延邊晨報
朝鮮支局

地番區劃入 大서울精圖, 1959

〈지도 IV-1-4〉 중구(中區) '신당동'에 있었던 지국 지사들의 위치

10	日刊大陸通信社	新堂町 333(중구 신당동) * 신당동 333번지 몇 호(号)인지가 안 나와 있어, 정확한 위치 확인 못하고 있음.

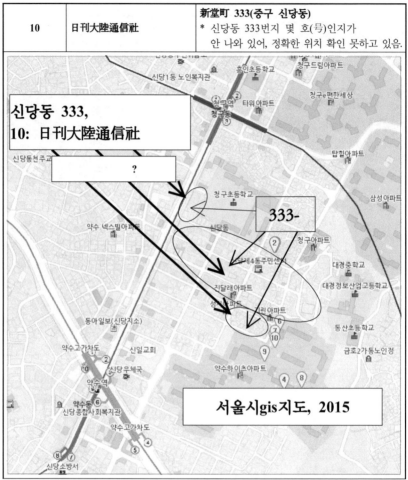

신당동 333,
10: 日刊大陸通信社

?

333-

서울시gis지도, 2015

* 1959년도 지적도, 구하지 못해, 최근 지적도를 사용했음.

〈지도 Ⅳ-1-5〉 중구(中區) '소공동', '북창동', '남창동', '회현동'에 있었던 지국
지사들의 위치

11	日刊工業新聞 朝鮮支局	長谷川町 112(중구 소공동) * 112번지 몇 호(号)인지가 안 나와 있어, 정확한 위치 확인 못하고 있음.
12	大正通信社	北米倉町 94 (중구 복창동)
13	北鮮時事新報社 京城支社	南米倉町 205 (중구 남창동)
14	大阪毎日新聞 支局	旭町 2-6 (중구 회현동)
15	哈爾賓日日新聞 朝鮮支局	旭町 2-49 (중구 회현동)

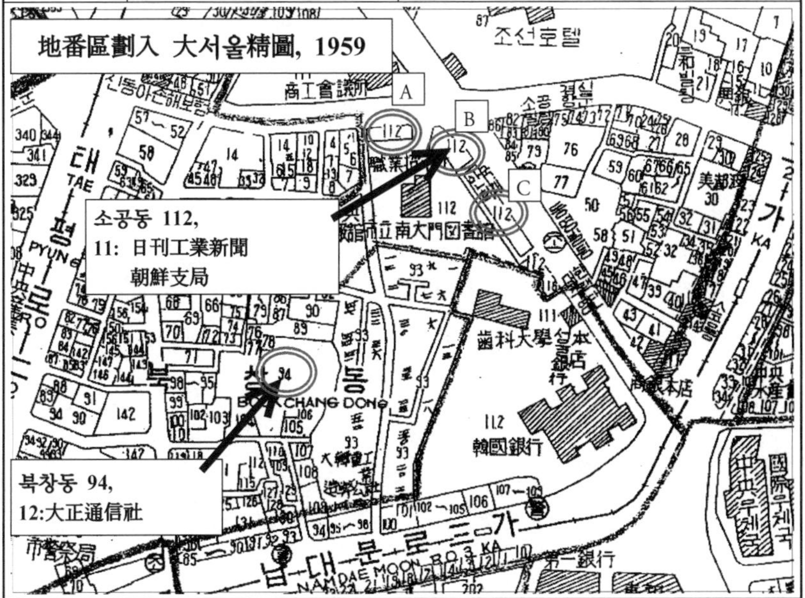

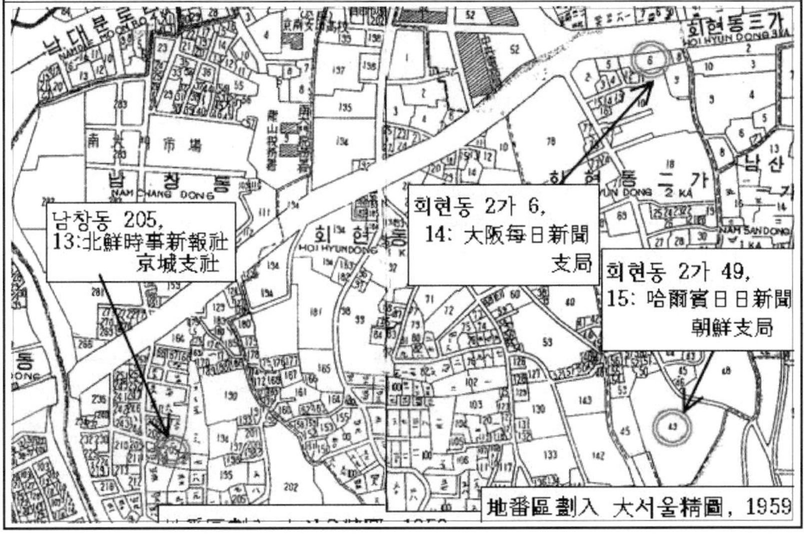

地番區劃入 大서울精圖, 1959

소공동 112,
11: 日刊工業新聞
朝鮮支局

북창동 94,
12: 大正通信社

남창동 205,
13: 北鮮時事新報社
京城支社

회현동 2가 6,
14: 大阪毎日新聞
支局

회현동 2가 49,
15: 哈爾賓日日新聞
朝鮮支局

地番區劃入 大서울精圖, 1959

208

〈지도 Ⅳ-1-6〉 중구(中區) '봉래동'과 '남대문로 5가'에 있었던 지국 지사들의 위치

16	日本警察新聞 京城支局	逢來町 1-27 (중구 봉래동)
17	平壤每日新聞 京城支局	南大門通 5-48 (중구 남대문로)
18	滿鮮日報 京畿總局	南大門通 5-74 (중구 남대문로)

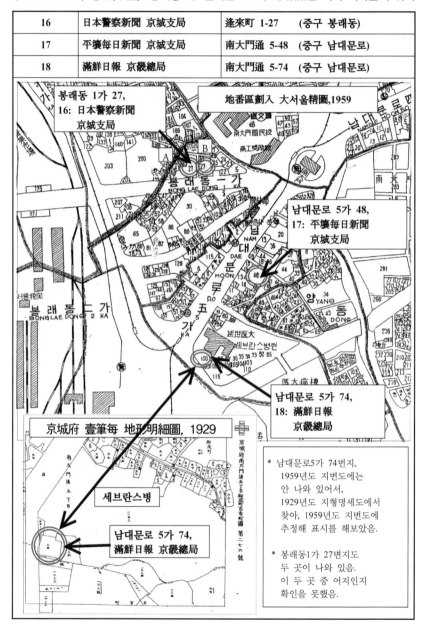

봉래동 1가 27,
16: 日本警察新聞
京城支局

地番區劃入 大서울精圖,1959

남대문로 5가 48,
17: 平壤每日新聞
京城支局

남대문로 5가 74,
18: 滿鮮日報
京畿總局

京城府 壹筆每 地形明細圖, 1929

세브란스병

남대문로 5가 74,
滿鮮日報 京畿總局

* 남대문로5가 74번지,
1959년도 지번도에는
안 나와 있어서,
1929년도 지형명세도에서
찾아, 1959년도 지번도에
추정해 표시를 해보았음.

* 봉래동1가 27번지도
두 곳이 나와 있음.
이 두 곳 중 어지인지
확인을 못했음.

제2절 용산구(龍山區) 내(內) 외지(外地) 신문·통신들의 지사(支社) 지국(支局)

용산구의 경우 후암동, 동자동, 갈월동은 근접해 있어서 <지도 IV-2-1>에 묶어서 알아보았고, 거리가 떨어져 있는 이태원동의 경우는 <지도 IV-2-2>에, 한강로 1가의 경우는 <지도 IV-2-3>에서 따로 알아보았다.

〈지도 Ⅳ-2-1〉 용산구(龍山區) 후암동', '동자동', '갈월동'에 있었던
지사 지국들의 위치

19	九州日日新聞社 朝鮮總支局	三坂通 116 (용산구 후암동)
20	大北新報 朝鮮支局	三坂通 164 (용산구 후암동)
21	北鮮日報 京城支局	三坂通 105 (용산구 후암동)
22	元山毎日新聞 京城支社	古市町 39 (용산구 동자동)
23	北鮮日日新聞 京城支局	古市町 39 (용산구 동자동)
24	新聞改造社 滿鮮支社	岡崎町 24 (용산구 갈월동)

* 후암동 105번지, A, B, C, 세 곳이 나옴. 이 3개소 중 어디일지 확인 못하고 있음.

〈지도 Ⅳ-2-2〉 용산구(龍山區) '이태원동'에 있었던 지사 지국들의 위치

25	中央新聞 朝鮮支社	梨泰院町 420 (용산구 이태원동)

이태원동 420,
25: 中央新聞
朝鮮支社

이태원동 420,
中央新聞
朝鮮支社

서울시gis지도, 2015

* 1959년도 지적도를 구하지 못해 최근 지적도를 사용했음.

〈지도 Ⅳ-2-3〉 용산구 '한강로'에 있었던 지사 지국들의 위치

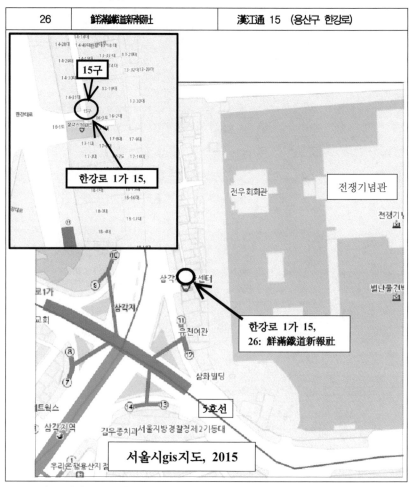

| 26 | 鮮滿鐵道新報社 | 漢江通 15 (용산구 한강로) |

* 1959년도 지적도를 구하지 못해 최근 지적도를 사용했음.

제 Ⅴ 장

요약과 결어

요약: 일제치하(日帝治下) 경성(京城)에서 발행된 일간 신문(日刊
新聞)과 통신(通信)들의 사옥 위치
  1) 일본인(日本人) 발행 신문과 통신들의 사옥 위치 요약
  2) 조선인(朝鮮人) 발행 신문들의 사옥 위치 요약
  3) 외지(外地) 신문과 통신들의 지사 지국 사무소 위치 요약
결어(結語): 보다 충실한 후속작업이 뒤따르기를 바라며……

요약: 일제치하(日帝治下) 경성(京城)에서 발행된 일간 신문(日刊 新聞)과 통신(通信)들의 사옥 위치

본 연구의 주제는 일제(日帝) 식민통치(植民統治) 기간 중 당시 경성 (京城)으로 불리던 우리의 수도(首都) '서울'에서 발행되었던 일간 신문과 통신들의 사옥위치를 찾아 확인해 보는 것으로서,

'제Ⅱ장: 일본인(日本人) 발행의 신문(통신 포함)'과 '제Ⅲ장: 조선인 (朝鮮人) 발행의 신문'으로 나누어,

① 그 신문들의 발행소 위치를 현재의 지적도 상에서 확인 혹은 추정해보고,

② 그 신문들의 발행소 건물의 사진을 찾아보고,

③ 그들 신문의 발행소 건물이 있던 곳의 현재의 변한 모습을 사진으로 제시해보고자 했다.

그리고 '제Ⅳ장: 외지(外地) 신문과 통신들의 지국 지사(支局 支社) 위치'에서는 그 지국과 지사가 있었던 위치만을 당시의 지번이 거의 변치 않고 있었던 1959년 지적도 위에서 확인 내지 추정을 해보았다.

여기 제Ⅴ장 요약에서는 일제(日帝)의 강점 기간에 서울에서 발행되었던 신문(新聞)들이 있었던 곳의 위치를, 일본인(日本人) 발행과 우리 조선인(朝鮮人) 발행, 그리고 외지(外地) 신문들의 지사(국)로 묶어서, 2015년 현재의 지도 위에 표시함으로써, 그 분포가 한 눈에 파악이 될 수 있도록 하는 것으로 요약(要約)에 대신하고자 한다.

1) 일본인(日本人) 발행 신문(新聞)과 통신(通信)들의 사옥 위치 요약

<일본인 발행 신문들의 사옥 위치>

일제(日帝) 치하 경성(京城)에서 일본인(日本人)들이 발행하던 신문(新聞)들의 사옥(社屋) 위치가

2015년 현재의 '서울시 GIS 지도' <지도 Ⅴ-1-1> 위에 제시되어 있다.

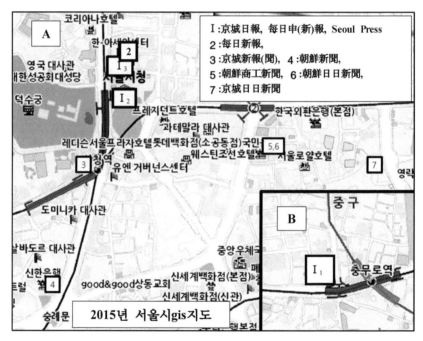

〈지도 Ⅴ-1-1〉 日帝하 日本人들 발행 일간 新聞들의 사옥 위치.

* 일본인 발행 신문들은 모두 중구(中區)에 있었음.

* 총독부 기관지 京城日報, 每日申(新)報, Seoul Press는 처음 <Ⅰ₁>,
  다음에 <Ⅰ₂>, 세 번째로 <Ⅰ₃>으로 이전했음. 每日申報는 京城日報에서
  분사하면서 제호를 每日新報로 바꾸고 바로 옆 <2>에 신사옥을 짓고 이전했음.

<일본인 발행 통신들의 사옥 위치>

일제(日帝) 치하 경성(京城)에서 일본인(日本人)들이 발행하던 통신(通信)들의 사옥 위치가

2015년 현재의 '서울시 GIS 지도' <지도 Ⅴ-1-2> 위에 제시되어 있다.

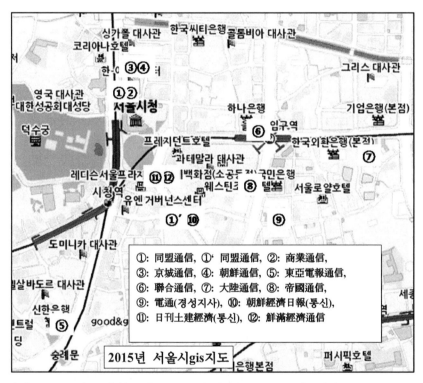

〈지도 Ⅴ-1-2〉 日帝하 日本人들 발행 일간 通信들의 사옥 위치.
* 同盟通信은 ①에 있다가 해방 직전에 ①'로 이전했음.
* 通信은 일본인 발행 通信만이 있었음. 이들 通信은 모두 중구(中區)에 있었음.

218

2) 조선인(朝鮮人) 발행 신문(新聞)들의 사옥 위치 요약

일제(日帝) 치하 경성(京城)에서 우리 조선인(朝鮮人)들이 발행하던 신문(新聞)들의 사옥 위치가

2015년 현재의 '서울시 GIS 지도' <지도 V-2> 위에 제시되어 있다.

3) 외지(外地) 신문(新聞)과 통신(通信)들의 지사 지국(支社 支局) 사무소 위치 요약

일제(日帝) 치하 경성(京城)에 支社(局)를 두었던 외지(外地) 신문(新聞)·통신(通信)들의 지사나 지국 사무소 위치가

2016년 현재의 '서울시 GIS 지도' <지도 Ⅴ-3-1>과 <지도 Ⅴ-3-2>위에 제시되어 있다.

중구 1
① 關門每友新聞社 京城支局
② 大阪朝日新聞 京城支局
③ 釜山日報 京城支社
④ 鹿兒島新聞 支局
⑤ 奉天每日新聞 朝鮮支局
⑥ 福岡日日新聞 京城支局
⑪ 日刊工業新聞 朝鮮支局
⑫ 大正通信社
⑬ 北鮮時事新報社 京城支社
⑭ 大阪每日新聞 支局
⑮ 哈爾賓日日新聞 朝鮮支局
⑯ 日本警察新聞 京城支社
⑰ 平壤每日新聞 京城支局
⑱ 滿鮮日報 京畿總局

중구 2
⑦ 大同報社 朝鮮支局
⑧ 延邊晨報 朝鮮支局
⑨ 中國新聞社 京城支局
⑩ 日刊大陸通信社

〈지도 Ⅴ-3-1〉 외지(外地) 신문(新聞)과 통신(通信)들의 경성지사(京城支社(局)) 사무소 위치: 중구(中區)

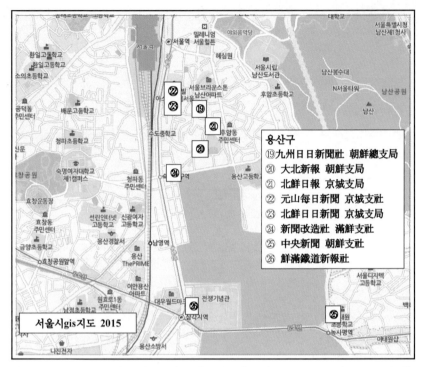

〈지도 Ⅴ-3-2〉 외지(外地) 신문(新聞)과 통신(通信)들의 경성지사(京城支社(局))
사무소 위치: 용산구(龍山區)

결어(結語): 보다 충실한 후속작업이 뒤따르기를
바라며……

일제(日帝)의 우리나라 강점(强占) 기간이었던 1910년 8월부터 1945년
8월까지 35년간,
우리의 서울, 당시 이름으로 경성(京城)에서 발행되었던
일본인 신문과 통신, 조선인 신문, 그리고 외지 신문과 통신들의 지사와 지국,
이들 언론사들의 사옥 위치를 확인해 보는 작업을 마감하면서,

좀 더 노력해 보았어야 하는데 하는
스스로에 대한 아쉬움과 독자에 대한 미안함이 앞선다.

온통 시가도(市街圖)와 지적도(地籍圖)뿐이어서,
'읽는 글'이 아니라 '보는 글'이 되어버린 느낌이 든다.

그나마 충분히 채워지지 못한 곳이 이곳저곳에 흩어져 있어
이 분야 전문가가 이에 관심을 보여, 바로잡아주고 채워주었으면 하는
바램이 간절하다.

이 작업, 크게 부족한 것이기는 하지만,
일제의 식민통치하에서
우리의 민족과 조국을 위해
때로는 은밀히 때로는 공개적으로 투쟁한
우리의 대선배 언론인들에게 바치는 영광을 안고 싶다.

| 참고문헌 |

■ 책, 논문

金圭煥,『日帝의 對韓 言論, 宣傳政策』, 서울: 二友出版社 1978.

김민환,『한국언론사』, 서울: 사회비평사, 1996.

김태현, '광복 이전 일본인 경영 신문에 관한 연구:

1881년부터 1945년까지 발행된 일본인 경영 민간지를 중심으로', 석사학
　　　위 논문, 한국외국어대학교 대학원, 2006.

문제안, '이제부터 한국말로 방송 한다', 문제안 외, 「8 · 15의 기억」, 한길
　　　사, 2005.

박용규,『식민지 시기 언론과 언론인』, 소명출판, 2015.

오영식 편저,『해방기 간행도서 총목록 1945~50』, 2009.

오인환,『100년 전 한성을 누비다』, 서울: 한국학술정보, 2008.

이덕주,『종로 선교 이야기』, 진흥, 2005.

정진석,『언론조선총독부』, 서울: 커뮤니케이션북스, 2005.

鄭晋錫,『韓國言論史』, 서울: 나남출판, 1990.

＿＿＿＿, '朝鮮新聞 年譜',『朝鮮新報』(영인본), 제1권, 한국교회사문헌연구원,
　　　2008.

최 백, '한국근대신문 형성과정에서의 일본의 역할에 관한 연구', 박사학위
　　　논문,

서울대학교 대학원, 1990.

崔 埈,『韓國新聞史』, 일조각, 1960.

彭元順, '韓國通信社의 構造的特性에 관한 研究', 박사논문, 서울대학교 대학
　　　원, 1982.

洪一海,『韓國通信社史』, 서울: 일지사, 1982.

■ 자료집

『韓國新聞百年(史料集)』, 한국언론연구원, 1975.

『韓國新聞百年誌』, 한국언론연구원, 1983.

桂勳模 편, 『韓國言論年表(1881-1945)』, 관훈클럽영신연구기금, 1979.

『新聞總攬』, 日本電報通信社 편, 1911, 1922, 1926, 1932, 1933, 1934, 1936,
        1939, 1943, 1944.

『高等警察關係年表』, 朝鮮總督府警務局, 昭化5년(1930).

'朝鮮內發行新聞紙一覽表: 1932年4月1日現在' 朝鮮總督府警務局發行.

『朝鮮年鑑』, 京城日報社, 1934, 1944.

『大京城寫眞帖』, 京城, 中央情報社, 1937.

『新撰京城案內』, 靑柳綱太郎, 朝鮮硏究會, 1913.

『京城府史』, 제二권, 京城府, 1936.

■ 社史 등

『朝鮮日報七十年史』, 第一卷, 第三卷, 1990.

『東亞日報社史』, 卷一(1975).

『흥사단운동70년사』, 1986.

『徽新史: 1885-1991』, 경신중·고교 校史, 1991.

『京畿九十年史』, 京畿高等學校同窓會, 1990.

『中央百年史: 1908-2008』, 중앙백년사 편찬위원회 [편], 2008.

■ 記事, 社告, 廣告 등

'朝鮮新聞 주소 社告', 『朝鮮新聞』 1919년 12월 27일.

'朝鮮日報 창간사옥 터', 『朝鮮日報』, 2006년 1월 6일, A12.

'中外日報 본사이전 社告', 『中外日報』, 1926년 2월 23일, p. 2.

'華僑 담 1,000만 원 기부', 『京鄉新聞』, 1969, 10월 17일.

'時事新聞 창간 광고', 『京城日報』 1920년 3월 27일 1면.

『每日申報』 1920년 3월 28일 3면.

'京城內 各團體一覽(庚申八月現在)', 『開闢』, 1921년 1월호 198면.

『기러기』, 興士團報 제29호, 1966년 12월 1일.

224

■ 인터넷 자료

구한말 외국인 공간 '정동',
http://jungdong.culturecontent.com/main/view.asp?seq=cp0710a00285
'김윤식(金允植, 1835~1922)': 네이버 백과사전 덕안궁[德安宮], 네이버 백
　　과사전
'이왕직 미술품제작소', http://dowk.tistory.com/70 '전통(電通)': wikipedia.
　　http://ja.wikipedia.org/wiki/%E9%9B%BB%E9%80%9A
'동맹통신(同盟通信)': wikipedia. http://ja.wikipedia.org/wiki/ %E5%90
　　%8C%E7%9B%9F%E9%80%9A%E4%BF%A1%E7%A4%BE

■ 지도, 지적도, 지번도 등

1911년: 『京城府市街圖』, 경무총감부 편 인쇄, (국립중앙도서관 소장).
1917년: 『京城府管內地籍目錄』, 경성공동주식회사.
1918년: 『京城管內地圖』, 대판, 십자옥 편, (국립중앙도서관 소장).
1921년: 『朝鮮地形圖集成』의 <京城府> 부분 조선총독부 제작.
1927년: '京城市街圖', 許英桓, 『定都 600년 서울地圖』, 범우사, 1994.
1927년: 『京城府管內地籍目錄』, 경성공동주식회사.
1929년: 『京城府 一筆每 地形明細圖』, (국립중앙도서관 소장).
1936년: 『地番區劃入 大京城精圖 第5号』, 許英桓, 『定都 600년 서울地圖』,
　　1994.
1947년: '서울特別市精圖', (윤형두 소장), 許英桓, 『定都 600년 서울地圖』,
　　1994.
1959년: 『地番區劃入 大서울精圖』, 三能工業社.
1993년: 『(新編) 서울特別市地番略圖』, 중앙지도문화사.
2001년: 지도.
2004년: 『지번안내도』, 2004.

『서울시 GIS 지도』, 2010, 2011, 2013.
『폐쇄지적도』 관철동 249.

'바뀐 지번 찾기' 사이트(서울시에서 제공)

http://klis.seoul.go.kr/sis/caf/rp3.do?service=findChangeJibun
'서울시부동산종합정보'
http://klis.seoul.go.kr/sis/info/baseInfo/baseInfo.do?service
     =init&landcode=1114000000

■ 구토지 · 건물대장

중구청 발행:
토지대장:
삼각동 71, 수표동 43, 수표동 11-9, 태평로 1가 61-1, 61-4, 명동 2가 82,
을지로 2가 199-34
건물대장:
을지로 2가 199-34

종로구청 발행:
토지대장:
관철동 249, 견지동 111, 연건동 195-1, 광화문통 139
공평동 54, 공평동 51번지 ?,
폐쇄지적도:
옛 관철동 249번지가 나와 있는 '폐쇄지적도'

■ 사진

'京城日報 每日申報 Seoul Press 사옥 사진.'
'초기 필동 사옥', <新撰京城案內>, 1913.
'1914년 현 시청자리 사옥', 『每日申報』, 1938년 5월 4일 기념호 其6.
'1915년 화재 후 사옥', 『新聞總攬』, 1922, p. 905.
'시청 뒤 사옥', 『新聞總攬』, 1936, p. 444.
'每日新報 分社 사진', 『每日申報』, 1939년 4월 3일, p. 1.
'朝鮮新聞 사옥', 『新聞總攬』, 1926, 1939.
'朝鮮商工新聞, 朝鮮日日新聞 사옥', 『新聞總攬』, 1939, p. 446.
'朝鮮取人所, 金益證券(주), 東亞證券(주) 등 건물.'
『大京城寫眞帖』, 京城, 中央情報社, 1937.

226

'옛 朝鮮新聞 사옥, 옛 興士團 본부 사옥'(항공사진), 서울시 건축과 1971년.

'조선일보(朝鮮日報) 사옥 사진, 그림.'
'창간 관철동 사옥'(그림), 『朝鮮日報』, 2006년 1월 6일, A12.
'3번째 수표동 사옥'. 『朝鮮日報七十年史』, 第一卷, 1990, p. 108.
'4번째 견지동 사옥', 『新聞總攬』, 日本電報通信, 1932, p. 461.
'5번째 연건동 사옥, 『朝鮮日報七十年史』, 第一卷, 1990, p. 108.
'경신수공부 건물', 儆新중·고교 校史 『경신사: 1885-1991』(1991), p.13.
'6번째 태평로 사옥', 『新聞總攬』, 1939, p. 440.
'東亞日報 사옥 사진'
'창간 화동 사옥', 『東亞日報』, 1921년 4월 1일, p.5. '창간 1주년 기념 특집.'
'찬간 화동 사옥', 『東亞日報社史』, 권1, 1975, p. 94.
'두 번째 세종로 사옥', 『新聞總攬』, 1939, p. 443.
'時事新聞 사옥 사진.'
'同順泰 빌딩'(명동), 『新聞總攬』, 1926, p. 487.
'中外日報 사옥 사진.'
'同順泰 빌딩'(명동), 『新聞總攬』, 1926, p. 487. (동아일보 창간사옥으로 이전)
'中央日報 견지동 사옥 사진.'
『新聞總攬』, 1932, p. 465.
'朝鮮中央日報 견지동 사옥 사진.'

■ 항공사진
'남대문 부근', '을지로 입구', 서울시 건축과, 1971.

■ 日帝의 우리國權 침탈협약·조약문
1904년 8월 22일: 제1차 한일협약(외국인傭聘협정): 고문(顧問)정치 시작.
1905년 11월 17일: 제2차 한일협약(한일협상조약): 외교권 박탈당함.
1907년 7월 24일: 정미7조약(한일신협약): 차관정치(次官政治) 시작.
1910년 8월 22일: 한일병합조약: 식민지배 시작.

부록

〈부록 1〉 조약문(條約文)으로 보는 일제(日帝)의 우리나라 침탈 과정(侵奪 過程)

〈부록 2〉 일제 강점기(日帝强占期) 지방도시에서 일본인들이 발행했던 신문들, 그 발행소 위치

〈부록 3〉 구한말(舊韓末)에 창간, 일제 강점기 지방에서 조선인이 발행했었던 유일한 신문: 경남일보(慶南日報)와 그 발행소 위치

〈부록 4〉『1945~1948 서울을 누비다: 신문사 사옥 터를 찾아 Ⅲ』 〈다음 책 가제(假題)〉 기초자료

〈부록 1〉

조약문(條約文)으로 보는 일제(日帝)의 우리나라 침탈 과정(侵奪 過程)

이 책 도입부에서 이미 간략하게나마 짚어본 바 있지만, 일제(日帝)의 강점기(強占期) 경성(京城)이라 불리던 우리의 서울에서 발행되었던 신문사들의 사옥 위치를 찾아 확인하는 것이 주제인 이 작업에서 <부록>에 웬 조약문이냐 하는 생각이 없지는 않았지만,……

역사학자나 역사가, 외교학자나 외교관, 그리고 정치가나 정치인, 각 분야 지도급 인사나 운동가, 이들 여러 사람들은 모두 숙지하고 있으리라 믿고 싶지만,……

한말(韓末)에서 일제치하(日帝治下) 시기의 자료를 다루다 보니, 우리 일반인이라도 이들 조약들의 조약문 전문을 읽어나가다 보면, 우리의 현재를 새삼 눈여겨 돌아보고 미래에 대처키 위해 어떻게 해야 할 지를 진지하게 생각해 보는 계기가 될 수도 있지 않을까 하는 생각에서 ……

주요 협약 내지는 조약들의 원문을 부록으로 올려 보았다.

1) 1904년 8월 22일: 제1차 한일협약(외국인 용빙(傭聘)협정)
2) 1905년 11월 17일: 제2차 한일협약(한일협상조약),
   일명 을사5조약 을사조약 을사늑약(乙巳勒約)
3) 1907년 7월 24일: 정미7조약
4) 1910년 8월 22일: 한일병합조약

----

1) 1904년 8월 22일: 제1차 한일협약(외국인傭聘협정)

협약 원문:

1. 대한 정부(大韓政府)는 대일본 정부(大日本政府)가 추천하는 일본인 1명을 재정 고문으로 하여 대한 정부에 용빙(傭聘)하고, 재무에 관한 사항은 일체 그의 의견을 물어 실시할 것.

2. 대한 정부는 대일본 정부가 추천하는 외국인 1명을 외무 고문으로 하여 외부에 용빙하고, 외교에 관한 주요 업무는 일체 그 의견을 물어 실시할 것.

3. 대한 정부는 외국과의 조약 체결이나 기타 중요한 외교 안건, 즉 외국인에 대한 특권 양여와 계약 등의 처리에 관해서는 미리 대일본 정부와 토의할 것.

광무 8년 8월 22일

외부대신 서리 윤치호(尹致昊)

메이지 37년 8월 22일

특명 전권 공사 하야시 곤스케(林權助)

2) 1905년 11월 17일: 제2차 한일협약(한일협상조약),
   일명 을사5조약 을사조약 을사늑약(乙巳勒約)

조약원문:

韓日協商條約(한일협상조약)

日本國政府及韓國政府는 兩帝國을 結合하는 利害共通의 主義를 鞏固케 함을 欲하야 韓國의 富强之實을 認할 時에 至기까지 此目的으로써 左開 條款을 約定함

第一條 日本國政府는 在東京 外務省을 由하야 今後에 韓國이 外國에 對하는 關係及事務를 監理指揮함이 可하고 日本國의 外交代表 者及領事는 外國에 在하는 韓國의 臣民及利益을 保함이 可함

第二條 日本國政府는 韓國과 他國間에 現存하는 條約의 實行을 完全 히 하는 任에 當하고 韓國政府는 今後에 日本國政府의 仲介에 由치 아니하고 國際的 性質을 有하는 何等條約이나 又約束을 아니함을 約함

第三條 日本國政府는 其代表者로 하야 韓國皇帝陛下의 闕下에 一名의 統監을 ?하되 統監은 專히 外交에 關하는 事項을 管理함을 爲 하야 京城에 駐在하고 親히 韓國皇帝陛下에게 內謁하는 權利를 有함 日本國政府는 又韓國의 各開港場及其他日本國政府가 必 要로 認하는 地에 理事官을 置하는 權利를 有하되 理事官은 統 監의 指揮之下에 從來在韓國 日本領事에게 屬하든 一切職權을 執行하고 幷하야 本協約의 條款을 完全히 實行함을 爲하야 必 要로 하는 一切事務를 掌理함이 可함

第四條 日本國과 韓國間에 現存하는 條約及約束은 本協約條款에 抵觸 하는 者를 除하는 外에 總히 其效力을 繼續하는 者로 함

第五條 日本國政府는 韓國皇室의 安寧과 尊嚴을 維持함을 保證함 右
　　　　證據로 하야 下名은 各本國政府에서 相當한 委任을 受하야 本
　　　　協約에 記名調印함

　　　　　光武九年十一月十七日　　　　外部大臣　　　　朴齊純　(印)
　　　　　明治三十八年十一月十七日　　特命全權公使　　林權助　(印)

3) 1907년 7월 24일: 정미七조약

내용은

① 한국정부는 시정개선에 관하여 통감의 지도를 받을 것,

② 한국정부의 법령제정 및 중요한 행정상의 처분은 미리 통감의 승인을 거칠 것,

③ 한국의 사법사무는 보통 행정사무와 이를 구분할 것,

④ 한국 고등관리의 임명은 통감의 동의로써 이를 행할 것,

⑤ 한국정부는 통감이 추천하는 일본인을 한국관리에 용빙할 것,

⑥ 한국정부는 통감의 동의 없이 외국인을 한국관리에 임명하지 말 것,

⑦ 1904년 8월 22일 조인한 한일외국인 고문 용빙에 관한 협정서 제1항은 폐지할 것 등이다. 또, 일제는 조약의 후속조치로 행정실권을 장악하기 위해 한국인 대신 밑에 일본인 차관을 임명하고, 경찰권을 위임하도록 하였으며, 경비를 절약한다는 이유로 한국군대를 해산하였다. 이 밖에 언론탄압을 위한 '신문지법', 집회와 결사의 자유를 박탈하기 위한 '보안법'이 공포되는 등 1910년에 명칭만의 대한제국의 국체를 말소하기까지 4년간은 통감부에 의한 차관정치가 실시되었다.

4) 1910년 8월 22일: 한일병합조약

병합조약의 전문은 다음과 같다.

韓國皇帝陛下와 日本國皇帝陛下는 兩國間의 特殊하고 親密한 關係를 回顧하여 相互幸福을 增進하며 東洋의 平和를 永久히 確保코자 하는 바이 目的을 達成하기 爲하여서는 韓國을 日本帝國에 倂合함만 같지 못한 것을 確信하여 이에 兩國間에 倂合條約을 締結하기로 決하고 日本國皇帝陛下는 統監子爵 寺內正毅를, 韓國皇帝陛下는 內閣總理大臣 李完用을 各其 全權委員으로 任命함. 이 全權委員은 會同協議한 後左의 諸條를 協定함.

第一 韓國皇帝陛下는 韓國全部에 關한 一切의 統治權을 完全하고도 永久히 日本國皇帝陛下에게 讓與함.

第二 日本國皇帝陛下는 前條에 揭載한 讓與를 受諾하고 또 全然韓國을 日本國에 倂合함을 承諾함.

第三 日本國皇帝陛下는 韓國皇帝陛下·太皇帝陛下·皇太子陛下와 그 后妃 및 後裔로 하여금 各其地位에 應하여 相當한 尊稱·威嚴 그리고 名譽를 享有케 하며 또 이를 保持하기에 充分한 歲費를 供給할 것을 約함.

第四 日本皇帝陛下는 前條以外의 韓國皇族과 其後裔에 對하여 各其相當한 名譽와 待遇를 享有케 하며 또 이를 維持하기에 必要한 資金을 供與할 것을 約함.

第五 日本國皇帝陛下는 勳功 있는 韓人으로서 特히 表彰을 行함이 適當하다고 認定되는 者에 對하여 榮爵을 授與하고 또 恩金을 與할 것.

第六 日本國政府는 前記倂合의 結果로서 全然韓國의 施政을 擔任하고 同地에 施行하는 法規를 遵守하는 韓人의 身體와 財産에 對하여

充分한 保護를 하며 또 其福利의 增進을 圖謀할 것.

第七 日本國政府는 誠意와 忠實로 新制度를 尊重하는 韓人으로서 相
     當한 資格이 있는 者를 事情이 許하는 限에서 韓國에 있는 帝國
     官吏로 登用할 것.

第八 本條約은 日本國皇帝陛下와 韓國皇帝陛下의 裁可를 經한 것으로
     公布日로부터 施行함.

右證據로 兩全權委員은 本條約에 記名調印하는 것이다.

        隆熙 4年 8月 22日   內閣總理大臣   李完用   印
        明治 43年 8月 22日   統監子爵   寺內正毅   印

            (자료: 서울대 국사학과 이태진 교수)

            (내용: 연합뉴스) 김태식 기자 taeshik@yna.co.kr

                                    2014년 12월 30일

----

             * 나라가 힘이 있었어야 했고,
     지도층이 멀리 그리고 넓게 보는 안목과 결행력이 있었어야 했고,
        국민이 현명하고 단합되어 있었어야 했었는데, ……

             오늘 날의 우리를, 우리나라를,
               우리 민족의 앞날을, ……

            역사(歷史)에 비추어 보게 됩니다.

100년 후 우리의 후손들이 오늘의 우리를, 우리들을
어떻게 평가하게 될지를, ……
부끄럽지 않은 조상, 당당할 수 있는 조상,
역사에 책임을 질 수 있는 조상이 되어야 하는데, ……

우리 모두
우리의 역사에서 큰 가르침을 받아
함께 굳세게 실행에 나아가야 하겠습니다.

〈부록 2〉

**일제 강점기(日帝强占期) 지방도시에서 일본인(日本人)들이 발행했던
신문(新聞)들, 그 발행소 위치**

일제 때 우리나라 지방도시(地方都市)에서는 어디에서 어떤 신문들이
발행되었을까?

그들 신문의 발행소 위치는 어디였을까?

해당 도시의 당시의 시가도(市街圖) 내지는 지적도(地籍圖) 위에서 그
위치를 확인해 보았다.

그 위치가 분명하게 찾아지는 것도 있었고, 주변정보로 추정을 해볼
수 있는 것도 있었고, 추정을 가능케 해주는 자료조차 이를 구하지 못
해, 위치확인을 추후로 미룬 채 끝낸 것도 있다.

'일제(日帝) 강점기 지방도시 일본인 발행 신문들: 그 발행소 위치'에
관한 이 작업에서는

'박용규, 『식민지 시기 언론과 언론인』, 소명출판, 2015'에 정리되어
있는 자료, 그중에서도 특히 '<표 5-1> 일제하 지방신문의 변천'이 큰
준거를 제공해 주었다.

이 작업에서 인용 내지 참조한 그 밖의 자료는 다음과 같다.

김태현, '광복 이전 일본인 경영 신문에 관한 연구:
        1881년부터 1945년까지 발행된 일본인 경영 민간지를 중심으로',
        석사학위 논문, 한국외국어대학교 대학원, 2006.
문제안, '이제부터 한국말로 방송 한다', 문제안 외, 「8·15의 기억」, 한길사, 2005.

『韓國新聞百年(史料集)』, 한국언론연구원, 1975.
『韓國新聞百年誌』, 한국언론연구원, 1983.
桂勳模 편, 『韓國言論年表(1881-1945)』, 관훈클럽영신연구기금, 1979.
『新聞總攬』, 日本電報通信社 편,
        1911, 1922, 1926, 1932, 1933, 1934, 1936, 1939, 1943, 1944.
『대전·충남 언론 100년』, (사) 대전언론문화연구원, 2014.
『大田近代史研究草 1』.

238

일제하 우리나라 지방도시에서 발행되었던 신문들에 관한 기본 자료
가 정리되어 있는 <표> 3개를 검토하고, 이들 신문을 지역별로 묶어, 신
문사 별로 발행소 위치를 알아보기로 하자.

〈부록 2: 표 1〉 일제하(日帝下) 지방도시에서 일본인들이 발행했었던 신문들

소재지	제호(1910년)	강점 이후의 제호 변경 또는 창간	통폐합 결과
경기 인천	『朝鮮新聞』	『朝鮮新聞』 1919.12 서울 이전, 1921.8 『仁川新報』 창간. 1922.4. 『朝鮮每日新聞』으로 개제	폐간되어 경성으로 흡수통합
충남 대전	『三南新報』	1912.6 『湖南日報』로 개제, 1932.5 『朝鮮中央新聞』으로 개제 1935.4 『中鮮日報』로 다시 개제	『中鮮日報』
경남 부산 부산 마산 진주	『朝鮮時報』 『釜山日報』 『馬山新報』 『慶南日報』	같은 제호로 지속 같은 제호로 지속 1911.3 『南鮮日報』로 개제 1914 폐간	『釜山日報』로 통폐합
경북 대구 - - -	『大邱新聞』 - - -	1913.3 『朝鮮民報』로 개제 1928.10 『大邱日報』 창간 1924.10 『大邱商報』 창간, 1926.10 『南鮮經濟日報』로 개제 1939.3 旬刊 『大邱實業新聞』과 합병해 『南鮮實業新報』로 개제	합병하여 『大邱日日新聞』 창간
전남 광주 목포	『光州新報』 『木浦新報』	1912.11 『光州日報』로 개제 같은 제호로 지속	합병하여 『全南新報』 창간
전북 전주 - 군산	『全州新報』 - 『群山日報』	1912.5 『全北日日新聞』으로 개제, 1920.11 『全北日報』로 개제 1920.11 『東光新聞』 창간, 1933년 말. 주간으로 전환 같은 제호로 지속	합병하여 『全北新報』 창간
평남 평양 평양 진남포	『平壤日報』 『平壤新聞』 『鎭南浦新報』	1912.2 『平壤日報』와 『平壤新聞』이 합병해 『平壤日日新聞』 창간 1915.5 폐간, 1920.4 진남포의 『西鮮日報』를 흡수해 『平南每日新聞』 창간, 1922 『平壤每日新聞』으로 개제 1913.2 『西鮮日報』로 개제, 1920. 『平南每日新聞』에 흡수되어 폐간, 1923.10 『西鮮日報』라는 제호로 재창간	『平壤每日新聞』으로 통폐합
평북 신의주	『鴨江日報』	같은 제호로 지속	『鴨江日報』
함남 원산 함흥 -	『元山每日新聞』 『民友新聞』	같은 제호로 지속 1912.6 『咸南新報』로 개제, 1914.5 일간으로 전환, 1929 『北鮮時事新報』로 개제	합병하여 『北鮮每日新聞』 창간
함북 청진 나남	『北韓新聞』 -	1912 『北鮮日報』로 개제 1919.12 주간 『北鮮日日新聞』 창간, 1920.5 일간으로 전환	합병하여 『淸津日報』 창간
황해 해주	-	1938.3 『黃海日報』 창간	『黃海日報』

주 : 1910년 당시 민우신문만 격일간, 나머지는 모두 일간.
출처: 『朝鮮總督府統計年報』(1910版), 654~655면; 『新聞總攬』(1920~1943판); 『日本新聞年鑑』(1922~1941년판), 각 지역에서 발행된 부사(府史)를 모두 정리.

* 위 <표> 출처: '<표 5-1> 일제하 지방신문의 변천',
  박용규, 『식민지 시기 언론과 언론인』, 소명출판, 2015.
* 이 <표>는 道別로 나뉘어 해당 道에서의 신문들을 다루는 부분에서 인용됨.

〈부록 2: 표 2〉 일제하(日帝下) 지방도시에서 일본인들이 발행하던 新聞들 ;
1939년 현재

道	시(市)	신문명	발 행 소	발행인 (사장)	창간년도
慶南	부산	**釜山日報**	釜山府 大倉町 4丁目 36	芥川浩	명치38년 1905
		朝鮮時報	釜山府 西町 4丁目 6	今川廣吉	명치25년 1892
	마산	**南鮮日報**	馬山府 都町 2丁目 3-21	坂田文吉	명치41년 1908
慶北	대구	**朝鮮民報***	大邱府 東雲町	河井戶四雄	명치38년 1905
		大邱日報	大邱府	河谷不二男	소화3년 1928
		南鮮經濟日報	大邱府 大和町 64	韓翼東	대정13년 1924
全南	광주	**光州日報**	光州府 明治町 1丁目 1	福田有造	명치42년 1909
	목포	**木浦新報**	木浦府 仲町 1丁目 4	福田有造	명치32년 1898
全北	전주	**全北日報**	全州府 大正町 1丁目 11	松波千海	명치38년 1905
	군산	**群山日報**	群山府 淺山町 5-1	九田一	명치41년 1908
忠南	대전	**中鮮日報**	大田府 本町 1丁目 50	富士平平	명치42년 1909
忠北					
江原					
京畿	인천	**朝鮮每日新聞**	仁川府 濱町 12	後藤一郎	대정10년 1921
黃海	해주	**黃海日報**	海州府 中町 19	熊谷寬一	소화13년 1938
平南	평양	**平壤每日新聞**	平壤府 紅梅町 1번지	稻葉善之助	대정9년 1920
	진남포	**西鮮日報**	鎭南浦府 漠頭里 39	長谷川照雄	대정12년 1923
平北	신의주	**鴨江日報**	新義州府 常盤町 5丁目 1	加藤?次郞	명치39년 1906
咸南	함흥	**北鮮時事新報**	咸興府 中央町 3丁目 36	畑本逸平	명치41년 1908
	원산	**元山每日新聞**	元山府 京町 80	西山常三郞	명치42년 1909
咸北	나남	**北鮮日日新聞**	羅南 本町 78	三上新	대정8년 1919
	청진	**北鮮日報**	淸津府 浦項洞 81	岡本常次郞	명치41년 1908

* 대구실업신문 -> 대구신문 -> **朝鮮民報(대정2년 개칭)**

자료출처: 『新聞總覽』, 일본전보통신사, 昭和14년(1939).

〈부록 2: 표 3〉 일제하(日帝下) 지방도시에서 발행되던 新聞들의 소재지;
1940년대 초 '一道一紙' 정책 전후(前後)

道	市	신문명	발행소 新聞總覽(1939)	1道1紙 통폐합 후	발행소 新聞總覽(1941)
慶南	부산	**釜山日報**	釜山府 大倉町 4丁目 36	釜山日報	釜山府 大倉町 4丁目 36
		朝鮮時報	釜山府 西町 4丁目 6		
	마산	**南鮮日報**	馬山府 都町 2丁目 3-21		
慶北	대구	**朝鮮民報**	大邱府 東雲町	**大邱日日新聞**	大邱府 東雲町 297-2
		大邱日報	大邱府		
		南鮮經濟日報	大邱府 大和町 64		
全南	광주	**光州日報**	光州府 明治町 1丁目 1	**全南新報**	光州府 明治町 1丁目 1
	목포	**木浦新報**	木浦府 仲町 1丁目 4		
全北	전주	**全北日報**	全州府 大正町 1丁目 2	**全北新報**	全州府 大正町 1丁目 2
	군산	**群山日報**	群山府 淺山町 5-1		
忠南	대전	**中鮮日報**	大田府 本町 1丁目 50	**中鮮日報**	大田府 木町 1丁目 50
忠北					
江原					
京畿	인천	**朝鮮每日新聞**	仁川府 濱町 12	인천 신문 없어짐 경기도인 서울의 신문으로 흡수됨	
黃海	해주	**黃海日報**	海州府 中町 19	**黃海日報**	海州府 中町 143
平南	평양	**平壤每日新聞**	平壤府 紅梅町 1번지	**平壤每日新聞**	平壤府 紅梅町 1번지
	진남포	**西鮮日報**	鎭南浦府 漢頭里 39		
平北	신의주	**鴨江日報**	新義州府 常盤町 5丁目 1-1	**鴨江日報**	新義州府 常盤町 5丁目 1-1
咸南	함흥	**北鮮時事新報**	咸興府 本町 3丁目 36	**北鮮每日新聞**	??
	원산	**元山每日新聞**	元山府 京町 80		
咸北	나남	**北鮮日日新聞**	羅南 本町 78	**清津日報**	清津府 浦項町 81
	청진	**北鮮日報**	清津府 浦項洞 81		

자료출처: 『新聞總覽』, 일본전보통신사, 1939, 1943.

이제 이들 지방도시(地方都市) 新聞들의 발행소 위치를 당시의 市街圖
·地籍圖 상에서 확인해보는 작업에 들어가 보자.

다루는 순서는:

1 **경남** (1.부산, 2.마산) -> 2 **경북** (대구) ->

3 **전남** (1.광주, 2.목포) -> 4 **전북** (1.전주, 2.군산) ->

5 **충남** (대전) -> 6 **경기**(인천) -> 7 **황해** (해주) ->

8 **평남** (1.평양, 2.진남포) -> 9 **평북** (신의주) ->

10 **함남** (1.함흥, 2.원산) -> 11 **함북** (1.나남, 2.청진)

순으로 되어 있다.

1-1. 부산 : 釜山日報, 朝鮮時報

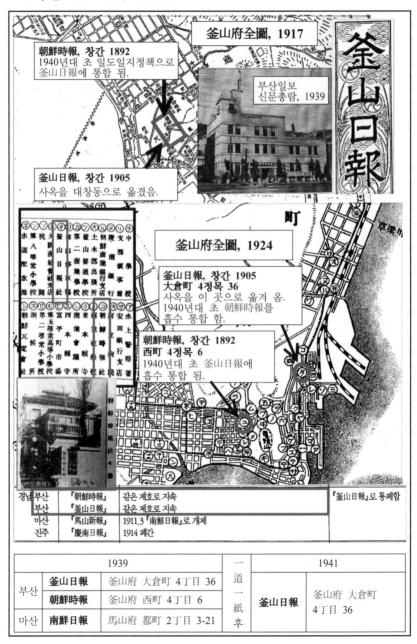

釜山府全圖, 1917

朝鮮時報, 창간 1892
1940년대 초 일도일지정책으로
釜山日報에 통합 됨.

부산일보
신문총람, 1939

釜山日報, 창간 1905
사옥을 대창동으로 옮겼음.

町

釜山府全圖, 1924

釜山日報, 창간 1905
大倉町 4정목 36
사옥을 이 곳으로 옮겨 옴.
1940년대 초 朝鮮時報를
흡수 통합 함.

朝鮮時報, 창간 1892
西町 4정목 6
1940년대 초 釜山日報에
흡수 통합 됨.

경남 부산	『朝鮮時報』	같은 제호로 지속	『釜山日報』로 통폐합
부산	『釜山日報』	같은 제호로 지속	
마산	『馬山新報』	1911.3 『南鮮日報』로 개제	
진주	『慶南日報』	1914 폐간	

	1939		一道一紙후	1941	
부산	釜山日報	釜山府 大倉町 4丁目 36	釜山日報	釜山府 大倉町 4丁目 36	
	朝鮮時報	釜山府 西町 4丁目 6			
마산	南鮮日報	馬山府 都町 2丁目 3-21			

〈부록 2: 지도·사진 1-1〉 경남 부산시 일본인 발행 신문들의 사옥 위치:
부산일보 + 조선시보 -〉 부산일보

1-2. 마산 : 南鮮日報,

남鮮日報, 창간 1908
都町 2丁目 3-21
부산의 釜山日報로 합병

마산, 1919,
1/10,000

社鮮日報社

朝鮮総督府作製
一万分一朝鮮地形図集成

마산 1919년 修正測圖

경남 부산	『朝鮮時報』	같은 제호로 지속	『釜山日報』로 통폐합
부산	『釜山日報』	같은 제호로 지속	
마산	『馬山新報』	1911.3 『南鮮日報』로 개제	
진주	『慶南日報』	1914 폐간	

	1939		一道一紙後	1941	
부산	釜山日報	釜山府 大倉町 4丁目 36		釜山日報	釜山府 大倉町 4丁目 36
	朝鮮時報	釜山府 西町 4丁目 6			
마산	南鮮日報	馬山府 都町 2丁目 3-21			

〈부록 2: 지도·사진 1-2〉 경남 마산시 일본인 발행 신문의 사옥 위치:
남선일보 + 부산일보 -〉 부산일보

* 1930년대 마산 지적도를 계속 찾고 있음.
* 남선일보 사옥 사진 못 찾았음.

2. 대구 : 朝鮮民報, 大邱日報, 大邱日日新聞

경북 대구	『大邱新聞』	1913.3 『朝鮮民報』로 개제	합병하여
-	-	1928.10 『大邱日報』 창간	『大邱日日新聞』 창간
-	-	1924.10 『大邱商報』 창간, 1926.10 『南鮮經濟日報』로 개제	
-	-	1939.3 旬刊『大邱實業新聞』과 합병해 『南鮮實業新報』로 개제	

	1939		一道一紙 후	1941	
대구	朝鮮民報	大邱府 東雲町		大邱日日新聞	大邱府 東雲町 297-2
	大邱日報	大邱府			
	南鮮經濟日報	大邱府 大和町 64			

〈부록 2: 지도·사진 2〉 경북 대구시 일본인 발행 신문의 사옥 위치:
조선민보 + 남선경제일보 + 대구일보 -〉 대구일일신문

3-1. 광주 : 光州新報, 全南新報

자료: 『광주: 사진으로 만나는 도시 광주의 어제와 오늘』, 2007, p. 27.
* 광주일보와 전남일보 사옥 사진 계속 찾고 있음.

	1939		一道一紙後	1941	
광주	**光州日報**	光州府 明治町 1丁目 1	광주의 **全南新報**	光州府	
목포	**木浦新報**	木浦府 仲町 1丁目 4		明治町 1丁目 1	

〈부록 2: 지도・사진 3-1〉 전남 광주시 일본인 발행 신문의 사옥 위치:
광주일보 + 목포신보 -〉 전남신보

246

3-2. 목포 : 木浦新報

木浦新報, 창간 1898,
仲町 1丁目 4
광주의 全南新報로 합병

木浦新報

목포 1932년
修正測圖

朝鮮總督府作報
一万分一朝鮮地形図集成

社 報 新 浦 木
〈목포부사〉, 목포부, 1930, p. 535

| 전남 광주 | 『光州新報』 | 1912.11 『光州日報』로 개제 | 합병하여 『全南新報』 |
| 목포 | 『木浦新報』 | 같은 제호로 지속 | 창간 |

1939			一道一紙後	1941	
광주	光州日報	光州府 明治町 1丁目 1		광주의 全南新報	光州府 明治町 1丁目 1
목포	木浦新報	木浦府 仲町 1丁目 4			

〈부록 2: 지도·사진 3-2〉 전남 목포시 일본인 발행 신문의 사옥 위치:
목포신보 + 광주일보 -〉 전남신보

4-1. 전주 : 全北新報

전북	전주	『全州新報』 -	1912.5 『全北日日新聞』으로 개제, 1920.11 『全北日報』로 개제 1920.11 『東光新聞』 창간, 1933년 말, 주간으로 전환	합병하여 『全北新報』 창간
	군산	『群山日報』	같은 제호로 지속	

	1939		一 道 一 紙 후	1941	
전주	**全北日報**	全州府 大正町 1丁目 2		전주의 **全北新報**	全州府 大正町 1丁目 2
군산	**群山日報**	群山府 淺山町 5-1			

〈부록 2: 지도·사진 4-1〉 전북 전주시 일본인 발행 신문의 사옥 위치:
전북일보 + 군산일보 -〉 전북신보

248

4-2. 군산 : 群山日報

군산
1916년 測圖

朝鮮総督府作製
一万分一朝鮮地形図集成

群山日報, 창간 1908
淺山町 5-1
全州의 全北新報로 합병

전북 전주 - 군산	『全州新報』 - 『群山日報』	1912.5 『全北日日新聞』으로 개제, 1920.11 『全北日報』로 개제 1920.11 『東光新聞』 창간, 1933년 말. 주간으로 전환 같은 제호로 지속	합병하여 『全北新報』 창간

		1939	一道一紙후	1941	
전주	全北日報	全州府 大正町 1丁目 2	전주의 全北新報	全州府 大正町 1丁目 2
군산	群山日報	群山府 淺山町 5-1		

〈부록 2: 지도 · 사진 4-2〉 전북 군산시 일본인 발행 신문의 사옥 위치:
전북일보 + 군산일보 → 전북신보

5. 대전 : 中鮮日報

충남 대전	『三南新報』	1912.6 『湖南日報』로 개제, 1932.5 『朝鮮中央新聞』으로 개제 1935.4 『中鮮日報』로 다시 개제	『中鮮日報』

1939			변동무	1941	
대전	中鮮日報	大田府 本町 1丁目 50		中鮮日報	大田府 本町 1丁目 50
	삼남신보->호남일보->조선중앙신문->중선일보				

〈부록 2: 지도・사진 5〉 충남 대전시 일본인 발행 신문의 사옥 위치:
중선일보 -〉 중선일보

* 중선일보 사옥 정확한 위치, 더 확인해 보아야 함.

6. 인천 : 朝鮮每日新聞

경기 인천	『朝鮮新聞』	『朝鮮新聞』 1919.12 서울 이전, 1921.8 『仁川新報』 창간, 1922.4. 『朝鮮每日新聞』으로 개제	폐간되어 경성으로 흡수통합

	1939		一道一紙후	1941	
인천	**朝鮮每日新聞**	仁川府 濱町 12		서울의 每日申報로 흡수통합	

〈부록 2: 지도·사진 6〉 경기 인천시 일본인 발행 신문의 사옥 위치:
조선매일신문 →〉 서울의 매일신보

7. 해주 : 黃海日報

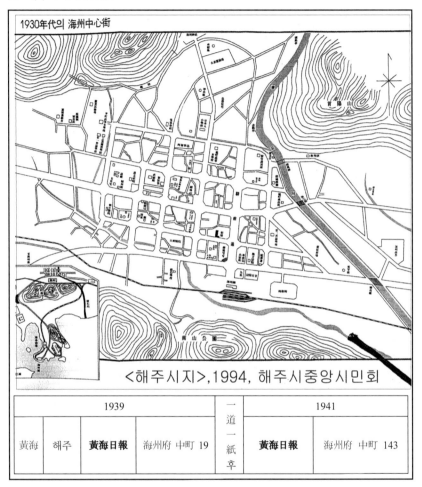

1939				一道一紙후	1941	
黃海	해주	**黃海日報**	海州府 中町 19		**黃海日報**	海州府 中町 143

〈부록 2: 지도·사진 7〉 황해 해주시 일본인 발행 신문의 사옥 위치:
황해일보 —〉황해일보

* 발행소 위치를 확인할 수 있는 지적도를 찾고 있음.

* 황해일보 사옥 사진 계속 찾고 있음.

252

8-1. 평양 : 平壤每日新聞

평남 평양	평양 평양	『平壤日報』 『平壤新聞』 -	1912.2 『平壤日報』와 『平壤新聞』이 합병해 『平壤日日新聞』창간, 1915.5 폐간, 1920.4 진남포의 『西鮮日報』를 흡수해 『平南每日新 聞』 창간, 1922 『平壤每日新聞』으로 개제	『平壤每日新聞』으로 통폐합
	진남포 -	『鎭南浦新報』	1913.2 『西鮮日報』로 개제, 1920. 『平南每日新聞』에 흡수되어 폐 간, 1923.10 『西鮮日報』라는 제호로 재창간	

	1939		一道一紙 후	1941	
평양	平壤每日新聞	平壤府 紅梅町 1번지		平壤每日新聞	平壤府 紅梅町 1번지
진남포	西鮮日報	鎭南浦府 漠頭里 39			

〈부록 2: 지도·사진 8-1〉 평남 평양시 일본인 발행 신문들의 사옥 위치:
평양매일신문 + 서선일보 -〉 평양매일신문

* 평양매일신문사의 정확한 위치 확인 못하고 있음.

8-2. 진남포 : 西鮮日報

평남 평양	『平壤日報』	1912.2 『平壤日報』와 『平壤新聞』이 합병해 『平壤日日新聞』 창간	『平壤每日新聞』으로
평양	『平壤新聞』	1915.5 폐간, 1920.4 진남포의 『西鮮日報』를 흡수해 『平南每日新聞』 창간, 1922 『平壤每日新聞』으로 개제	통폐합
진남포	『鎭南浦新報』	1913.2 『西鮮日報』로 개제, 1920. 『平南每日新聞』에 흡수되어 폐간, 1923.10 『西鮮日報』라는 제호로 재창간	
	−		

	1939		一道一紙後	1941	
평양	**平壤每日新聞**	平壤府 紅梅町 1번지		**평양의 平壤每日新聞**	平壤府 紅梅町 1번지
진남포	**西鮮日報**	鎭南浦府 漠頭里 39			

〈부록 2: 지도·사진 8-2〉 평남 진남포시 일본인 발행 신문의 사옥 위치:
서선일보 + 평양매일신문 -〉 평양매일신문

* 정확한 위치 확인이 어려움.

254

9. 신의주 : 鴨江日報

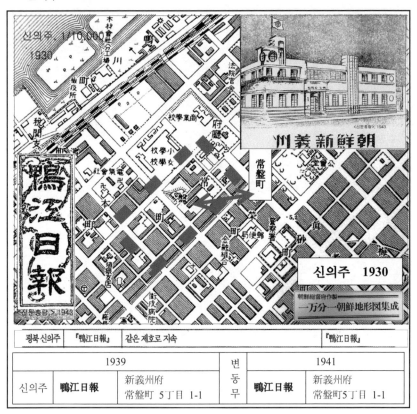

평북 신의주	『鴨江日報』	같은 제호로 지속		『鴨江日報』

1939			변동무	1941	
신의주	鴨江日報	新義州府 常盤町 5丁目 1-1		鴨江日報	新義州府 常盤町5丁目 1-1

〈부록 2: 지도・사진 9〉 평북 신의주시 일본인 발행 신문의 사옥 위치:
압강일보 -〉 압강일보

* 정확한 위치 확인 못하고 있음.

10-1. 함흥 : 北鮮每日新聞

함남 원산	『元山每日新聞』	같은 제호로 지속		합병하여
함흥	『民友新聞』	1912.6 『咸南新報』로 개제, 1914.5 일간으로 전환, 1929 『北鮮時事新報』로 개제		『北鮮每日新聞』 창간
-	-			

1939			一道一紙후	1941	
함흥	北鮮時事新報	咸興府 中央町 3丁目 36		함흥의 北鮮每日新聞	咸興府 中央町 3丁目 36 ????
원산	元山每日新聞	元山府 京町 80			

〈부록 2: 지도·사진 10-1〉 함남 함흥시 일본인 발행 신문의 사옥 위치:
함남신보 -〉 북선시사신보 -〉 북선매일신문

* 발행소 위치 아직 확인 못하고 있음.
* 북선매일신문 사옥 사직 계속 찾고 있음.

10-2. 원산 : 元山每日新聞

원산매일신문사 사옥 위치 지도

元山每日新聞, 창간 1909, 京町 80.
함흥의 北鮮每日新聞으로 합병

朝鮮総督府作製
一万分一朝鮮地形図集成

원산 1928년 修正測圖

원산매일신문

함남 원산	『元山每日新聞』	같은 제호로 지속		합병하여
함흥 -	『民友新聞』	1912.6『咸南新報』로 개제, 1914.5 일간으로 전환, 1929『北鮮時事新報』로 개제		『北鮮每日新聞』 창간

	1939		一道一紙後	1941	
원산	元山每日新聞	元山府 京町 80		함흥의 北鮮每日新聞	咸興府 中央町 3丁目 36 ????
함흥	北鮮時事新報	咸興府 中央町 3丁目 36			

〈부록 2: 지도・사진 10-2〉 함남 원산시 일본인 발행 신문의 사옥 위치:
원산매일신문 ー〉 북선매일신문

* 원산매일신문사 사옥 사진 찾고 있음.

11-1. 나남 : 淸津日報

〈부록 2: 지도·사진 11-1〉 함북 나남시 일본인 발행 신문의 사옥 위치:
북선일일신문 -〉 청진일보

* 북선일일신문사 사옥 위치 더 찾아보아야 함.
* 1930, 40년대 나남 지적도 찾고 있음.

11-2. 청진 : 淸津日報

청진 1926년 修正測圖

朝鮮總督府作製
一万分一朝鮮地形図集成

| 함북 | 청진 | 『北韓新聞』 | 1912 『北鮮日報』로 개제 | 합병하여 『淸津日報』 |
| | 나남 | – | 1919.12 주간 『北鮮日日新聞』 창간, 1920.5 일간으로 전환 | 창간 |

	1939		一道一紙후	1941	
청진	北鮮日報	淸津府 浦項町 81		청진의 淸津日報	淸津府 浦項町 81
나남	北鮮日日新聞	羅南 本町 78			

〈부록 2: 지도 · 사진 11-2〉 함북 청진시 일본인 발행 신문의 사옥 위치:
북선일보 -〉 청진일보

* 청진일보사 사옥 정확한 위치 아직 확인 못하고 있음.
* 1930, 40년대 청진시 지족도 찾고 있음.

  이상 일제 강점하 지방도시에서 일본인들이 발행했었던 신문들, 그리고 그 신문사들이 있었던 위치를 간단히 정리해 보았다. ……

〈부록 2 요약과 제언〉

　일제하 우리나라 지방도시에서 발행되었던 신문들의 사옥 위치를 확인해 보려는 작업, 크게 미진하지만, 자료를 찾는 과정에서 느낀 바를 한 가지 덧붙이는 것으로, 요약을 대신해 끝내고자 한다.

　지방도시에서 일본인들이 일본인들을 대상으로 발행한 신문들이어서 그런지, 이들 신문의 원본이 국내에는 보존되어 있는 것 같지 않았다. 그간에 이들 신문을 찾아서 영인본을 만들어 보려는 시도도 없었던 것 같다. (仁川에서 일본인들이 발행했던 신문들가운데「朝鮮新聞」일부의 컴퓨터 복사본(1908~1915분)이 인천화도진 도서관에 소장되어 있음)

　우리나라 역사 사료(歷史 史料)로서의 가치, 최소한 해당지역의 향토사 사료(鄕土史 史料)로서의 가치는 클 수 있지 않을까 하는 생각이 들어, 관련 기관이나 연구자들의 관심을 기대해 본다.

■ 책, 논문

『新聞總攬』, 日本電報通信社 편, 1911, 1922, 1926, 1932, 1933, 1934, 1936, 1939.

『一万分一 朝鮮地形圖集成』, 朝鮮總督府作製, 국립중앙도서관 소장.
　　　'마산, 1919', '대구, 1937', '목포, 1932', '군산, 1916', '대전, 1928', '인천, 1929', '평양, 1915', '진남포, 1915', '신의주, 1930', '함흥, 1924', '원산, 1928', '나남, 1926', '청진, 1926.'

'釜山府全圖', 1917, 1924.

'전주시 안내도', 1931.

『광주: 사진으로 만나는 도시 광주의 어제와 오늘』, 2007.

'해주시지', 1994, 해주시중앙시민회.

'平壤市街圖'(1930년대 추정), (신인섭 제공).

〈부록 3〉

구한말(舊韓末)에 창간, 일제(日帝) 강점기 지방(地方)에서 조선인(朝鮮人)
이 발행했었던 유일한 신문(新聞): 경남일보(慶南日報)와 그 발행소 위치

　　앞 <부록 2>에서는 일제 때 지방도시에서 일본인들이 발행했었던 신
문들, 그리고 그 신문사들이 있었던 위치를 간단히 정리해 보았다.

　　여기 예외가 하나 있었다. 일제 초기 경상남도 진주(晋州)에서 경남일
보(慶南日報)가 발행되었었다.

　　경남일보(慶南日報)는 일제치하 지방도시에서 우리 조선인이 발행했었
던 유일한 신문이었다.

　　경남일보(慶南日報)는 대한제국 말 융희 3년, 1909년 10월 15일 창간
된 신문인데, 1910년 8월 말 일제 식민통치가 시작된 뒤에도 4년여 발
행이 계속되어 오다가, 1915년 초 지령 887호로 폐간되었다.

　　간행 형식은 창간 이듬해 일간(日刊)에서 격일간(隔日刊)으로 바뀌었
다. 창간 때부터 주필을 맡아왔었던 장지연(張志淵)은 1913년 8월 사임
했다.(자료: '우리나라 최초의 지방신문 '경남일보', 향토문화전자대전')

경남일보(慶南日報)(1909년 10월 15일~1915년 초)

1) 경남일보(慶南日報) 사옥 터 찾기에 들어서며

　　경남일보(慶南日報)의 발행소는 신문 판권란에 '晋州郡 城內 1洞'으로
나와 있다. 경남일보(慶南日報)는 대한제국 말 隆熙 3년(1909년) 10월
15일 창간했을 때부터 일제 강점 초기인 1915년 초 폐간할 때까지 '晋
州郡 城內 1洞'에서 신문을 발행했었다.(<부록 3-A: 『경남일보(慶南日報)』
의 사옥 위치> 판권란 참조)

〈자료 1-1〉『진주시사(晉州市史)』(上) 제6절 지방지(地方紙)의 효시(嚆矢),
경남일보(慶南日報), (pp. 937~957)
('경남일보(慶南日報)의 발행소 주소와 폐간 당시 사장에 관한 부분')

'(경남일보(慶南日報)는) … 1909년 10월 15일 慶尙南道 晉州郡 晉州面 城內 1洞에서
'民智開發 實業獎勵'를 主旨로 대망의 창간호를 펴냈다.' (p. 941)

'… 1912년 3대 사장 정홍석(鄭鴻錫) …' (p. 944)

'경남일보사는 1912년 1월 27일 총독부가 실시한 회사령(會社令)에 의해 주식회사로 인
가되었다.
경남일보는 주식회사로 출발하였으나 회사령에 의해 인가된 것이다.
이 무렵 신문사의 임원개선으로 사장에 정홍석(鄭鴻錫)이 취임했으며,
1913년 8월 30일자로 주필직의 변동이 있어 위암(韋庵) 장지연(張志淵)이 사직하
고, …' (p. 952)

'경남일보가 폐간된 주된 이유를 경영난이 아니었을까 하고 짐작키도 하지만,
경남일보사 자체가 해체되거나 폐업상태에 이르렀던 것은 아니다.
그 이유는 京城商業會議所의 1922년 및 1923년판 '朝鮮會社表'에 경남일보사가 등
재된 가운데 그 업종이 '新聞印刷業'으로 기재되어 있기 때문이다.' (p.957)

〈자료 1-2〉『경남일보 90년사(慶南日報九十年史)』
('경남일보(慶南日報)의 발행소 주소에 관한 부분')

"… 1909년 10월 15일 경상남도 수부인 전촌의 고도(古都) 진주군 진주면 성내 1동에서
창간호를 간행하였다." p. 54.

"장지연에 대한 회유는 경남일보의 강제폐간 전초작업이었다. 같은 해(?) 연말이었다.
일제는 끝내 저들이 말하는 '시국'에 부응하여 자진 폐간할 것을 강요하였다.
강제폐간 형식으로 하되 일체 세상에 알리지 말라고 협박하였다. 실제로 지금까지
그 과정과 날짜에 대해서는 세상에 전혀 알려지지 않고 있다.
그리하여 경남일보는 1915년 1월 단 한 차례 폐간호를 발행한 뒤 일제 통치를 피해
깊은 잠에 들어갔다. 통산 지령 887호였다." pp. 150~51.
"(중창간호) 사옥이 마련되지 않아 진주의 대표적인 인쇄소인 개문사(開文社)에 임시로
신문사 현판을 걸었다." p. 160.
"개문사는 현 진주시 동성동 현 산업은행 진주지점 자리에 있었으며, 이곳에 경남일보
중창간호가 탄생한 것이다.
경남일보는 얼마 후 당시 진주 本町 184번지(현 진주시 동성동 성수장 자리.
80년 폐간 때까지 사용)에 사옥을 마련해 이전하게 된다." p. 165
"사옥 재건 준공(社屋 再建 竣工) 1954년 5월 31일 하오 4시 사옥 신축공사 준공식을
거행하였다.
6・25 때 사옥과 제반 시설이 불탄 후 약 4년 만에 새 사옥을 신축한 것이다."
p. 200

262

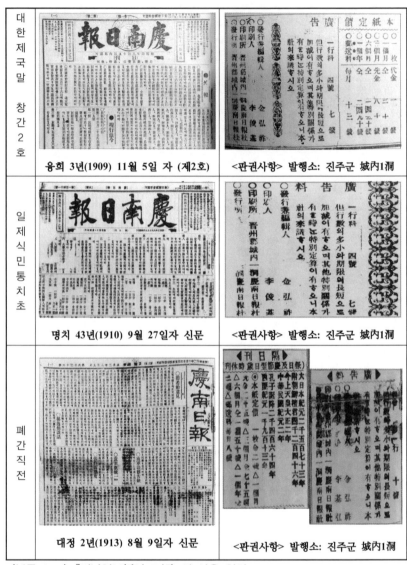

대한제국말 창간 2호	융희 3년(1909) 11월 5일 자 (제2호)	<판권사항> 발행소: 진주군 城內1洞
일제식민통치초	명치 43년(1910) 9월 27일자 신문	<판권사항> 발행소: 진주군 城內1洞
폐간직전	대정 2년(1913) 8월 9일자 신문	<판권사항> 발행소: 진주군 城內1洞

〈부록 3-A〉『경남일보(慶南日報)』의 사옥 위치
'구한말, 일제 식민치하 조선인 발행 最初이자 唯一한 지방지'

출처: 『경남일보(慶南日報)』영인본, 영남대학교 민족문화연구소, 1995-96

『경남일보(慶南日報)』 발행소 위치에 관한 자료는 이 신문이 1915년 초에 폐간이 되고 난 지 7년이 지난 1922년과 그 다음 해인 1923년에 京城商業會議所가 발간한 『朝鮮會社表』에 한 번 더 나온다.(<부록 3-B)

『朝鮮會社表』, 京城商業會議所 발행		
大正11년(1922)	大正12년(1923)	株式會社 慶南日報社
		新聞發行, 一般印刷業
		慶南晉州郡 郡內面一洞
		明治四五・二
		鄭鴻錫

〈부록 3-B〉 『경남일보(慶南日報)』의 사옥 위치: 1920년대 초 『朝鮮會社表』
* 발행소 주소가 '郡內面 1洞'으로 나와 있음.(판권란의 '城內 1洞'이 아님)

『朝鮮會社表』(<부록 3-B) 第10類 雜業 항목 속의 '新聞並印刷業'란에 보면 '株式會社慶南日報社, 新聞發行, 一般印刷業, 慶南晉州郡郡內面一洞, 明治 45・2, 鄭鴻錫...'로 나와 있다.

여기에 나와 있는 '명치45년은 1912년'이니까 경남일보(慶南日報)가 아직 발행되고 있던 해이고, '정홍석(鄭鴻錫)'은 1912년에 경남일보(慶南日報) 3대 사장으로 취임한 사람이다.

여기 제시된 『朝鮮會社表』가 1922년과 1923년에 나온 것인데, '창립 연월' 칸에 1912년(명치45년)이 나와 있고, '대표자' 칸에 정홍석(鄭鴻錫)이 나와 있는 것을 어떻게 읽어야 할 것인지?

정홍석(鄭鴻錫)이 1912년에 경남일보 제3대 사장에 취임하면서 당시의 소관 관청에 '신고 등록'했던 기록을 그대로 옮겨 실은 것인지?

경남일보가 폐간된 지 7,8년 뒤인 1922년, 1923년 당시의 상황을 적어 넣었을 것 같은데, '회사명' 칸에 이미 7,8년 전에 폐간된 신문의 이름인 '주식회사 경남일보사'가 적혀있는 것은 어찌된 이유인지?

신문은 폐간되었지만 원래의 회사명은 그대로 유지되고 있었던 것인지?

('경남일보사'는 1912년 1월 27일 총독부가 실시한 會社令에 의해 주식회사로 인가되었는데, 이때의 총독부 인가서류에 적혀 있던 기록을 그대로 전재한 것이 아닌가 생각됨.)

'목적' 칸에 '신문발행, 일반인쇄업'이라고 적혀있는데, '일반인쇄업'은 언제부터 시작한 것인지?

경남일보의 인쇄업은 발행 초기부터 시작되었던 것 같으며, 정홍섭이 제3대 사장으로 취임하면서 좀 더 본격적으로 행한 것으로 보인다.

(『경남일보 90년사(慶南日報九十年史)』의 '경남일보 연표'(p. 453)에 '1913년 8월 9일 난'에 '인쇄물 사업을 확대하고 업무를 감사 강도용(姜道溶)에 위임'이라고 나와 있음.)

『경남일보(慶南日報)』, 우리나라 최초의 지방지(地方紙)인 경남일보, 일제 식민치하(日帝 植民治下)에서 우리 조선인이 발행한 유일한 지방지였던 경남일보, 이 경남일보(慶南日報)의 발행소 위치, 그 정확한 위치가 어디였을까?

이 작업이 끝나가고 있는 2018년 1월 현재, 확인이 안 되고 있는 것 같다.

이 글 첫 머리에 직접 인용된 <자료 1-1: 『晋州市史』>와 <자료 1-2: 『경남일보 90년사(慶南日報九十年史)』>에도 '晋州郡 晋州面 城內 1洞'이라고 '洞' 이름만 나와 있을 뿐, 위치를 정확히 알려주는 '番地'가 나와 있지 않다.

<부록 3-B>의 『朝鮮會社表』는 1922~3년에 작성된 것인데, 다른 회사들의 경우는 주소난에 '番地'까지 나와 있는데 '株式會社 경남일보사(慶南日報社)'의 경우는 '慶南晋州郡郡內面一洞'이라고 역시 '洞'만 나와 있고 '地番'은 나와 있지 않다.('城內 1洞'이 아니라 '郡內面 1洞'으로 나와 있음. 일제 초기에 지방행정 단위 이름이 '성내면'에서 '군내면'으로 바뀐 것 같음.)

우리나라 言論史 분야 저서와 학위논문 중 '옛 경남일보'에 관한 연구가 몇 편 있으나, 여기에도 경남일보 발행소가 '성내 1동'이라고만 나와 있다.

경남일보(慶南日報)의 발행소 위치는, 본 연구자의 관련 자료 찾기가 아직 미흡해서일지는 모르겠으나, '晋州城 內 어디인가였을 것'이라는 정도로 알려져 있을 뿐, 아직 그 정확한 위치를 찾으려는 본격적인 작업이 없었던 것이 아닌가 생각된다.

본 연구자는 국립중앙도서관, 연세대 중앙도서관, 진주박물관, 국가기록원 부산기록관, 인터넷 탐색 등에서 찾은 문헌(文獻) 내지 지도(地圖) 자료를 여기에 제시해서, 관심 있는 독자들과 함께, 『경남일보(慶南日報)』 사옥이 있었던 위치를 좀 더 정확히 추정해보기 위한 작업을 하고자 한다.

2) 경남일보(慶南日報)가 있었던 진주성(晋州城) 지역의 옛 지도 검토

『경남일보』의 발행소 주소가, 판권란(부록 3-A)에 '진주군 城內 1洞'
으로 나와 있다.

그 '城內(面) 1洞'의 위치를 옛 지도에서 찾아보자.

『경남일보』 사옥이 있었던 위치가 '성내 1동'이라는 것은 관심 있는
사람들은 모두 알고 있다. '城內 1洞'이니까 '晋州城' 안, 현재 성곽(城
郭)이 복원되어 있는 '진주성'(<부록 3-C>의 'a' 부분), 그 안 어디에 있
었던 것이 아니겠는가, 이렇게 추측하게 되기가 쉽다.

그런데 현재의 '晋州城' 성곽(城郭)이 복원된 것은 1975년으로, 원래
의 '晋州城'은 '내성'과 '외성'으로 이루어진 훨씬 넓은 지역을 차지하고
있었다.

우선, (1) 진주성의 시대적인 변천 상황을 알아보고, (2) 다음으로 경
남일보가 있었던 '1洞'의 위치를 알아보고, (3) 마지막으로 그 '1洞' 안
에 있었던 경남일보 발행소의 위치를 찾아보는 작업 순으로 알아보고자
한다.

(1) 진주성(晋州城)의 시대적 변천

① 晋州城은 원래 '內城'과 '外城'으로 이루어져 있었다.

'내성'의 영역은 별 변화가 없었으나, '외성'의 영역에는 진주성이 축
조된 이래 많은 변화가 있었다.

<부록 3-C>에 '晋州城'의 시대적인 변화과정을 보여주는 지도가 제시

되어 있다.

이 지도는 2010년대 현재의 지도 위에 조선조(朝鮮朝) 초기부터 2000
년대 현재까지의 晉州城 영역의 변화 상황을 표시해 놓은 지도이다.

조선조 초기의 진주성은 '내성'(a)과 '외성'(b)으로 이루어져 있었던
것이, 조선조 중기인 임진란 때는 '외성'이 크게 늘어나, 'c'와 'd' 지역
에까지 이르렀다가, 조선조 후기에는 '외성'의 영역에서 'd' 지역이 떨어
져 나가고 'b+c' 지역으로 줄어들었다.

② '內城'과 '外城'을 합친 '大 晉州城'은 5개의 洞, '1, 2, 3, 4, 5洞'
   으로 나뉘어져 있었다.

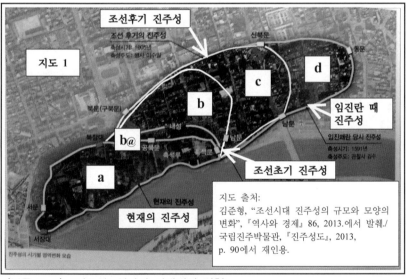

〈부록 3-C〉 '진주성' 성곽의 시대적인 변천
* 2010년대 위성사진 지도 위에 조선 초기 이후의 진주성 영역 변동이 표시되어 있음.

<부록 3-D>에 晉州城과 그 주변 지역의 옛 지도 2개가 제시되어 있다.

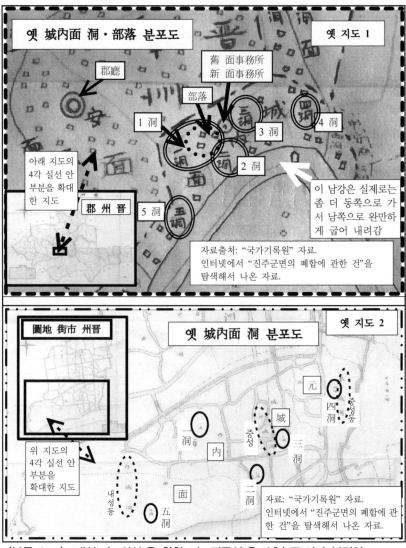

〈부록 3-D〉 '내성'과 '외성'을 합친 '大 진주성'은 '城內面'이라 불렸었고,
이 '성내면'에는 1洞, 2洞, 3洞, 4洞, 5洞의 5개 동이 있었다

　　<부록 3-D>의 '옛 지도 1'은 대한제국 말 지도인데, 이 지도를 보면
晋州城 안쪽에 **城內面**이 있고, '성내면'에 5개 洞이 있다. 洞名은 城內
一洞, 城內二洞, 城內三洞, 城內四洞, 城內五洞이었다. 그리고 **5개 洞**의 대

체적인 위치가 나와 있고, **部落**들의 대체적인 분포와 위치가 나와 있다.

'1洞'이라 표시된 곳의 오른쪽 위편에 '部落' 표시가 있고, 그 바로 옆에 '面事務所'가 있다.(여기 '옛 지도 1'에서 '성내면'은 '내성'과 '외성'을 합쳐서 지칭한 것임)

<부록 3-D>의 '옛 지도 2'는 훨씬 근대적인 지도로서, 구한말(舊韓末) 이후의 그 지역의 지역구획 변동 상황이 나타나 있다.

이 지도가 만들어지기 전에 '城內面'이었던 지역(元 城內面)('내성'과 '외성'을 아울러 지칭) 지역은 이 지도가 만들어지던 시점에 '내성동' '중성동' '동성동'으로 구분되어 있음을 보여준다.

이 '옛 지도 2'에서는 성내 1동, 2동, 3동, 4동, 5동 간의 상대적인 위치가 실제에 가깝게 나타나 있어, 『경남일보』가 있었던 '성내 1동'의 위치를 보다 정확히 짐작해볼 수 있게 해준다.

③ '大 晉州城'의 5개 洞이 '南城洞', '本城洞', '東城洞'으로 나뉘어졌다.

〈자료 2〉 晉州城 지역의 '동명 변경과정'
○ 남성동(南城洞)(안성, 성내동, 내성): 본래 진주군의 성내면 지역으로서 진주성 안쪽이 되므로 안성, 내성(內城) 또는 성내동(城內洞)이라 하였는데, **1914년**,,, 일동(一洞), 이동(二洞), 오동(五洞)을 병합하여 내성동(內城洞)이라 하여 진주면에 편입되었는데, **1939년**,,,,,,,, 왜식으로 남산정(南山町)이라 하였다가, **1949년** 왜식 동명 변경에 따라 **남성동(南城洞)**으로 고침. **1973년** 진주시 조례에 따라 **남성동과 인사동을 합하여 남성동이 됨.** 『晉州市史』, 第16篇, 第4章의 1. '시와 각 동명의 변경과정', p. 770
* 이 작업의 관심대상 지역인 진주성(晉州城)은 지난 100여년 사이, 특히 1950년대 이후 많은 변화를 겪었다. '일제 강점기 동안 해체되고 한국전쟁 등으로 방치되었던 **진주성**은 <u>1969년</u>부터 **제1차 진주성 복원사업**이 추진되었다. 1972년에는 촉석문을 준공하였고, <u>1975년에는 성곽 보수를 완료</u>하였다. <u>**1979년에는 제2차 사업의 일환으로, 성 안의 민가 751동의 철거를 추진하여 1984년에 끝냈다.**</u> 1992년 이후는 제3차 사업으로 성 외곽을 정비하였다. 지금 성 안에 있는 주요 사적과 시설로는 촉석루 · 국립진주박물관 · 창렬사 · 호국사, 그리고 진주성 임진대첩계사순의단 등이 있다.'(강조 및 밑줄: 연구자) (출처: 디지털진주문화대전-진주성과 촉석루)

　'진주성' 지역의 행정구역 단위와 명칭은 1910년대 이래 몇 차례 바뀌어 왔다.

　<자료 2>에 그 변경과정이 제시되어 있다.

　'옛 경남일보' 발행소가 있었던 '성내 1동'은 1914년에 1동, 2동, 5동과 합쳐져서 '내성동'이 되었다가, 1939년에 왜식으로 '남산정'으로 불리게 되었고, 1949년에 일제의 잔재를 떼어내 그 동명을 '남성동'으로 고쳐, 오늘에 이르고 있다.

　<부록 3-E>의 '지도'는 日帝로부터의 해방직후인 1950년대 '진양성지도'(晋陽城址圖)인데, '진주성'이 '내성'과 '외성'으로 나뉘어 있었던 것이 나타나 있고, '남성동' '본성동' '동성동'의 대체적인 위치가 나타나 있고, 1950년대의 주요 도로망이 표기되어 있다.

　<자료2>에서 이미 보았듯이, 『경남일보』가 있었던 '城內 1洞'은(뒤에 좀 더 자세히 다루어지겠지만) 일제 때인 1930년에 '성내 5동'과 합쳐져,

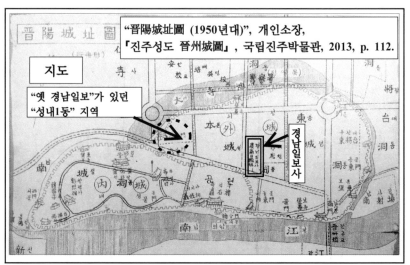

〈부록 3-E〉 '진주성' 성곽과 행정단위 위치와 명칭 변천의
　　　　　역사가 압축되어 있는 지도

* <지도>: '진주성'(내성, 외성) 옛 지도 위에 현재의 주요 도로망이 표시되어 있음.

'남산정'(南山町)의 일부로 편입되었다가, 해방직후인 1949년에는 '남산정'이라는 일제 때 이름이 '남성동'(南城洞)으로 바뀌게 되었고, 1973년에는 '인사동'과 합쳐, '남성동'회 관할에 속하게 되었다.

이 지도에 '경남일보사' 위치가 나와 있는데, 이곳은 해방 후인 1946년에 '재창간'된 경남일보사가 있었던 '본성동 184번지' 터로서, 이 작업에서 찾고 있는 '옛 경남일보'의 발행소 터는 아니다.

3) 경남일보(慶南日報)가 있던 '城內 1洞'의 정확한 위치를 알 수 있는 1913년 지적도(地籍圖)

『경남일보』가 있었던 '城內 1洞'의 위치를 정확히 알려주는 지적도가 <부록 3-F-1>과 <부록 3-F-2>에 제시되어 있다.

이 지적도는 일제의 조선총독부가 1913년에 전국 토지조사의 일환으로 측량 제작한 것으로서, '국가기록원 부산기록관'에서 제공받은 '진주군'의 '內城洞', '中城洞', '東城洞' 부분 중 '內城洞'에 초점을 맞추어 제시한 것이다.(조선조 때 '城內洞'이 일제 초기 '內城洞'으로 동명이 바뀜)

<부록 3-F-1>은 '內城洞原圖 四枚之內 第1,2,3,4號'를 조합한 지적도로서, '굵은 실선'이 '내성동' 경계선을 나타낸다.

<부록 3-F-2>는 위 지적도에서 '內城 1洞'이 들어있는 위 부분을 확대한 지적도이다.

<부록 3-F-2>에서 보면, '1동'과 '5동'이 일제 때 행정관할상으로는 '내성동'에 속해있으나, 지역적으로는 '1동'과 '5동' 사이에 성곽이 가로지르고 있어서, '1洞'은 '外城'지역에, '5洞'은 '內城'지역에 위치해 있었음을 알 수 있다.

272

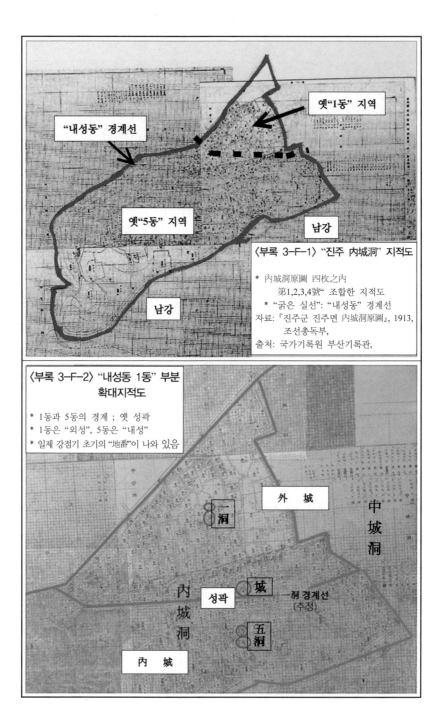

〈부록 3-F-1〉 "진주 內城洞" 지적도

* 內城洞原圖 四枚之內
    第1,2,3,4號" 조합한 지적도
* "굵은 실선": "내성동" 경계선
자료: 『진주군 진주면 內城洞原圖』, 1913,
    조선총독부,
출처: 국가기록원 부산기록관,

〈부록 3-F-2〉 "내성동 1동" 부분
    확대지적도

* 1동과 5동의 경계 ; 옛 성곽
* 1동은 "외성", 5동은 "내성"
* 일제 강점기 초기의 "地番"이 나와 있음

옛"1동" 지역

"내성동" 경계선

옛"5동" 지역

남강

남강

外 城

中 城 洞

一洞

성곽 城

內 城 洞

五洞

內 城

4) 경남일보(慶南日報)가 있던 '城內 1洞'의 2017년 현재 위치 추정 작업

앞 <부록 3-F-1, 2>에서 1913년에 '현대적인 측량 기법'으로 작성된 진주성의 지도(地圖)와 지적도(地籍圖)를 통해, '옛 경남일보(慶南日報)' 발행소가 있었던 '성내 1동'의 위치가 확인 되었다.

<부록 3-G-1>과 <부록 3-G-2> 두 지도에 '옛 경남일보'가 있었던 지역인 '옛 內城洞 1洞'(조선조 때 '城內 1洞')이 2017년 현재의 지도상에서 어디쯤인지를 알아보기 위한 작업이 제시되어 있다.

<부록 3-G-1>의 '지도 1'은 1930년대 진주성의 '내성'과 '외성' 지도로서, 당시의 일본식 동명과 가로망이 나와 있다.

<부록 3-G-1>의 '지도 2'는 2017년 현재의 진주성과 그 주변 지도로서, 진주 內外城 지역의 현재의 동명(洞名)과 동경계선(洞境界線)이 나와 있다.

<부록 3-G-1> '지도 1'(1930년대 지도)과 '지도 2'(2017년 현재 지도) 그리고 1913년에 제작된 진주성 지적도인 앞 <부록 3-F-1>과 <부록 3-F-2>를 종합해서 보면, '옛 경남일보' 발행소가 있었던 '성내 1동'은 **옛 '내성'(현재의 진주성)의 북쪽 바깥이면서 옛 '외성'의 서쪽 끝 부분의 지역**임이 확인된다.('지도 1, 2'에 '옛 1동'으로 표시된 지역)

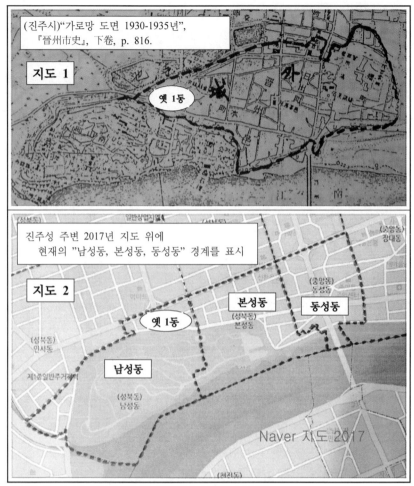

(진주시)"가로망 도면 1930-1935년",
『晉州市史』, 下卷, p. 816.
지도 1
옛 1동
진주성 주변 2017년 지도 위에
현재의 "남성동, 본성동, 동성동" 경계를 표시
지도 2
본성동
동성동
옛 1동
(성북동)
본성동
(중앙동)
동성동
(성북동)
인사동
남성동
(성북동)
남성동
Naver 지도 2017

〈부록 3-G-1〉 진주성의 옛 '내성'과 '외성' 지역의
1930년대 지도(지도 1)와 2017년 지도(지도 2)

* 바로 앞 '1913년 지적도 <3-F-1, 2>' 자료에 입각해 '옛 성내 1동' 지역을 표시

지금까지의 일련의 작업을 통해 '옛 경남일보(慶南日報)가 있었던 '옛 城內 1洞' 지역이 2017년 현재 어디인지 그 위치가 대체적으로나마 확인되었다.

이제 마지막 단계로,

① '옛 경남일보(慶南日報)가 있었던 정확한 위치가 '옛 城內 1洞' 지
  역 내 어디였는지를 추정해 보고,

② 그 자료를 근거로'옛 성내 1동 '의 경남일보(慶南日報) 발행 사옥
  터가 2017년 현재의 지도상에서 어디인지를 찾아보는 작업에 들어
  가 보자.

5) 1913년 제작된 '城內 1洞' 지번도(地番圖)에 숨겨진 단서
찾기 작업

일제는 1910년 우리나라를 강점한 직후 토지 사정(査定) 작업을 벌려, 전
국적으로 토지를 측량하고 지번(地番)을 매겨, 지번도(地番圖)를 작성했다.

옛 경남일보(慶南日報)가 있었던 지역인 '城內 1洞'의 '1913년 제작
地籍圖'가 국가기록원에 보존되어 있다.

우리나라 시청, 군청, 구청의 '지적과'에는 일제(日帝)가 1910년대 초 토
지 사정을 한 이후의 '옛 토지대장' '옛 가옥대장'이 보존되어오고 있다.

이들 '구(舊)토지대장'이나 '구(舊)가옥대장' 자료들은 1950년의 6·25
전쟁 와중에 부분적으로 또는 전부가 소실된 市郡區도 상당히 많은 것
으로 알려져 있다.

'구토지대장' 혹은 '멸실토지대장'이나 '구(혹은 멸실)지번도'가 보존되
어 있는 경우에는, 옛 지적도에 나와 있는 '번지'를 가지고, 그 '번지'의
'구토지대장'을 지적과에 신청하면, 日帝 때 그 터 소유자의 이름이 나
오고, 소유자의 변동 사항이 나온다.(참고: 서울의 예: <자료 3-1>)

해당 지역이 발전하면서 토지구획이 바뀌게 되었을 경우에는 '지번'이
바뀌거나 새로 매겨지는 경우가 많다. 이 경우 '바뀐 지번 찾기' 자료가
만들어진 곳에서는 '옛 지번'이 '현재의 지번'으로 몇 번지가 되어 있는

지를 알아볼 수가 있다.(참고: 서울의 예: <자료 3-2>)

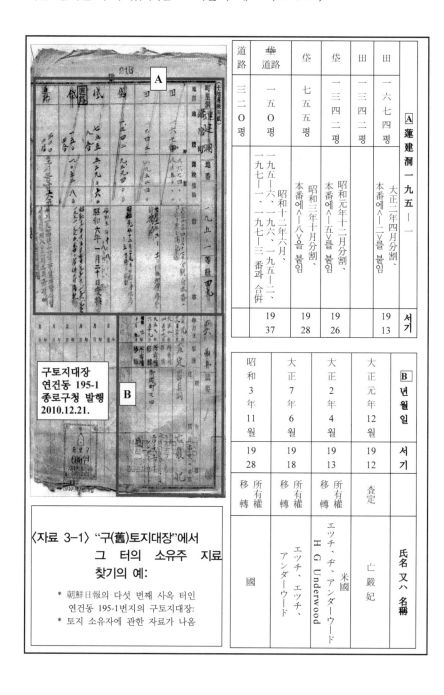

구토지대장
연건동 195-1
종로구청 발행
2010.12.21.

Table A

A 蓮建洞 一九五―一	田	田	垈	垈	道路	道路
面積	一六七四平	一三四二平	一三四二平	七五五平	一五〇平	三二〇平
摘要	大正三年四月分割、本番에 ^一二V를 붙임		昭和元年十二月分割、本番에 ^一五V를 붙임	昭和三年十月分割、本番에 ^一八V을 붙임	昭和十二年六月、一九五―六、一九六、一九五―二、一九七一、一九七一三 番과 合併	
서기	19 13		19 26	19 28	19 37	

Table B

B 년월일	서기	所有權	氏名 又는 名稱
大正元年 12월	19 12	査定	亡嚴妃
大正 2年 4월	19 13	所有權 移轉	エッチ、ヂ、アンダーウード H G Underwood 米國
大正 7年 6월	19 18	所有權 移轉	エッチ、エッチ、アンダーウード
昭和 3年 11월	19 28	所有權 移轉	國

<자료 3-1> "구(舊)토지대장"에서
그 터의 소유주 지료
찾기의 예:

* 朝鮮日報의 다섯 번째 사옥 터인
연건동 195-1번지의 구토지대장:
* 토지 소유자에 관한 자료가 나옴

〈자료 3-2〉 '바뀐 지번 찾기' 의 예:

* 서울시 제공 '바뀐 지번 찾기' 인터넷 사이트에 나와 있는
  옛 '관철동 249번지'의 지적변동 상황

* '옛 관철동 249번지'가 언제 어떻게 바뀌었는지에 관한 자료를 보여줌.

변경전지번	변경후지번	변경일자	변경사유	사업명
관철동 일반 249	관철동 일반 42 - 3	1962-08-04	구획정리	관철지구 구획정리사업
관철동 일반 249 - 3	관철동 일반 43 - 9	1962-08-04	구획정리	관철지구 구획정리사업
관철동 일반 249 - 5	관철동 일반 44 - 6	1962-08-04	구획정리	관철지구 구획정리사업
관철동 일반 249 - 2	관철동 일반 43 - 9	1962-08-04	구획정리	관철지구 구획정리사업
관철동 일반 249 - 7	관철동 일반 43 - 11	1962-08-04	구획정리	관철지구 구획정리사업
관철동 일반 249 - 6	관철동 일반 44 - 6	1962-08-04	구획정리	관철지구 구획정리사업

* 바뀐 지번 찾기 사이트:
  http://klis.seoul.go.kr/sis/caf/rp3.do?service=findChangeJibun

옛 경남일보(慶南日報) 발행소 터의 정확한 위치를 찾는 이 작업에서
도 '구(舊)토지대장'을 활용하는 방법이 가능할 것 같다.

우선,
① 옛 경남일보 발행소가 '성내 1동'에 있었다는 것,
② 다음으로 옛 경남일보가 발행되고 있던 당시의 '성내 1동' 지적도
   가 있어서 그 지역 내 지번(地番) 모두를 알 수 있다는 것,
③ 그래서 이들 지번 하나하나의 '구토지대장'을 찾아 검토를 하게 되
   면, 그 어느 터(垈地) 소유주 이름 중에 경남일보(慶南日報) 초기

278

'代辦 사장'이었다가 3代 사장이 된 정홍석(鄭鴻錫)의 이름이 나오
지 않을까?

④ 그렇다면 '구토지대장'에 '터 소유주가 정홍석(鄭鴻錫)로 나와 있는
터'가 '옛 경남일보 사옥 터' 자리가 된다.

<부록 3-H-1>에 옛 경남일보(慶南日報) 발행소가 있었던 '성내 1동'의
1913년도 지적도가 제시되어 있다.

〈부록 3- H -1〉 진주성의 1913년 지적도 중 경남일보 발행소가 있었던 '성내 1동' 부분

* '지적도 1'은 '1동' 전체 영역을 보여줌.
* '지적도 2'는 '1동'의 중간 부분을 확대함으로서, 도로와 대지(垈地) 그리고 지번(地番) 등이 보이게 한 것임.
* '1동'의 다른 부분도 이와 같이 확대하면 지번(地番)을 알아낼 수 있음.

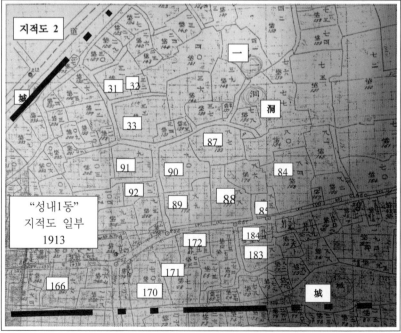

<부록 3-H-1>의 '지적도 2'는 '지적도 1'의 '옛 성내 1동' 중심부를 확대한 것으로서, 1913년 당시의 '地番(番地)'과 길(도로)의 형태를 알아 볼 수 있다.

옛 경남일보 발행소에 관한 직접적인 자료를 아직 찾지 못하고 있는 상태에서, 추정을 해보면,
  * 신문사와 인쇄소였으니까 '터(대지)'가 넓었을 것이고,
  * 폭이 당시 기준으로 꽤 넓은 길(도로) 가에 있었을 것 같은 생각이 든다.

이와 같은 두 가지 가정을 근거로 '옛 경남일보 발행소 터'가 있었을 것으로 추정되는 곳의 '지번'들을 눈에 띄게 표시를 해 보았다.(<부록 3-H-1>의 '지적도 2')

(31, 32, 33, 84, 85, 87, 88, 89, 90, 91, 92, 166, 170, 171, 183, 184 번지 등)

'옛 성내 1동'의 이들 10여개 地番의 '구토지대장'을 **진주시청 지적 민원과**에 발급신청을 해 보았다.

옛 한말 진주면의 '성내 1동' 지역이 일제 때 '남산동'의 일부로 편입 되었다가, 해방 후 '남성동'으로 동명이 바뀌었기 때문에, 구토지대장 발 급신청은 '남성동 몇 번지' 혹은 '남산정 몇 번지'로 했었다.

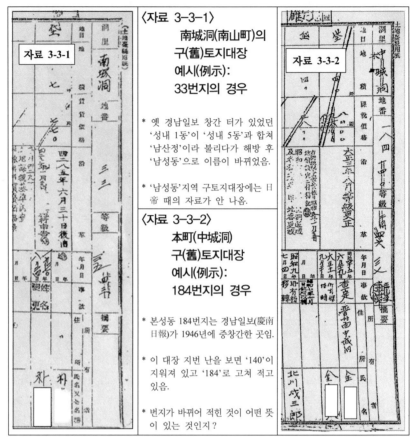

〈자료 3-3-1〉
南城洞(南山町)의
구(舊)토지대장
예시(例示):
33번지의 경우

* 옛 경남일보 창간 터가 있었던 '성내 1동'이 '성내 5동'과 합쳐 '남산정'이라 불리다가 해방 후 '남성동'으로 이름이 바뀌었음.

* '남성동' 지역 구토지대장에는 日帝 때의 자료가 안 나옴.

〈자료 3-3-2〉
本町(中城洞)
구(舊)토지대장
예시(例示):
184번지의 경우

* 본성동 184번지는 경남일보(慶南日報)가 1946년에 중창간한 곳임.

* 이 대장 지번 난을 보면 '140'이 지워져 있고 '184'로 고쳐 적고 있음.

* 번지가 바뀌어 적힌 것이 어떤 뜻이 있는 것인지?

* 서울시의 한 주민센터(동회)에서 '전자민원 서비스'를 통해 **'진주시청 지적민원과'**에서 발급받은 것임

남성동 중 '옛 성내 1동' 지역 구토지대장 발급을 신청할 때 그 바로 이웃인 중성동(일제 때 本町)의 구토지대장도 참고삼아 발급신청을 해보았다. <자료 3-3-2>에서 볼 수 있듯이 중성동의 경우는 구토지대장에 일제 때의 토지대장 자료가 나왔다.

그런데 어찌된 일인지, '南城洞(南山町)'의 경우는 <자료 3-3-1>에 제시되어 있는 바와 같이 구토지대장에 '일제 때의 자료'가 안 나오고 '해방 후' 자료가 나왔다.

　남성동의 '구토지대장', '일제 때의 지번 자료'가 표시되어 있는 '구토지대장' 자료가 모두 분실되지는 않았을 것 같은 기대감 속에서, 진주지역의 향토사학자나 관심 있는 역사학자들이 찾아 나서면, 찾아질 것이라 믿고 싶다.

　남성동의 구토지대장 자료에 관해서는 진주시청 지적과의 담당자나 전문가에게 도움을 청하면 그리 어렵지 않게 찾아질 수도 있지 않을까 기대해 본다.

　'구토지대장' 자료를 통한 간접적인 방법이 아니더라도 경남일보(慶南日報) 창간사옥 터 위치를 알려주는 보다 직접적인 자료가 진주지역, 아니면 국내 어디엔가 있지 않을까, 그것도 아니면 혹시 일본 어디엔가 있지 않을까?

　외지의 비전문가인 본 연구자는 옛 경남일보 발행소 터의 정확한 위치를 그 신문사가 있었던 지역의 '구(舊)토지대장' 자료를 통해 찾아보려는 작업을 해 보았다. 그런데 이 작업은 해당 지역의 日帝 때의 자료가 나와 있는 '구토지대장'을 아직 찾지 못한 상태에서, 마무리를 짓지 못하고 다음 기회로 미루어야 할 것 같다.

6) 옛 경남일보(慶南日報) 발행소 위치를 찾아, 〈경남일보(慶南日報) 사지(社址) 표석〉이 세워지기를 기대하며 …

　'옛 경남일보(慶南日報)' 발행소의 정확한 위치를 찾아내 보려던 당초의 욕심을 이뤄내지는 못했지만, 이번 작업을 통해 '옛 경남일보사(慶南日報社)'가 있었던 지역의 범위는 크게 좁혀지지 않았나 생각된다.

　'옛 경남일보사(慶南日報社)'가 있었던 '성내 1동' 지역을 찾는 작업을 요약 정리해 본 것이 <부록 3-K>에 제시되어 있다.

< 부록 3-K >의

'지도 1'은 1913년에 작도 된, 당시의 '성내 1동' 지적도이고,

'지도 2'는 2017년 지도 위에 '외성'의 위치를 표시한 지도이고,

'지도 3'은 2017년 지도 위에 현재의 '남성동, 본성동, 동성동' 경계
를 표시한 지도이고,

'지도 4'는 2017년 지도 위에 '옛 외성'의 경계와 '현재 남성동'의 경
계를, 지도의 방위(方位)와 척도(尺度)를 조절해 맞추어, 포개
어 구성한 지도이고, 이렇게 재구성한 지도 위에 '옛 성내 1
동'(경남일보사가 있었던) 지역을 '지도 1' 자료를 근거로 추
정해 표시해 본 지도이고,

'지도 5'는 '지도 4'에서 '옛 성내 1동' 지역을 확대한 지도이다.

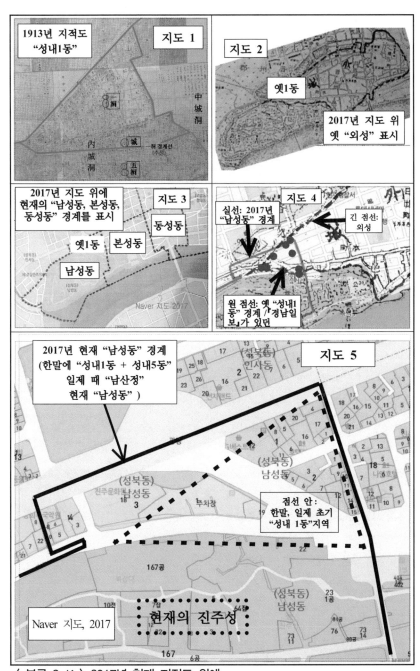

〈 부록 3-K 〉 2017년 현재 지적도 위에
'옛 경남일보' 발행소가 있었던 '성내 1동' 위치 추정해보기 작업

'옛 경남일보사(慶南日報社)'가 있던 곳은 '지도 5'에 '점선 삼각형'으로 표시한 지역 내인 것만은 틀림없는데, 이 신문의 사옥이 있었던 정확한 위치는 어디였을까?

'옛 경남일보사(慶南日報社)'가 있었던 정확한 위치를 찾아내는 마지막 단계를 마무리 짓지 못한 채 이 작업을 일단 마무리 지으면서,

진주지역 전문가, 옛 토지문서 전문가, 언론사 분야 연구자, 그리고 '옛 경남일보'의 후신인 '현 경남일보'의 탐색진이 나서게 되면, 곧 찾아질 것을 확신하면서,

한말(韓末) 우리나라 사람이 발행한 최초이자 유일했던 지방신문(地方紙), 일제 강점기 초기 우리나라 사람이 발행했던 유일한 지방신문 '경남일보(慶南日報) 사옥(社屋) 터 표석'이 세워지기를 기대해 본다.

■ 책, 논문

『慶南日報. 上』1909/11/05～1910/06/19, 嶺南大學校 民族文化研究所 編. 嶺南 大學校 中央圖書館, 1995.

『慶南日報. 下』1910/09/16～1912/02/15, 嶺南大學校 民族文化研究所 編. 嶺南 大學校 中央圖書館, 1996.

『慶南日報 九十年史』[1909～1999], 경남일보 90년사 편찬위원회 편. 신경남 일보사, 1999.

『文化遺蹟分布地圖: 晋州市』, 晋州市・慶尙大學校博物館, 2003.

『진주성도』2013년 특별전, 국립진주박물관, 국립진주박물관, 2013.

『晋州市史』(上) 1994, (中) 1995, (下) 1995, 晋州市史編纂委員會 編. 晋州市.

『朝鮮會社表』, 朝鮮 會社表: 昭和三年末現在 京城: 京城商業會議所, 1922, 1923.

최윤경, '1910년 전후「경남일보」의 사회개조론과 정치적 성격', 『지역과 역사』, 41, 2017.10. 213~264쪽. 부경역사연구소.

■ 지도 자료

김준형, '조선시대 진주성의 규모와 모양의 변화', 국립진주박물관, 『진주 성도』, 2013, p. 90에서 재인용.

'晋陽城址圖(1950년대)', 개인소장, 『진주성도 晉州城圖』, 국립진주박물관, 2013, p. 112.

『진주군 진주면 內城洞原圖』, 1913, 조선총독부, <국가기록원 부산기록관> (진주시)'가로망도면 1930-1935년', 『晉州市史』, 下卷, p. 816.

<국가기록원 부산기록관>

'진주군면의 폐합에 관한 건', 인터넷, 국가기록원

'진주성과 촉석루', 디지털진주문화대전

■ 구토지 대장

서울시 "연건동"의 경우

진주시 "내성동"의 경우

■ 바뀐 지번 찾기 사이트

서울시의 경우

286

〈부록 4〉

『1945~1948 서울을 누비다: 신문사 사옥 터를 찾아 Ⅲ』
〈다음 책 가제(假題)〉 기초자료

"억압 아래서 해방이 된 당시의 언론은 의욕만이 넘쳐 기업적인 면이라든지 거기 따른 시설 같은 것은 거의 염두에 두지 않고 오직 그날의 신문만을 내는 데 정열을 쏟다보면 창간호가 종간호가 되는 예도 있었고 활자 하나인들 자기시설이라고는 없이 남의 공장에서 인쇄를 하다보니 이 신문 저 신문을 찍지 않을 수 없게 되어 웬만한 공장에서는 여러 개의 신문이 인쇄되지 않을 수 없었다. …… 어떤 신문은 자기공장도 없이 책상 몇 개만을 놓고 편집만 해내는 터이라 산문사가 어디에 끼어 있었는지조차 알 수 없는 실태였다." (편집자 주) p. 44.

李 "(大公日報 는) 당시 京城府 황금정2정목에 자리 잡고 있던 개인주택에서 11월 10일자로 창간호를 발간했지요. 그러니까 지금의 을지로2가 舊內務部 위쯤에 자리 잡고 있던 2층집에서 출발한 것입니다." p. 45.

高 "그 무렵의 신문이란 거의가 타블로이드판 2면의 것으로 명멸이 분명하지 않은 것이 많습니다. 더구나 신문사의 위치와 공장의 위치도 확실하지 않아서 당시의 新聞名을 아는 것이 어려운 만큼……" p. 47.

李 "해방에서 정부수립까지 서울에서 나왔던 일간신문만도 80여 종은 될 것입니다. 그러므로 그 것이 발간된 지역도 다 알기는 어려운 형편이라고 하겠습니다. 그러나 신문이나 통신 방송은 대체로 태평로 을지로를 중심한 거리에서 발행되었던 것은 당시의 정세로 보아 필연의 사실이라 하겠습니다." p. 48.

宋 "세월이 빠르다고 합니다만 기억은 그보다도 빨리 사라지고 경우에 따라서는 자기 자신이 분명이 체험했던 사건조차도 과연 그런 일이 있었던가 할 정도로 희미해지는 일이 적지 않습니다. 그런 것을 생각하

면 우리는 보다 기록을 남기고 자료를 정리해 나가는 노력이 있어야 할 것으로 생각합니다." p. 48.

"高興祥, 宋志英, 李漢鎔 대담: '韓國의 新聞街 (해방 후 편)'",
한국신문연구소, 『新聞評論』, 1975년 7월 호, pp. 44-48.

"1945년 8월 15일 일제의 식민통치에서 벗어난 때로부터 1950년 6·25전쟁이 일어날 때까지 5년 사이의 한국 언론은 격변과 혼동의 연속이었다. 이념적으로는 '좌우익의 대립기'로 규정할 수도 있고, 정치사회적인 불안정과 언론기관의 난립이라는 측면에서는 '혼란기'라고 설명할 수도 있을 것이다. 일본 군국주의 통치의 억압 속에서 신문 발행의 자유가 완전히 박탈되어 한국인들은 단 하나의 언론기관조차 가질 수 없었던 암흑기에서 벗어나 갑자기 신문 발행이 자유로워지자 수많은 신문이 쏟아져 나오게 되었던 것이 광복 직후의 상황이었다. …… p. 180.

"광복 후에 나타난 신물들은 그 논조와 편집 및 경영진의 성분에 따라 대개 좌익, 우익, 중도로 구분한다. 그러나 이에 종사한 언론인들의 계보는 몹시도 복잡하고 그 성분도 다양하다. …… p. 181.

"신문 발행은 근원적인 난관에 봉착해 있었다. 늘어난 신문을 감당할 인쇄시설이 절대적으로 부족했으며 거기에 당장 사용할 종이의 기근이 물질적인 어려움이었다면, 신문 제작의 인적 자원에도 심각한 문제가 있었다. …… " p. 182.

鄭晉錫, "광복 후 6·25 전쟁까지의 언론",
大韓言論人會, 『돌아오지 못한 언론인들: 6·25 전쟁 言論受難史』,
2003, pp. 180-82.

신문이름	1946년 5월 군정 월별보고	1947년 9월 군정 조사월보	1947년 11월 Voice of Korea	1948년 8월 군정 월별보고
경향신문		중립	중간	우익
동아일보	극우	우익	극우	우익
서울신문	좌익	중립	중립	우익
조선일보	우익	중립	우익	우익
Seoul Times	중립	중립		좌익
조선인민보	극좌			
해방일보	극좌			
민중일보		우익	극우	
자유신문	좌익	중립	중립	우익
독립신문		우익	극우	
공업신문	좌익	중립		
중앙신문	좌익	중립	중립	
대한독립신문				
대동신문	극우	우익	우익	
세계일보	극우	중립	중간	좌익
한성일보	우익	우익	우익	우익
가정신문	극우	우익		
현대일보	좌익	중립	극우	
중외신보			좌익	
민주일보			우익	
수산경제신문		중립		
민보			좌익	
문화일보			좌익	
우리신문			중간	
노력인민			극좌	
조선중앙일보		좌익	중간	좌익
광명일보			좌익	
평화일보				극우

1945년 8월 광복~1948년 8월 정부수립 기간에 서울에서 발행되었던 주요 일간 신문들의 논조

출처: 정진석, "광복 후 6·25 전쟁까지의 언론", 2003, p. 243의 <표>를 요약한 것임.

해방 국면 서울에서 발행되었던 일간 신문들의 이념적 지향

◇공산주의 노선의 신문

해방일보, 전선(戰線), 노력인민

그 밖의 공산주의 신문

대중, 서울뉴스, 건국, 해방

◇자유주의 노선의 신문(우파)

조선일보, 동아일보, 한성일보, 민중일보, 대동신문

그 밖의 자유주의 신문

독립신문, 대한독립신문, 대공일보, 세계일보, 합동신문, 가정신문, 민주일보

◇진보주의 노선의 신문 (급진주의~점진주의)

조선인민보, 중앙신문, 현대일보, 자유신문

그 밖의 진보주의 신문

중외신보, 신문일보, 우리신문, 인민, 독립신보, 조선중앙일보

출처: 김민환, 『한국언론사』, 사회비평사, 1996, pp. 317-334.

〈부록 4 : 표 1 〉
1945년 8월 15일 해방 후 서울에서 발행된 신문들의 이념지향과 논조 :
* 1948년 8월 15일 정부수립까지 3년간

이 곳 <부록 4>에서는 1945년 8월 15일 광복에서 1948년 8월 15일 정부수립 이전까지의 해방공간에서 서울에서 발행되던 일간 신문과 통신들의 발행소 위치를 찾아보고 그 곳의 현재의 위치를 확인해 보려고 한다.

이 곳 <부록 4>에서의 연구가 해방공간에서의 일간 신문과 통신들의 발행소 위치를 찾아보는 것이기 때문에, 이들 신문이나 통신 각각의 성격이나 활동상황 내지는 그 것의 시대사적 언론사적 의미에 관한 것은 우리나라 언론의 역사에 관해 그 간에 나온 본격적인 저서들에 넘기고, 당시의 언론 상황에 관한 것은 간략하기는 하지만 앞에서의 인용과 <부록 4: 표 1>로 대신하고, 이 연구의 주제인 신문과 통신들의 발행소 위치를 다루는 작업으로 곧바로 들어가 보겠다.

이 곳 <부록 4>는 4개 장(章)으로 나뉘어 있다.

우선 해방 직후 제호를 바꾸거나 복간(復刊) 중간(重刊) 또는 창간을 해 2015년 현재까지 발행되고 있는 4개 신문 즉『서울신문』『朝鮮日報』『東亞日報』『京鄕新聞』의 경우를 알아보고 (부록 4-1),

다음으로는 해방공간에서 창간되었으나 정치적 내지는 경영상의 이유로 폐간 또는 종간된 신문들의 경우를 지역별로 묶어 알아보고

(<부록 4-2> 중구, <부록 4-3> 종로구 서대문구, <부록 4-4> 주소 미상 신문),

마지막으로 통신사들의 경우를 알아보겠다. (<부록 4-5>).

* 여기 <부록 4>에서는 기초자료 <표>만을 제시하였음. 추후 이 주제를 책으로 엮게 되는 단계에서는 글로 된 보다 자세한 설명이 따르게 될 것임.

〈부록 4-1〉 2018년 현재까지 발행되고 있는 신문들

1945년 8월 15일 우리나라가 일제(日帝)로부터 해방이 되자 서울에서는 많은 신문이 발행되게 되었다. 이들 여러 신문들 가운데 2018년 현재까지 발행되고 있는 것은, 해방 후의 발행 시작 일을 기준으로 『서울신문』, 『朝鮮日報』, 『東亞日報』, 『京鄕新聞』 4개뿐이다.

<부록 4-1: 표 1>에 이들 4개 신문의 해방 후의 발행 시작 일과 발행소에 관한 자료가 간단히 제시되어 있다.

〈부록 4-1: 표 1〉 해방 후 美軍政期에 제호를 바꾸어 새 출발을 했거나 속·중간했거나 창간해 현재까지 발행을 계속해 오고 있는 4개 신문들

지역	신문명	발행 기간	사옥(발행소)	비 고
태평로 1가 (중구)	서울신문	1945.11.23.~ 2015 현재	태평로 1가 31-3 -> 태평로1가 25번지 (프레스센터 주소) = 중구 세종대로 124 (도로명 새 주소)	매일신보(每日新報)는 해방 후에도 한국인 기자와 종업원들이 잠시 발행을 계속해 오다가 11월 23일 『서울신문』으로 개제 발행.
태평로 1가 (중구)	조선일보 (朝鮮日報)	(續刊) 1945.11.23.~ 2015 현재	태평로 1가 61 =중구 세종대로 21길 33(도로명 새 주소)	속간 후 신문인쇄를 서울신문사, 서울공인사, 선광인쇄, 중앙심문사에서 하다가 1948.3.2.에 태평로 1가 61번지 본사에서 하게 됨.
세종로 (종로구)	동아일보 (東亞日報)	(重刊) 1945.12.1.~ 2015 현재	태평로 1가 31-2 (옛 경성일보 사옥) -> 세종로 139 (전 동아일보 사옥: 현 일민회관) =종로구 세종대로 152 (도로명 새 주소) * 2014현재 사옥 주소 종로구 청계천로 1	중간 후 신문인쇄를 경성일보 사옥. 公印社별관, 부산 민주신보사, 부산 신사옥에서 하다가 1953년 8월 19일에 서울 세종로 사옥(현 일민회관)에서 하게 됨. * 동아일보 2014년 현재 사옥 주소: 종로구 청계천로 1
소공동 (중구)	경향신문 (京鄕新聞)	1946.10.6.~ 2015 현재	소공동 74 -> 정동 22 (1974말~) = 중구 정동길 3 (도로명 새 주소)	

출처 A. 『朝鮮年鑑: 1947年版』, 1946. ; B. 『韓國新聞百年: 史料集』, 1975.
  D. 정진석, "광복 후 6·25 전쟁까지의 언론,", 2003.

〈부록 4-2〉 중구(中區)에서 발행되었던 신문들 :

	〈부록 4-2: 표-1〉 해방 후 중구(中區) 을지로에서 발행되었던 신문들: 을지로 1가, 2가, 3가, 4가			
지역	신문 이름	발행 기간	사옥(발행소)	비 고
을지로 1가	독립신보 (獨立新報)	1946.5.1.- 1949.7.20.	을지로1가 96의 3	창간 때 을지로2가 199 ->4개월 후 을지로1가
	조선인민보 (朝鮮人民報)	1945.9.8. ~ '46.9.6.	을지로1가 165	을지로2가 20-> 을지로1가 165
	서울타임스 (Seoul Times)	1945.9.6. ~ '49.2.	을지로1가 101	창간 때 종로1가 42 ->을지로1가 101
	중외경제신보 (中外經濟新報)	B. 1946.5.24.~?.	B. 을지로1가 (번지 미상)	
을지로 2가	수산경제신문 (水産經濟新聞)	1946.6.~?.	을지로2가 117	
	중앙신문 (中央新聞)	1945.11.1. ~ '48.4.8.	을지로2가 199	일제 때 조선상공신문의 사옥 시설을 인수해 발행
	대한독립신문 (大韓獨立新聞)	1945.11.3. ~ '47.2.14.	을지로2가 199	대한독립신문-> 민 보-> 국제신문
	현대일보 (現代日報)	1946.3.25. ~ '48.11.?.	을지로2가 199	
	제3특보 (第3特報)	1946.10.28. ~ '46.12.21.	을지로2가 199	
	민보 (民報)	1947.2.15. ~ '48.6.15.	을지로2가 199	대한독립신문에서 改題
	문화일보	1947.3.11. ~ '47.12.?.	을지로2가 199	일간 예술통신에서 改題
	문화시보 (文化時報)	1947.12.16.~?.	을지로2가 199	문화일보 판권 인수
	신민일보 (新民日報)	1948.5.26.~?.	을지로2가 199	
	여성신문	1947.4.20. ~ '48.9.20.	을지로2가 138	부녀신문에서 改題
	우리신문	B. 1947.2.10. ~ '48.5.26. D. 1947.4.18. ~ '48.5.26.	B. 을지로2가 문화빌딩 내	
	대공일보 (大公日報)	B. ~ 45.12.25. D. '45.11.10. ~ '49.10.20.	을지로2가 (번지 미상)	

을지로 3가	국제일보 (國際日報)	1946년 말 현재 발행 중	A. 을지로3가 302	국제일보 1947년 7월 16일 인가 종로2가 19
을지로 4가	중앙경제신문 (中央經濟新聞)	1946년 말 현재 발행 중	A. 을지로4가 187	
을지로 5가	조선토건일보 (朝鮮土建日報)		을지로5가 255	신문광고

출처 A. 『朝鮮年鑑: 1947年版』, 1946. ;   B. 『韓國新聞百年: 史料集』, 1975.
   D. 정진석, "광복 후 6・25 전쟁까지의 언론,", 2003.
   * 서울타임스: 창간 때 사옥 위치인 종로1가 쪽에서 다룸.

지역	신문 이름	발행 기간	사옥(발행소)	비 고
				〈부록 4-2: 표 2〉 중구(中區) 기타 지역에서 발행되었던 신문들 1: 태평로 1가, 2가, 장교동, 저동, 소공동,
태평로 1가	독립신문	1945.10.12.~ 1949.4.?.	태평로1가 61	1947.6.4.부터 일간 題號 下 태평로1가 61
	서울신문*	1945.11.23.~ 2014 현재	태평로1가 32	每日新報 1945.11.10.까지 * 〈V-1〉에서 다루어졌음
	조선일보* (朝鮮日報)	속간 1945.11.23.~ 2014 현재	태평로1가 61	*앞 〈V-2〉 쪽에서 다루어 졌음
	한성일보 (漢城日報)	1946.2.26.~ 1950.6.?.	태평로1가 31-2	일제 하 京城日報社 사옥
태평로 2가	독립신문 (獨立新聞)	1945.10.? ~	태평로2가 38	獨立新聞 -> 독립신문(제호한글)
장교동	민주일보 (民主日報)	1946.6.10.~ 1948.12.2.	장교동 26	*을지로2가 쪽에서 다루어 졌음
저동	자유신문 (自由新聞)	1945.10.5.~ 1952.5.26.	저동2가 73	*을지로2가 쪽에서 다루어 졌음
소공동	해방일보	1945.9.19.~ 1946.5.18.	소공동 74	
	경향신문* (京鄕新聞)	1946.10.6.~ 2014년 현재	소공동 74	* 〈V-4〉쪽에서 다루어졌음
	산업경제일보 (産業經濟日報)	1946년 말 발행 중	소공동 111	
	대공일보 (大公日報)	1945.11.10.~ 1949.10.20.	을지로2가-> 소공동 112	* 1948년 2월 현재 소공동 112
	공업경제일보 (工業經濟日報)	1947.10.21.~?.	소공동 81	
	평화일보 (平和日報)	1948.2.8.~ 1949.9.19.	소공동 81	
	국도신문 (國都新聞)	1948.4.1.~ 1961.5.28.	소공동 48	
	국제신문 (國際新聞)	1948.7.21.~ 1949.3.4.	소공동 45	대한독립신문-> 민보->국제신문

〈부록 4-2: 표 3〉으로 계속 됨

* 서울신문, 조선일보, 경향신문 3개 신문은 바로 앞 ???에서 다루어졌음. ??? 참조.

출처 A. 『朝鮮年鑑: 1947年版』, 1946. ;   B. 『韓國新聞百年: 史料集』, 1975.

  D. 정진석, "광복 후 6·25 전쟁까지의 언론,", 2003.

294

〈부록 4-2: 표 3〉 중구(中區) 기타 지역에서 발행되었던 신문들 :

〈부록 4-2: 표 3〉 중구 기타 지역에서 발행되었던 신문들 2: 남대문로 1가, 2가, 3가, 5가, 회현동, 북창동				
지역	신문 이름	발행 기간	사옥(발행소)	비 고
남대문로 1가	부인신문 (婦人新聞)	B. 1947.7.1.~1948.9.	B. 남대문로1가 (번지 미상)	부인신문->부인신보
	부인신보	B. 1948.9.26.~ ?/	B. 남대문로1가 (번지 미상)	
남대문로 2가	동방신문 (東方新聞)	1945.9.25.~?.	남대문로2가 1	
남대문로 3가	서울석간 (서울夕刊)	1947.1.30.~1947.6.?.	남대문로3가 105	
	조선중앙일보 (朝鮮中央日報)	1947.7.1.~1949.10.11.	남대문로3가 105	서울夕刊 改題
남대문로 5가	청년해방일보 (靑年解放日報)	1945.5.~1947.9.21.	남대문로 5가 1	
회현동	한성신문 (漢城新聞)	1945.12.15.~?.	회현동1가 198	일간->주간
	제일신문 (第一新聞)	1946.11.4.~1948.9.13.	회현동2가 6	광명일보 改題
북창동	동신일보 (東新日報)	1945.10.4.~1946.2.	북창동 10	대동신문 1946.2.2.일 기사
	세계일보 (世界日報)	1946.2.2.~1948.12.29.	북창동 13(10?)	동신일보 改題
	대동신문 (大東新聞)	1945.11.25.~1949.3.12.	북미창정 84 (제호 밑)	
	신민일보 (新民日報)	1947.1.7.~1948.5.27.	북창동 93-32	
	중외신보 (中外新報)	1946.4.19.~1947.8.27.	북창동 93-32	

* 서울신문, 조선일보, 경향신문 3개 신문은 바로 앞 ???에서 다루어졌음. ??? 참조.
　출처　A. 『朝鮮年鑑: 1947年版』, 1946. ;　B. 『韓國新聞百年: 史料集』, 1975.
　　　　D. 정진석, "광복 후 6·25 전쟁까지의 언론,", 2003.

〈부록 4-3〉 종로구와 서대문구에서 에서 발행되었던 신문들:

〈부록 4-3: 표 1〉 종로구(鐘路區)와 서대문구(西大門區)에서 발행되었던 신문들
  종로구: 세종로, 종로 1가, 2가, 인사동, 청진동, 수송동,
  관훈동, 사직동
  서대문구: 충정로 1가, 2가

지 역		신문 이름	발행 기간	사옥(발행소)	비 고
종로구	세종로	동아일보* (東亞日報)	(重刊) 1945.12.1. ~ 2010 현재	세종로 139	* 〈V-3〉쪽에서 다루어졌음
	종로1가	Seoul Times	1945.9.6.-1949.2.2.	종로 1정목 42 (?)	후에 을지로 1가 101 합동통신 사옥으로 이전
	종로 2가	신조선보 (新朝鮮報)	1945.10.5.~'46.2.?.	종로2가 9 YMCA빌딩 내	
		노력인민	1947.6.19.~'48.1.?.	종로2가 19 완영빌딩 내	대중신보에서 改題
		국제일보 (國際日報)	1946.6.3.(?) ~	종로2가 19 (제호)	
		동신일보 (東新日報)	1945.10.4. ~	종로 2가 (제호) (번지 미상)	東新日報 -> 世界日報('46.2.2.-)
	인사동	인민(人民)	1946.3.21.~?.	인사동 110	
	청진동	공업신문 (工業新聞)	1945.11.5.~ '61.5.28.	청진동 188	
	수송동	가정신문 (家政新聞)	1946.3.21.~ '47.7.26.	수송동 27	
	관훈동	민중일보 (民衆日報)	1945.9.22.~ '48.12'2.	관훈동 151 *'47.4.6. 윤보선 인수 후 남산동으로 이전	
	사직동	경민신문 (警民新聞)	1946년 말 현재 발행 중	A. 사직동 311-34	
		대중신보 (大衆新報)	1947.3.21.~?	사직동 113	
서대문구	충정로 1가	합동신문 (合同新聞)	1946.3.18.~?.	충정로1가 81	
	충정로 2가	부녀신문	1946.5.12.~?.	충정로2가 131	

* 동아일보는 앞 ???에서 다루어졌음. ??? 참조.
  출처 A.『朝鮮年鑑: 1947年版』, 1946. ; B.『韓國新聞百年: 史料集』, 1975.
     D. 정진석, "광복 후 6·25 전쟁까지의 언론,", 2003.

296

〈부록 4-4〉 서울에서 발행되었으나 발행소의 주소가 확인 안 되고 있는 신문들

〈부록 4-4: 표 1〉 서울에서 발행되었으나 발행소의 주소가 확인 안 되고 있는 신문들

신문 이름	발행 기간	사옥(발행소)	비 고
국도신문 (國都新聞)	B. 1946.3.7. ~ ?.		
국제신문 (國際新聞)	B. ~ 1946.6.29.		
대공일보 (大公日報)	B. ~ 45.12.25. D. 1945.11.10.~'49.10.20.	을지로2가	
대동신보 (大東新報)			D
대한일보 (大韓日報)	D. 1947.7.27.~'48.12.2.		
동광신문			D
동신일보 (東新日報)	B. 1945.10.4.~'46.2.2.	B. 종로3가 * 제호 하 종로2가	
부인신문 (婦人新聞)	B. 1947.7.1.~'48.9.	B. 남대문로1가	부인신문->부인신보
부인신보	B. 1948.9.26.~ ?/	B. 남대문로1가	
산업경제신문 (産業經濟新聞)	A. 1946년 말 발행 중	A. 昭和通2丁目 6	
서울뉴스	B. B에서 다시 확인 요		
우리신문	B. 1947.2.10.~'48.5.26. D. 1947.4.18.~'48.5.26.	B. 을지로2가 문화빌딩 내	
조선민중일보 (朝鮮民衆日報)	B. 1945.11.1.~?.	B. 서울시	
중외경제신보 (中外經濟新報)	B. 1946.5.24.~?.	B. 을지로1가	

출처 A. 『朝鮮年鑑: 1947年版』, 1946. ; B. 『韓國新聞百年: 史料集』, 1975.
D. 정진석, "광복 후 6·25 전쟁까지의 언론,", 2003.

〈부록 4-5〉 서울에서 발행되었던 일간(日刊) 통신(通信)들

〈부록 4-5: 표 1〉 서울에서 발행되었던 일간(日刊) 통신(通信)들			
통신 이름	발행 기간	사옥(발행소)	비 고
해방통신	1945.8.17. ~ 1947.10.18.*	중구 소공동 테일러빌딩 -> 시청 앞->을지로2가 199 -> 서대문구 충정로2가 131	
국제통신	1945.11.1. ~ 1945.12.19.*	중구 소공동 테일러빌딩	
연합통신 (聯合通信)	1945.11.?. ~ 1945.12.19.*	중구 소공동 테일러빌딩	
산업경제통신 (産業經濟通信)	1946년 말 현재 발행 중**	중구 소공동 81	
중앙경제통신 (中央經濟通信)	1946년 말 현재 발행 중**	중구 소공동 82	
합동통신 (合同通信)	1945.12.20. ~ 1980.12.21.*	중구 을지로1가 101	국제통신+연합통신 = 합동통신
공립통신 (共立通信)	1945.11.?. ~ 1950.6.?.*	중구 을지로2가 199	
예술통신 (藝術通信)	1946년 말 현재 발행 중**	중구 을지로2가 199	
전보통신 (電報通信)	1945.9.4. ~ ?	중구 본정3정목 39	
조선통신 (朝鮮通信)	1945.9.4. ~ 1948.10.13.*	종로구 종로2가 8 (장안빌딩)	
중앙통신 (中央通信)	1946년 말 현재 발행 중**	종로구 세종로 139	
조선상공통신 (朝鮮商工通信)	1946년 말 현재 발행 중**	종로구 송현동 34	

* 정진석, "광복 후 6·25 전쟁까지의 언론,"
　『돌아오지 못한 언론인들: 6·25 전쟁 言論受難史』, 대한언론인회, 2003, pp. 261-69.
** 『朝鮮年鑑:1947年版』,朝鮮通信社, 1946, pp. 281-2.

〈부록 4-6〉 2018년 현재까지 발행되고 있는 4개 신문들 : 〈부록 4-1〉의 기초자료 예시

1. 서울신문 (태평로 1가 31-3)

서울신문 (1945년 11월 23일~)
-> 대한매일 (1998년 11월 11일~)
-> 서울신문 (2004년 1월 1일~ 2015년 현재)
발행소: 태평로 1가 31-3 (1945년 11월 ~)
-> 태평로 1가 25 (1985년 초 ~)
* 태평로 1가 25(지번) = 세종대로 124(도로명주소)

"... (1945년) 11월 21일에 열린 매일신보 주주총회는 ...제호를 『서울신문』으로 바꾸기로 하였다.(p.224)... 매일신보는 11월 23일부터 『서울신문』으로 제호를 바꾸어 속간했다. 지령은 『매일신보』를 계승하여....(p. 225)

정진석, "광복 후 6·25 전쟁까지의 언론",
大韓言論人會, 『돌아오지 못한 언론인 들:
6·25 전쟁 言論受難史』, 2003.

제호: 1945년 11월 23일 『매신』에서 『서울신문』으로 개제한 날

2. 朝鮮日報 (태평로 1가 61)

조선일보(朝鮮日報 1945년 11월 23일 속간~ 2015년 현재)
발행소: 태평로 1가 조선일보사
(인쇄: 구 경성일보: 태평통 1정목 31-2)
-> 태평로 1가 61 본사(1957년 11월. 1일~
* 태평로 1가 61(지번) = 세종로 124(도로명주소)

"조선일보는 ... (1945년 11월) 23일 서울신문 시설에서 일제치하 폐간 때의 지령을 계승하여 편집 겸 발행인 방응모로 제6924호부터 속간하였다. (p. 225)

정진석, "광복 후 6·25 전쟁까지의 언론", 2003.

1945.11.23.--경성일보 공무국에서 復刊호 인쇄.
1946.3.4.----서울公印社(경성일보사의 개칭)에서 인쇄 시작.
1946.3.6.----서울공인사로 편집국 등 3국 이전.
1946.7.1.----서울공인사에서 철수.
1946.7.31.----청진동의 인쇄소에서 8월 1일자(7119호) 속간.
1946.8.1.----鮮光印刷所로 옮겨 발행.
1947.8.1.----中央新聞社로 인쇄소 옮김.
1947.11.1.----本社에서 평판기로 인쇄.

출처: 『朝鮮日報七十年史』, 第一卷, 1990, pp. 490-91.

3. 東亞日報 (세종로 139)

1945.12.3.
실선 4각선 내
所行發
通平太市城京
(內屋社日京)

동아일보(東亞日報 1945년 12월 1일 重刊 ~ 2015년 현재)
발행소: 太平街 (京日社屋內) 東亞日報社 (태평통1가 31-2)
-> 을지로2가->釜山-> 세종로 139(1953년 8월 19일 ~)

  "『동아일보』는 (1945년) 12월 1일 지령을 제1호로 하여 중간(重刊)되었다....
동아일보의 광화문 사옥은 이미 한민당의 당사로 사용 중이었기 때문에 경성일
보에 편집국을 차리고 그 공장에서 인쇄했다. (p. 225)
  정진석, "광복 후 6 · 25 전쟁까지의 언론", 2003.

  "『동아일보』는...1945년 12월 1일 속간호를 내놓았다. 『동아일보』는 구 사옥
에(광화문통 139: 현 세종로 139) 본사를 두었으나 총무국이 있었을 뿐이고 공
무국과 영업국 등은 구『경성일보』 사옥인 서울公印社에 두었다.
(p. 324)
  김민환, 『한국언론사』, 1996.

1945.12.1.----重刊. 경성일보사옥에서 인쇄.
1946.2.16.----영업국을 광화문사옥에서 경일사옥으로 이전.
1946.7.1.-----東本社를 주식회사 東亞日報社로 개편.
1950.10.4.----을지로 2가 公印社별관에서 인쇄.
1950.11.7.----업무국을 세종로사옥으로 이전.
1951.1.10.----부산 민주신보사에서 인쇄.
1952.2.2.-----부산 신사옥에 이사.
1953.8.19.-----서울 세종로사옥에 정착.
출처: 『東亞日報社史』 卷二, 1978, pp. 370-76.

동아일보, 1945.12.12.p.1.	동아일보, '46.1.11.p.1.	동아일보, 1946.2.16.p.1.	동아일보, 1946.2.16.p.1.

<사고 V-3> 『東亞日報』의 "社告"에 나와 있는 自社 주소:
自社의 주소가 "漢城市 光化門街 139번지"로 나와 있음.

4. 京鄕新聞 (소공동 74)

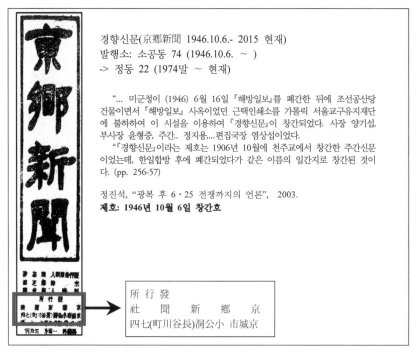

경향신문(京鄕新聞 1946.10.6.- 2015 현재)
발행소: 소공동 74 (1946.10.6. ~)
-> 정동 22 (1974말 ~ 현재)

"... 미군정이 (1946) 6월 16일『해방일보』를 폐간한 뒤에 조선공산당 건물이면서『해방일보』사옥이었던 근택인쇄소를 가톨릭 서울교구유지재단에 불하하여 이 시설을 이용하여『경향신문』이 창간되었다. 사장 양기섭, 부사장 윤형중, 주간.. 정지용....편집국장 염상섭이었다.
"『경향신문』이라는 제호는 1906년 10월에 천주교에서 창간한 주간신문이었는데, 한일합방 후에 폐간되었다가 같은 이름의 일간지로 창간된 것이다. (pp. 256-57)

정진석, "광복 후 6 · 25 전쟁까지의 언론", 2003.
제호: 1946년 10월 6일 창간호

所 行 發
社 聞 新 鄕 京
四七(町川谷長)洞公小 市城京

■ 책, 논문

"高興祥, 宋志英, 李漢鎔 대담: '韓國의 新聞街 (해방 후 편)'", 한국신문연구소,『新聞評論』, 1975년 7월 호.
鄭晉錫, "광복 후 6 · 25 전쟁까지의 언론", 大韓言論人會,『돌아오지 못한 언론인들: 6 · 25 전쟁 言論受難史』, 2003.
김민환,『한국언론사』, 사회비평사, 1996.

『경향신문』.
『東亞日報社史』卷二, 1978.
『서울신문100년사: 1904~2004』, 서울신문사, 2004.
『朝鮮日報七十年史』, 第一卷, 1990.
『朝鮮年鑑:1947年版』,朝鮮通信社, 1946.
『韓國新聞百年: 史料集』, 1975.

지금까지,
『경성을 누비다』에 이어 다음 책으로 준비가 반쯤 진행 중인
『1945~1948 서울을 누비다: 신문사 사옥 터를 찾아 Ⅲ』(가제
假題)의 기초 자료 일부를 제시해 보았다.

서울 지역 신문사 발행소 위치 찾기의 세 번째 책이 될
다음 책의 자료 찾기에 박차를 가하기를
스스로에게 다짐하고자 한다.

오인환 ────────────────────────────────────

•약 력•

1935년 경기 장단 출생
서울대학교 사회학과 학사, 석사
미국 Univ. of Hawaii 사회학과 M.A., Ph.D.
합동통신 외신부 기자
경희대학교 신문방송학과 부교수
언론학회, 방송학회, 광고학회, 홍보학회, 사회학회 회원
방송학회 회장, 홍보학회 회장, 광고학회 부회장
연세대학교 신문방송학과 교수
연세대학교 사회과학대학장, 대학원장
2001년 정년퇴임

•주요논저•

『매스컴과 사회』(공역)
『매스컴과 광고산업』(공역)
『사회조사 방법론』(저)
『현대광고론』(편저)
『구한말 한인 하와이 이민』(공저)
『100년 전 한성을 누비다』(저)
"장인환 의사의 발자취를 찾아서"(공저)
"한국개화기신문의 광고"(석사논문)
"Korean Lawyers: Social Origins and Career Styles"(석사논문)
"The Korean Journalist: A Study of Dimensions of Role"(박사논문)
외 다수

일/제/강/점/기

경성을 누비다

초판인쇄 2018년 5월 28일
초판발행 2018년 5월 28일

지은이 오인환
펴낸이 채종준
펴낸곳 한국학술정보㈜
주소 경기도 파주시 회동길 230(문발동)
전화 031) 908-3181(대표)
팩스 031) 908-3189
홈페이지 http://ebook.kstudy.com
전자우편 출판사업부 publish@kstudy.com
등록 제일산-115호(2000. 6. 19)

ISBN 978-89-268-8430-0 93900